인문학의 뿌리를 읽다

인문학의
뿌리를
읽다

김헌 지음

미국의 소설가 마크 트웨인은 이런 말을 한 적이 있습니다. "고전이란 누구나 읽어야만 하는 책이라고 하면서 아무도 읽지 않는 책이다." 재치 만점입니다. 아마 여러분은 "아무도 읽지 않는 책"이라는 표현에서 빙긋 웃었을 것 같습니다. 그런데 정작 저의 관심을 끄는 표현은 "누구나 읽어야만 하는 책"입니다. 정말로 고전은 꼭 읽어야만 하는 것일까요? 선배 고전학자 중에 한 분은 대놓고 이런 말을 합니다. "고전을 꼭 읽어야만 하는 건 아닙니다. 읽을 필요 없어요. 고전을 읽지 않고도 잘 사는 사람들 세상에 아주 많습니다." 그럼 어쩌라고요? 고전 안 읽어도 된다 이거지요? 그러나 이런 말을 덧붙일 수는 있을 것입니다. "고전을 꼭 읽을 필요는 없지만, 읽으면 반드시 좋은 일이 생길 것입니다." 좋은 일? 무슨 좋은 일이 생길까요?

사람이 살다 보면 외롭고 힘들 때가 있습니다. 그때 평온을 되찾는 길은 사람마다 다를 것입니다. 저는 그럴 때, 책을 읽습니다. 책에 몰두하다 보면, 어느새 저를 괴롭히던 문제들을 잊곤 합니다. 운이 좋을 때는 책 속에서 당면한 문제를 풀어낼 실마리를 발견하기도 합니다. 책의 주인공이 힘찬 목소리로 정신을 번쩍 들게 만들어 주기도 하고, 잔잔한 음성으로 제 마음을 달래주기도 합니다. '인생이 외로운 것은 평생을 두고 읽을 고전이 한 권도 없기 때문이다.' 저는 학생들에게 강의할 때, 이렇게 말을 하곤 합니다.

세계적인 책벌레인 알베르토 망구엘은 『독서의 역사』라는 책에서 비슷한 말을 했습니다.

> "늦은 밤시간에 깨어 있음과 잠듦 사이의 흐릿한 경계선을 넘나들며 가장 호젓하고 안전한 독서 공간이 되어준 곳은 바로 나의 침대였다. 그때 내가 외로움을 느꼈다는 기억은 전혀 없다."
>
> "책 한 권 한 권은 나름대로 하나의 세계였고 그곳에서 나는 안식처를 찾았다." (20~21쪽)

그러니까 책을 쓰는 사람과 책을 만드는 사람은 하나의 세계를 만드는 사람들이라는 뜻입니다. 그들은 자신들이 만든 세계 속으로 독자를 초대합니다. 독자가 그 세계에 매료될 때, 그는 그 세계의 시민이 됩니다. 그리고 그의 삶은 달라집니다. 온종일 책의 바깥 세계에서 살다 몸과 마음이 지칠 때, 그는 집으로 돌아와 책 속의 세계로 깃들어 휴식을 취하고 새로운 힘을 얻을 것이니까요.

고전은 제게 그런 존재였습니다. 제가 힘들고 외로울 때 이길 힘과 지혜를 주었습니다. 고전은 그런 힘을 가지고 있습니다. 오랜 세월 동안 시간의 흐름에 떠내려가지 않고 버티고 서서 지금껏 살아남아 있는 책, 고전이 바로 그런 놈입니다. '고전의 뚝심', 저는 그것을 배웠고 아직도 여전히 배워 가는 중입니다. 그 습관이, 그런 삶의 방식이 곧 직업이 되어 저는 지금 서양 고전학자로 살고 있습니다. 그리스 로마 고전을 읽으며 글을 쓰고 학생들을 가르치며 살고 있지만, 그래서 고전을 읽는 것이 저에게 '돈벌이'가 되어 주지만, 정말 중요한 것은 고전이 제 삶의 태도에 끼친 영향입니다. 시련과 실패, 혼란과 갈등, 모함과 질투, 증오와 분노에 휩싸이며 사는 것이 저입니다. 그런 순간순간마다 고전은 제게 살아갈 힘을 주고 특정한 삶의 방식에 의미를 밝혀줍니다.

이 책은 제 독서의 결과며, 제 삶의 흔적입니다. 저는 수천 년 전의 작가들이 지은 책들을 읽으며 그들의 세계에 머물곤 합니다. 그리고 그 책에서 바깥으로 난 창을 통해 제가 살고 있는 세계를 바라봅니다. 그러면 책의 바깥에서 부대끼며 살아갈 때와는 다른 시선으로 세상을 바라볼 수 있게 됩니다. 그 감상을 여기에 옮겨 놓았습니다. 이렇게 책을 쓴 순간, 저도 하나의 작은 세계를 지은 셈입니다. 그리고 여러분이 이 책을 펴는 순간, 저와 제가 읽은 책의 저자들이 함께 만든 세계로 들어서게 되는 것입니다. 어서 오십시오.

차례

1

역사는 고전을
어떻게 만드는가?

옛 그리스에 헤로도토스(기원전 484~425년)라는 사람이 있었다. 그는 세계 여러 곳을 돌아다니며 진기한 유적과 낯선 풍경을 보고 이방인들의 이야기를 듣는 일에 청춘을 다 바쳤다. 불혹의 나이에 아테네에 머물게 된 그의 곁으로 사람들이 모여들었다. 그는 뛰어난 이야기꾼이었다. 몸소 겪고 목격한 사실들과 수집한 증언들을 매끄럽게 엮어내어 사람들을 매료시켰다. 그런 그가 아테네를 떠나 이탈리아 남부 한 도시에 정착했을 때, 펠로폰네소스 전쟁이 터졌다. 아테네와 스파르타가 격돌한 것이다. 거대한 페르시아 제국이 침략해 왔을 때 두 도시 국가는 그리스 동맹을 이끌며 위대한 승리를 일구었지만, 이제는 동맹의 틀을 깨고 갈라서서 정면으로 충돌한 것이다. 전쟁이 터진 그해(기원전 431년), 그는 『역사』를 쓰기 시작했다.

"할리카르나소스에서 태어난 헤로도토스가 직접 보고 들은 것을 이제 제시하는 바다. 이것은 사람들 사이에서 일어났던 일들이 시간에 의해 지워지지 않도록 하고, 그 엄청나고 놀라운 일들이 알려지지 않은 채 묻히지 않도록 하기 위함이다." (『역사』 제1권 1~5행)

  그는 자신의 작업을 '히스토리아(historia)'라고 했다. '본다(horo)'라는 동사에서 자라나온 말이다. 철학자들이 논리적으로 구성하는 추상적 담론(logos)이나 시인들이 상상력으로 그려내는 경이로운 이야기(muthos)와는 달리, 직접 보고 들은 것을 사실 그대로 기록한다는 히스토리아, 우리는 이 개념을 '역사(歷史)'라고 새긴다.

  역사는 구체적으로 '주어진 것(data)'과 확인할 수 있도록 '놓여 있는 것(posita)'을 바탕으로 구성되기에 '사실(facta)'이라고 받아들여진다. 학교의 역사교육은 막강한 힘을 가지고 역사를 사실로 받아들이지 않으면 안 되게끔 사람들을 압도한다. 그런데 공인된(?) 역사교과서에 인쇄된 역사는 진정 사실일까? 역사기록이 사실에 근거를 둔다고는 하지만, 적어도 두 가지 점에서 역사의 진실성은 의심스럽다.

  첫째, 역사가 바탕에 깔고 있는 사실은 누군가에 의해 선택된 것이다. 가령 어떤 한 시대에 100개의 사실이 일어났는데 5개의 사실만이 기록으로 남았다면 95개의 사실은 사라진 것이다. 기록으로 남지 못하고 시간의 흐름에 떠내려갔으니 역사기록에서 모습을 드러내지 못한 것이다. 그런데 누가 취사선택의 결정권을 쥐고 5개의 사실만을 남긴 것일까? 혹시 역사란 있는 그대로의 사실이 아니라 기록과 보전의 결정권을 쥔 사람들이 선택한 사실의 일부고, 그래서 왜곡되어 부각된 사실에 지나지 않는 것은 아닐까? 그들의 선택과 기록의 바깥으로 밀려난 수많은 사실들이 오히려 역사적으로 더 의미가 있고, 그때를 더 잘 보여줄 수도 있음을 부인할 근거가 있을까?

둘째, 남아 있는 5개의 사실을 두고도 그것을 해석하고 재구성하는 작업이 다양할 수 있다는 점에서 역사의 진실성은 의심스럽다. 예를 들어 이승만, 박정희, 김대중 등 우리 시대를 대통령으로 살다 간 사람들에 대한 평가들이 심각하게 엇갈리고 부딪히는 장면을 보면 '역사란 다분히 주관적이고 자의적인 것은 아닐까?'라는 물음이 자연스럽게 떠오르기 때문이다. 누구의 해석을 사실로 받아들여야 하는가?

직접 보고 들은 것을 그대로 기록한다는 실증적인 정신으로 거대 제국 페르시아와 그리스의 작은 도시 국가들의 연맹 사이에 벌어진 전쟁을 기록했던 헤로도토스는 '역사의 아버지'라고 불린다. 하지만 그의 히스토리아의 진실성도 의문스러운 것은 마찬가지다. 그도 어쨌든 사실들을 선택했을 테고, 선택된 사실에 자신의 해석을 담아냈을 것이다. 그는 인간들이 자신들의 한계를 넘어서 신이 정한 질서와 정의를 거스르는 무례함(hubris)을 범할 때 불행을 겪는다고 믿었다. 그의 『역사』는 이런 믿음을 증명하기 위해 선택된 내용과 해석으로 채워져 있다. 그렇게 그는 과거를 재구성해 한편의 역사를 '지어낸' 것이다. 그래서 그런지 그는 '역사의 아버지'라는 별명과 함께 '거짓말의 아버지'라는 별명도 가지고 있다. 헤로도토스만이 아니다. '사실(fact)'과 '조작(fiction)' 사이에서 맴돌고 있는 그 무엇이 바로 역사라며 '팩션(faction)'이라는 말이 나돌고 있으니 말이다.

고전에 대해서도 비슷하게 물을 수 있다. '고전이란 거의 모든 사람들이 꼭 읽어야 한다고 말하면서도 거의 아무도 읽지 않은 책'이라는 우스갯소리가 있다. 고전이 값있고 중요하다고는 하지만 그것을 이해하고 끝까지 읽어내기란 여간해선 쉽지 않다는 뜻이겠다. 그런데 왜 사람들은 쉽게 읽히지 않는 책을 꼭 읽어야 한다고 목소리를 높이는가? 고전에 대해 근본적인 질문을 던져볼 필요가 있다. 고전은 정말로 값진 것일까? 고전은 인생에 있어서 값진 것이니 꼭 읽어야 한다고 역설하는 사람은 도대체 누구인가?

고전은 분명히 역사의 어느 한 시점에 만들어진 것이다. 물론 만들어진 순간 곧바로 고전이 되는 것은 아니다. 사람들이 세대를 이어가며 계속 읽어주고, 재해석하고, 재생산하며 보전한 경우에만 고전은 고전으로서 살아남는다. 고전은 시간의 거친 흐름을 견뎌내는 뚝심이 있다. 지난 세월 속에 수많은 책이 있었지만 그 가운데 정말 아주 적은 수의 책만이 지금까지 고전으로 남았고, 나머지 대부분은 사람들의 기억에서 사라져버렸으니 말이다. 따라서 하나의 책을 고전이 되게 하는 것은 다른 누가 아니라 바로 역사 자체라고 할 수도 있겠다. 역사의 선택을 받은 텍스트가 바로 고전이며, 그래서 고전은 역사의 산물이라고 말한다. 고전의 생명력은 특정 시대의 문제들에 깃든 보편성을 통찰하는 힘에서 비롯되며, 역사의 매순간에 새롭게 생겨나는 문제들에 대응하는 힘에서 확인된다고 한다.

그런데 그런 말을 하는 사람은 도대체 누구인가? 역사가 그렇듯이, 고전이라는 것도 고전이게 하는 어떤 선택의 힘, 그 힘을 가진 어떤 사람들에 의해 만들어진 것은 아닐까? 우리는 옛 그리스에서 태어난 작품이 왜, 어떻게 고전이 되었고 그리스를 점령한 로마 속으로 이어져갔는지를 추적해볼 수 있다. 역사적 추적 작업에서 아주 중요한 개념은 로마인들이 사용했던 '모방(imitatio)'과 '경쟁(aemulatio)'이다. 이 말은 서양 고전의 형성 과정을 이해하는 일종의 키워드다. 로마가 무력으로 그리스를 점령했을 때, 로마는 높은 수준에 도달한 그리스 문화에 깜짝 놀랐고 압도당했다. 로마는 그리스 문화를 '모방'하기 시작했다. 하지만 그것은 겉모습만을 흉내 내는 답습이 아닌 로마의 상황과 시대적인 요구에 맞게 창조적으로 변용하는 노력이었으며, 그리스 문화에 대한 열등감을 극복하며 로마적인 것을 구축하려는 필사적인 '경쟁'의 일환이었다. 그 과정에서 서구 문화 전반을 지탱하는 그리스 로마 고전은 선택되고 창조되었다.

이 책의 목적은 그리스와 로마의 고전이 보편적인 가치를 가지고 있다는 '뻔한' 주장을 되풀이하려는 것이 아니다. 고전을 통해 역사를 이끌어온 힘, 역사를 통해 고전을 만들어낸 힘의 진정한 정체가 무엇이고, 그 힘이 만들어낸 세계가 어떤 것인지를 묻고 답을 새롭게 찾아보려는 데 있다. 어쩌면 나는 지고한 가치로 평가받는 서양의 고전들에 대해 뜻밖에 형편없는 값을 매기는 위험한(?) 서양 고전학자가 될지도 모른다.

---

1. 그리스어를 한글로 표기할 때는 국립국어원에서 펴낸 외래어 표기법을 따르지 않고 한국서양고전학회가 제시한 '고전그리스어 우리말 표기법안'(『한국서양고전학회 소식』 제2호 1987) 중 한글표기를 따랐다.
2. 그리스 로마 원전 가운데 일부는 내가 직접 번역한 것이고, 일부는 기존 번역서를 원문과 대조하여 고친 것이지만, 이에 관해서는 일일이 표기하지 않았다.

2

'트로이아 전쟁'이
일어난 까닭은?

　기원전 1200년경, 전쟁이 터졌다. 10만여 명의 그리스인들은 연합군을 구성해 1186척의 배를 타고 트로이아 해안으로 진격했다. 저항의 동맹이 구성되어 이에 맞섰다. '신의 아들'이라 불리는 쟁쟁한 영웅들이 격돌한 별들의 전쟁이었다. 수많은 전사가 죽어 새와 개들의 먹이로 쓰러져 갔다. 그렇게 10년 동안 계속된 전쟁은 그리스 연합군 쪽의 목마 작전 한 방으로 끝났다. 트로이아는 불에 타 폐허가 되었고 수많은 사람이 무참히 학살되었다. 간신히 목숨을 건진 사람들은 절망 가운데 배에 올랐고, 새로운 트로이아를 건설하겠다며 고향을 떠났다. 반면 승리를 거둔 그리스 연합군은 막대한 전리품을 챙겨 고향으로 뿔뿔이 흩어져 갔다.

　10년이 지나 돌아온 용사들을 맞이한 고향 땅에선 환영과 위로의 축제가 벌어졌겠다. 용사들은 푸근하고 얼큰한 분위기에 취해 몸과 마음에 짙게 새겨진 전흔을 무용담으로 펼쳐내었을 터. 그들을 오매불망 기다렸던 고향 사람들은 귀를 쫑긋 세우고 반짝이는 눈빛으로 시간 가는 줄 모르고 그 이야기를 들었겠다. 시간이 지나 역전의 용사들은 모두 죽었지만 그 이야기는 다음 세대에게 전설로, 신화로 뭉게뭉게 피어나 꾸준히 전해졌다. 그렇게 400여 년이 흘러 마침내 기원전 9세기경(또는 8세기경)에 전설의 완결편이 나타났다. 호메로스라고 불리는 '작가(poiētēs)'가 나타나 전쟁의 가장 극적인 순간에 초점을 맞춰 전쟁 전체를 엮은 『일리아스』와 전쟁이 끝난 뒤 우여곡절 끝에 집에 도착한 오뒷세우스의 모험을 담은 『오뒷세이아』를 썼다. 두 작품은 대단하다. 프랑스의 소설가였던 레몽 크노(1903~1976년)는 이렇게 말했다. "모든 위대한 문학 작품은 『일리아스』이거나 『오뒷세이아』다." 두 작품 안에는 서구인들이 상상할 수 있는 모든 것들이 깃들어 있다는 말이다. 이런 말도 전해진다.

> "호메로스는 우리 한 사람 한 사람이 삶을 시작하며 점차 어른으로 자라날 때 곁에 서 있고, 우리가 활짝 피어날 때 함께 피어난다. 우리는 늙을 때까지 결코 그를 싫증 내지 않는다. 우리가 그를 곁에서 치워두자마자 곧바로 그를 향한 갈증을 느끼기 때문이다. 우리는 이렇게 말할 수 있다. 호메로스가 갖는 한계만큼이 우리 삶의 한계라고." (『호메로스적 알레고리』 중에서)

그런데 도대체 트로이아 전쟁은 왜 일어났을까? 트로이아의 왕자 파리스가 전쟁의 원인이라고 알려져 있다. 그가 스파르타의 왕 메넬라오스를 찾아갔다가 그의 아내 헬레네를 유혹해 함께 도주하자, 아내를 빼앗긴 메넬라오스는 아가멤논과 그리스 연합군을 구성하여 트로이아를 공격했고 전쟁이 터졌다. 가만 보니, 파리스만 그런 것이 아니다. 트로이아 사람들이 온통 파리스다.

> "트로이아인들과 멋진 경갑을 찬 아카이아인(=그리스인)들이 저런 여인을
> 두고 기나긴 시간 동안 고통을 겪었다 해도 비난할 게 없소. 정말 놀랍지 않
> 소? 그녀의 눈을 들여다보니, 죽음을 모르는 여신을 닮았소이다."

(『일리아스』 3권 156~158행)

메넬라오스와 파리스가 트로이아 성 앞에서 일대일 대결을 벌이려고 하는 순간, 전 남편과 현 남편의 일전을 보기 위해 성채로 올라오는 헬레네를 보고 트로이아의 원로들이 한 말이다. 10년 동안 전쟁에 시달리며 수많은 사람이 죽어 갔는데도 저런 말을 하다니, 참 어이없는 사람들이구나 싶다. 불장난 같은 사랑놀이로 나라를 존망의 위기로 몰아넣은 한낱 애송이인 파리스만 파리스가 아니라 트로이아 사람들 모두 하나같이 철없는 파리스와 같다. 그러나 단 한 사람, 트로이아의 최고 영웅 헥토르는 그런 파리스를 엄하게 꾸짖는다.

> "못난 녀석, 겉모습만 잘났지, 계집에 정신 나간 사기꾼 같으니! 넌 태어나
> 지 않았어야 했다. 결혼하기 전에 죽는 게 좋았다! 힘도 없고, 폐부 속에 투
> 지도 없는, 그 정도밖에 안 되는 네놈이 믿음직한 전우들을 다 모아, 바다를
> 가르며 달리는 전함들을 타고 대양을 건너가, 다른 나라 사람들과 어울려
> 지내다가 아름다운 여인을, 창잡이 용사들의 며느리를 머나먼 땅에서부터

이리로 데려왔단 말이냐? 아버지에게, 이 도성에, 모든 백성에게 크나큰 고통을, 그리고 악의를 품은 원수들에게는 기쁨을, 너 자신에게는 치욕을 가져온 것이란 말이냐?" (39~51행)

호메로스는 이 전쟁을 사랑에 빠져 신의를 저버리고 나라를 위태롭게 한 철없는 얼간이와 죄악을 벌하려는 당당한 용사의 맞짱 대결로 그려 놓았다. 메넬라오스는 이렇게 외친다.

"수호신 제우스여, 저에게 먼저 못된 짓 한 자에 대한 앙갚음을 허락하소서! 지체 높은 파리스를 제 두 손으로 쓰러뜨리게 하시고, 나중에 태어날 사람 중 그 누구라도, 손님을 정중히 맞이하여 우의를 베풀어 준 사람에게 못된 짓을 하는 것을 두려워하게 하소서!" (351~354행)

역사가 헤로도토스도 호메로스와 비슷한 어조로 말한다. 파리스가 헬레네를 납치하자, 그리스인들은 사절단을 보내 헬레네를 돌려주고 납치에 대한 적절한 보상금을 지급한 다음 사태를 수습하라고 요구했다. 파리스는 거부했다. 그리스인들은 곧바로 군사적으로 대응했다. 이것이 과잉반응일까?

"여인들을 납치한 것은 물론 부당한 행위지만, 그것 때문에 야단법석을 떨며 이미 납치된 여인들을 위해 복수한다는 것은 생각 없는 짓이고, 납치 사건을 덮어두는 것은 지혜로운 처사라고 페르시아인들은 생각한다."

(『역사』 제1권 4번)

헤로도토스에 따르면 그 이전에도 유럽과 아시아 사이에는 서로 여인들을 납치하는 사건이 장군 멍군식으로 되풀이되었다고 한다. 그런데 "아시아 쪽 사람들은 자신들의 여인들이 납치된 것을 큰 문제로 여기지 않았는데 반해, 헬라스인(=그리스인)들은 스파르타 출신의 여인 때문에 대군을 일으켜 아시아로 쳐들어와 프리아모스의 군대를 궤멸시켰다고 페르시아인들은 말한다."(『역사』 제1권 4번) 이 말을 뒤집어보면 조금 지나치기는 했지만 어쨌든 그리스인들의 행위는 정당하다는 뉘앙스다. 여인을 납치한 것은 어쨌든 잘못된 일이고, 그것에 대한 응징은 할 만한 일이니까.

그런데 과연 호메로스와 헤로도토스는 진실을 말했을까? 정말로 파리스가 신의를 저버리고 왕비를 납치했고, 정당한 응징을 위해 대규모의 그리스 연합군이 조직되었으며, 트로이아는 죗값을 치르며 완전히 파멸한 것일까? 좀, 그렇다. 왕비 납치사건이라는 범죄행위에 본때를 보여주겠다는 것은 궁색한 명분이고 진실은 다른 것일 수 있다. 아니, 납치 사건 같은 것은 아예 없었으며 전혀 다른 이유만이 전부였을지도 모른다. 트로이아의 풍요에 대한 그리스인들의 탐욕! 이것이 침략과 전쟁의 진짜 이유가 아니었을까? 헬레네의 납치니, 정의로운 응징이니 하는 것은 침략의 야욕을 숨기기 위한 입바른 거짓말이 아니었을까? 이런 의혹과 추정을 뒷받침할 정보를 투퀴디데스가 살짝 전해준다.

"옛날에 연안이나 섬에 살던 헬라스인이나 이방인들은 배를 이용한 왕래가 활발하게 되자, 해적이 되었다. 가장 강한 용사의 지휘에 따라 자신들의 이익을 위해, 그리고 연약한 식솔들을 부양하기 위해 방벽이 없고 마을이 옹

기종기 모여 사는 도시들을 골라 침략하고 약탈했으며, 이것을 삶의 가장 중요한 방편으로 삼았다. 이런 행동에 대해 그들은 부끄러움을 갖지 않았고 오히려 영광으로 삼았다." (『펠로폰네소스 전쟁사』 제1권 5번)

그리스 연합군의 총사령관 아가멤논이나 메넬라오스는 투퀴디데스가 말한 해적질과 인근 지역의 침략을 통해 힘과 부를 축적했을 수 있다. 싸잡아 말하자면 트로이아 전쟁에서 활약한 영웅들의 대부분은 해적의 왕초들과 크게 다를 바 없다. 그들이 벌이는 전쟁 자체가 진화된 형태의 해적 활동이며, 그들의 영웅적인 면모는 해적이 미화된 변형일 뿐이다. 투퀴디데스의 기록에 따르면 트로이아 전쟁은 호메로스의 현란한 시어로 과장되었으며, 그 규모는 해적들의 원정 활동보다 좀 더 큰 정도에 지나지 않았으리라 추정된다. 어쩌면 전쟁이 10년 동안 지속되었다는 것도 사실은 그리스인들이 소아시아에서 10년 동안 간헐적으로 저지른 일련의 해적활동을 확대해석한 것일지도 모른다. 해적질에 참여했던 남자들이 집으로 돌아와 식구들과 친구들에게 무슨 말을 했을까? 자신의 행동을 그럴듯하게 꾸미려고 허풍을 떨지는 않았을까?

일개 해적의 두목이 왕과 영웅이 되며, 폭력적인 해적질이 정당한 명분을 갖는 전쟁으로 탈바꿈하기 위해서는 탐욕스러운 노략질을 정의로운 응징으로 꾸며줄 마법의 수사(修辭)와 신화적 스토리텔링, 그리고 교묘한 언어의 연금술이 필요했으리라. 듣는 사람들도 돌아온 식구들이 해적질이나 하던 깡패가 아니라 빛나는 영웅이어야 한다고 생각했을 것이다. 그런 그들의 열망이 영웅 신화를 만들어낸 것일지 모른다. 호메로스의 『일리아스』와 『오뒷세이아』는 그렇게 만들어진 것은 아닐까?

두 작품 속의 영웅들은 시인들이 노래할 만한 진정한 영웅이 아니었을 지도 모른다. 그러나 그들이 원래는 해적이었을지 몰라도 일단 시인이 영웅으로 만들면 그대로 영웅이 되고, 그들을 그린 작품은 듣고 읽는 사람들의 마음속에 진정한 영웅이 되고 싶어 하는 전혀 새로운 욕망을 만들어내었던 것이리라. 그리하여 시인의 연금술은 교활한 미화의 도구라는 오명에서 벗어나 새로운 가치와 질서를 빚어내는 신비로운 창조력을 발휘할 수 있으리라.

또 하나. 트로이아 전쟁의 이야기가 흥미로운 것은 전쟁에서 패한 트로이아의 후예들이 먼 훗날 그리스를 정복한 뒤에 호메로스의 서사시를 맞닥뜨리고는 분노하고 질시하며 모방하고 경쟁하는 가운데 새로운 고전을 만들어냈다는 사실이다. 로마의 시인 베르길리우스의 『아이네이스』가 바로 그것이다.

3

아킬레우스의 선택,
불멸의 명성

나무는 슬프다. 하늘에 닿으려는 열망이 땅에 뿌리를 박고 있어야
만 하는 운명으로 끝내 좌절되었기 때문이다. 나무는 무궁무진한 하늘
을 바라보며 땅에 붙박인 자신의 몸뚱이를 안타까워할지도 모른다. 하
지만 나무는 아름답다. 땅에 뿌리를 박아야 하는 운명에 짓눌려 하늘에
대한 열정을 포기하는 일이 없기 때문이다. 하늘이 너무 높아도, 계절
이 혹독한 입김으로 잎을 무너뜨리고 헐벗겨도, 끝내 좌절하지 않고 봄
으로 살아나 꿋꿋이 하늘에 대한 꿈을 키워나간다. 절망은 없다. 찬란
한 신록은 봄마다 폭죽처럼 터져 하늘에 대한 희망이 계속됨을 천명한
다. 나이테로 관록을 늘려갈수록 나무는 조금씩 하늘에 다가가며 열매
를 맺고, 새로운 씨앗을 땅에 뿌리며 꿈을 이어간다. 밤하늘의 무수한
별은 어쩌면 나무가 꾸는 꿈이 피어난 것일지도 모른다.

더 놀라운 것은 하늘을 향한 상승 욕구가 높아질수록 땅속으로 자신

을 더 깊이 뿌리박는 나무의 지혜다. 단단한 땅으로 뚝심 있게 파고들어 자신을 깊이 묻어가는 한편으로 창공을 향해 끊임없이 높이를 더해가는 푸릇푸릇한 나무의 생태. 땅으로 깊어갈수록 하늘로 높이 갈 수 있음을 아는 지혜가 심오하다. 감탄을 자아낸다. 살아서 하늘로 날아오를 수 없는 한 하늘에 대한 희망은 망상일 뿐이라고, 뿌리가 깊어지면 하늘로 상승하려는 소망은 더욱더 실현될 수 없다고 말하지 마라. 한계를 알면서도 도전을 포기하지 않고, 자신의 운명을 받아들이면서도 절망하지 않기에 나무는 진정 위대하다.

인간도 나무처럼 슬프다. 죽을 수밖에 없는 운명의 존재며 죽음 이후에는 허무뿐일지도 모르는 존재다. 하지만 그 운명에 굴하지 않고 영원을 지향하는 인간은 아름답다. 나무가 하늘에 대한 열망을 끝까지 간직하며 가지를 뻗어 올리듯, 죽어 없어질 수밖에 없는 인간의 운명을 안고도 영원함을 '멋지게' 열망하던 사람들이 있었다. 그리스 최초의 서사시 『일리아스』(기원전 9∼8세기경)에서 노래하는 영웅들의 열정은 독특하다. 불로초(不老草)를 구해 이 땅에서 육체적인 수명을 무한히 연장해보려 했던 진시황의 집념과는 다른 열정이다. 이 땅의 삶을 부차적인 것으로 여기며 피안의 영역에서 영원한 신의 품에 안기려는 기독교의 종교적인 노력과도 다르다. '나'를 지움으로 모든 고통과 찰나의 구속을 벗어나려는 해탈의 수행도 아니다. 그리스 영웅들의 모습은 이 세상의 삶을 값진 것으로 여기며 죽음을 엄연한 필연으로 받아들이면서도 불멸의 명성을 통해 영원하고자 하는 데서 고유한 빛을 발한다.

"어머니께서도 나에게 말씀하셨지. 은빛 발을 가진 여신 테티스께서도 두

가지 운명 중에 하나가 나를 죽음의 종말로 데려간다고. 만일 여기 남아 트로이아인들의 도시를 둘러싸고 싸우면 나에게 귀향이란 없어지지만, 명성은 없어지지 않을 것이라고. 그러나 만일 내 고향 땅 집으로 돌아간다면 나에게 고귀한 명성은 없어지지만, 나의 수명은 길어질 것이며 나에게 결코 죽음의 끝이 일찍 찾아오지는 않을 것이라고." (『일리아스』 9권 410~416행)

트로이아 전쟁(기원전 1200여 년경)의 최고 영웅 아킬레우스에게는 두 가지 선택의 길이 있었다. 평범하게 살며 장수를 누리는 길과 장렬하게 단명하지만 불멸의 전설이 되는 길이었다. 누구나 죽는다. 죽으면 '나'는 없어진다. 내가 죽어 없어진 후에도 계속해서 내가 살아남는 길은 나의 자식들과 손주들에게 나의 이름이 기억의 대상으로 영원히 남는 것이다. 나의 명성이 멀리 사방으로 퍼져 나가 그곳에 사는 사람들과 그 사람들의 자손들에게 영원히 회자되는 것이다. 아킬레우스의 선택은 분명했다.

"이제 나는 가겠습니다. 내가 사랑하는 사람을 죽인 헥토르를 만나러 죽음의 운명을 나는 받아들이겠습니다. 그 언제든지 제우스가 또 다른 불사의 신들이 끝내시길 원하시면 헤라클레스의 힘도 죽음의 운명을 피하지는 못했습니다. 크로노스의 아들 제우스에게 가장 사랑받는 자였음에도. 운명이, 그리고 헤레의 참기 힘든 분노가 그를 제압했습니다. 그처럼 나도, 만일 나에게 똑같은 운명이 정해졌다면 죽어 눕겠습니다. 하지만 지금은 고귀한 명성을 얻고 싶습니다." (18권 114~121행)

생각해보라. 아킬레우스는 3200여 년 전에 죽었으나, 그는 지금 한반도에 사는 우리에게도 기억되는 이름으로 여전히 살아있지 않는가? 그는 죽었으나 불멸하는 영웅의 길을 택하였기에 지금도 살아있고 앞으로도 살아남을 것이다. 우리가 그를 기억하는 한 그는 우리의 가슴속에서, 우리의 상상 속에서 계속 살아갈 것이다.

그리스 영웅에게 최고의 가치는 불멸의 명성이다. 그런데 불멸의 명성을 얻으려면 하나뿐인 목숨을 걸어야 한다. 불멸하기 위해 '끝내주게' 죽을 수 있어야 한다. 바꾸어 말하자면 죽기를 두려워하며 죽음을 피하려고 하면 이 땅 위에서 조금 더 길게 살 수 있을지는 몰라도 결코 불멸의 명성을 얻을 수는 없다. '멋지게' 죽지 않는다면, 잊힌다. 잊히면 끝장이다. '장렬하게 죽을 때 불멸한다'는 비극적인 이율배반이 영웅들의 덕목이다. 트로이아의 전사 사르페돈은 출정하며 이렇게 말한다.

> "여보게 친구, 만약 우리 둘이 이 전쟁을 피하여 영원히 늙지도 않고 죽지도 않고 있을 수 있다면 나 자신이 맨 앞에 서서 싸우진 않을 것이다. 남자를 명예롭게 하는 싸움터로 너를 보내지도 않을 것이다. 하지만 지금 헤아릴 수 없는 죽음의 운명이 버티고 서 있으며 그것들을 인간들은 피할 수도 없고 모면할 수도 없으니 나가자! 우리가 누군가에게 명성을 주든가, 누군가가 우리에게 줄 것인즉!" (12권 322~328행)

죽음이 항상 도사리는 싸움터는 영웅들에게 영원히 살 수 있는 영생의 장소였다. 이곳에서 시시하게 죽어서는 안 된다. 대충 버티고 살아남거나 비겁의 오명과 모욕으로 남아서도 안 된다. 아무도 기억해주지 않거나 더러운 이름으로 기억되는 것, 그것은 영원한 죽음과 다를 바가 없었다.

『일리아스』에서 인간을 수식하는 전형적인 표현은 '죽을 수밖에 없는 (thnethos)'이다. 반면 신에 대해서는 '죽지 않는(athanatos)'이라는 표현을 쓴다. '죽음'이란 인간과 신을 가르는 결정적인 한계선이다. 그 선 아래에서 인간의 규정은 끝나고, 그 선 위에서 신의 규정은 시작된다. 그래서 그리스인들은 죽을 수밖에 없는 인간 조건을 안고 불멸의 명성으로 영원을 지향하던 영웅에게 '신을 닮은(theoeides)'이라는 형용사를 부여한다. 죽음이라는 인간 조건의 한계를 안고 한 번뿐인 인생을 걸어 불멸의 명성을 열망하던 영웅은 불멸하는 신을 닮은 존재다. 그는 신과 인간의 경계선 위에서 죽음으로 죽지 않는 신비로운 외줄 타기를 하며 보는 이들의 경탄을 자아내지만, 끝내 그 한계에 부딪혀 비극적인 파멸을 맞이한다. 그러나 그 최후의 장면은 밤하늘을 경탄스럽게 수놓는 폭죽처럼 찬란하게 작렬하며 보는 이들의 가슴속에 지워질 수 없는 이름으로 남는다.

"노장 프리아모스가 두 눈으로 맨 먼저 그를 보았다. 별처럼 반짝이며 들판 위를 질주하는 그를. 그 별은 늦여름에 떠오르니, 그 찬란한 광채는 밤의 심연 속 수많은 별들 사이에서 돋보이나니 그 별을 오리온의 맹견이란 별명으로 부른다. 가장 찬란하지만 이것은 불행의 징조니 가련한 인간들에게 수많은 열병을 가져다준다. 꼭 그처럼 달리는 그의 가슴 위에서 청동이 빛을 뿜고 있었다." (22권 25~32행)

헥토르를 향해 돌진하는 아킬레우스는 천상의 별을 닮은 지상의 별이
었고, 그의 이름은 땅 위에 불멸하는 눈부신 이름이었다.

4

시인들은 왜 영웅을 노래하는가?

"한 그루의 나무에도 희망이 있습니다. 찍힌다 해도 다시 움이 돋아나고, 그 어린 가지가 끊임없이 자라나기 때문입니다. 비록 그 뿌리가 땅속에서 늙어 가고 그 그루터기가 바위 속에서 끝이 난다 해도, 물 향기만으로 다시 꽃이 피어나고 새로 심은 듯 열매를 맺을 것이기 때문입니다. 그러나 용사라도 끝이 나면 사라지고, 쓰러져 죽으면 더는 있을 수 없습니다. 시간에 닳고 닳아 바다가 바닥을 드러내며, 강물이 황폐하게 메말라버리듯 사람은 죽으면 다시 일어설 수 없습니다." (「욥기」 14장 7~12절)

욥이라는 사람이 있었다. 사람들의 존경과 신(神)의 신뢰를 받으며 평화롭게 살던 그는 여호와와 사탄 사이에 맺어진 계약(?) 때문에 재난에 휩싸인다. 재산과 자식 모두를 잃고, 악성 종기로 몸마저 일그러진다. 그래도 그가 신에게 무례를 범하지 않는가 보자는 것이었다. 죽음이 두려운 사람은 살려고 하겠지만, 삶이 괴롭고 고통스러워 삶 자체가 두려워진 사람은 견디기가 어려워져 죽음을 선택한다고 했던가. 욥은 자신의 탄생을 저주하며 삶을 원망한다.

> "차라리 숨이 막혀 버리면 좋겠습니다. 뼈만 앙상하게 살아 있기보다는 차라리 죽는 것이 낫겠습니다. 나는 이제 사는 것이 지겹습니다. 영원히 살 것도 아닌데, 제발 나를 혼자 있게 내버려 두십시오. 내 삶이 허무할 따름입니다." (7장 15~16절)

죽으면 모든 것이 끝이라고 생각했을까? 욥은 "흙으로 만든 몸을 입고, 티끌로 터를 삼는 인생"(4장 19절)이라 한다. 삶이란 "그림자"와 같다 한다.(8장 9절, 14장 2절) 생명이란 짧은 "숨결", 또는 "숨결에 날아가는 지푸라기" "바람에 흔들리는 나뭇잎"(13장 25절) "피었다가 시드는 꽃"(14장 2절)이라 푸념한다. "아침에는 살아있다가도, 저녁이 오기 전에 예고도 없이 죽는, 영원히 망하고 말 존재"(4장 20절)라고 탄식한다. 누가 욥의 탄식에 공감하지 않을 수 있을까?

죽을 수밖에 없는 인간에게 최악의 절망이란? "그에 대한 기억은 땅에서 소멸되고, 그의 이름이 저잣거리에서 더는 불리질 않게 되리니……."(18장 17절) 지지리 재수 없고 못된 놈은 빛에서 어둠으로 끌려가고, 그의 뒤를 잇는 자손은 하나도 남지 못한다. 그는 죽음을 끝으로 흔적도 없이 먼지처럼 이 땅에서 사라진다. 그의 뒤에 남는 것은 아무것도 없다. 그래서 욥은 하나의 소망을 표출한다. "누군가가 내가 하는 말들을 기록해 준다면. 그것을 두루마리에 담아 영원하게 한다면. 철필

(鐵筆)과 납필로 바위에 새겨 준다면."(19장 23~24절)

욥은 죽어 티끌로 사라졌지만 그의 소망은 이뤄졌다. 지금으로부터 최대 4000여 년 전 인물로 추정되는 그의 이름과 그의 말은 지금도 남아있고, 그의 기록이 읽히는 순간마다 그는 되살아나 말하고 움직이니 말이다. 인생에 대해 깊이 통찰하고, 고통을 견디며 지켜낸 신에 대한 의리와 경건함은 끊임없이 감동을 일으킨다. 죽을 수밖에 없는 운명. 하지만 인간은 자기 존재를 지속시키기를 열망한다. 이 땅 위에 영원히 살 수 없다면 길은 두 갈래가 남는다. 영생에 대한 꿈을 접고 살다가 죽는 것, 아니면 어떻게 해서든지 영속의 존재방식을 찾는 것이다. 꿈을 접지 않는다면 다시 두 갈래 길이 남는다. 정신적 존재로 영생하는 것, 아니면 불멸의 이름으로 남는 것이다. 우리는 죽으면 완전히 끝인가? 아니면 죽어도 죽는 것이 아니며, 영혼으로 영원히 살아남는가? 육체와 영혼의 문제는 물을 분해하면 산소와 수소로 해체된다는 사실처럼 누구나 확인하고 인정할 수 있는 방법으로 검증하고 해결할 수 있는 문제가 아니다. 그것은 '사실과 지식'의 문제가 아니라 '추정과 믿음'의 문제다. 그런데 말이다, 육체가 죽으면 끝이라 믿으면서도 영원의 꿈을 열렬히 꾸던 사람들이 있었다. 바로 호메로스 서사시의 전사들이다. 그들은 멋지게 살고 싸우다 죽음으로써 티끌 같은 존재로 찰나를 사는 인간의 운명을 영원의 지평으로 잇닿게 건져 올렸다. 그들은 죽음으로 영원히 살아남아 있었다.

그리스 최초의, 그러면서도 최고의 서사시인 『일리아스』는 이렇게 시작한다.

"분노를 노래하소서, 여신이여, 펠레우스의 아들 아킬레우스의 파괴적인 분노를. 이는 무수한 고통을 아카이아인들에게 주었고 영웅들의 수많은 굳센 혼백들을 하데스에게 내던져 보냈으며, 그들 자신은 모든 개들과 새들의 먹이로 만들고 있었나이다. 그리고 제우스의 뜻은 이루어지고 있었나이다." (1권 1~5행)

시인은 무사(Mousa＝뮤즈) 여신에게 노래해 달라고 간청한다. 그러면 무사 여신은 청중들 앞에 그 신비로운 모습을 드러낼까? 하지만 시인의 간절한 초청에도 불구하고 무사 여신은 나타나지 않는다. 당연하지! 이 땅 위에서, 사람들의 눈앞에 놓인 무대 위에서 노래하는 것은 오직 시인이니까. 시인은 자신이 외쳐 부른 무사 '신에 들려' 노래한다. 그는 한낱 인간인 '그' 자신이 아니라 무사 여신에 빙의되어 그녀의 입이 되고 그녀의 목소리가 된다.

무사 여신은 누구인가? 최고의 신 제우스와 기억의 여신 므네모쉬네의 딸들이다. 아흐레 동안 서로 살을 섞어 아홉 딸이 태어났다고 한다. 시인은 인간이기에 직접 보고 들은 것이 너무 적다. 그러니 그가 태어나기 이전의 영웅들을 어떻게 노래할 수 있겠는가? 그러나 시인을 억누르는 기억의 한계는 시인이 무사 여신의 입술이 되는 순간 극복된다.

"말씀하소서. 지금 나에게, 올림포스에 집을 가진 무사 여신들이여, 당신들은 실로 여신들이며, 두루 계시며, 모든 것들을 아시나이다. 우리는 겨우 소문만을 듣기에 아무것도 제대로 알지 못하나이다. 그 어떤 이들이 다나오스인(＝그리스인)들의 지휘관이며 지도자였는지를. 그 수를 나는 이야기할 수도 없고 거명할 수도 없나이다. 설령 내게 열 개의 혀와 열 개의 입이 있다고 할지라도, 목소리가 거침없고, 청동의 심장이 내게 들어있다고 해도. 만약 올림포스에 사는 무사 여신들, 아이기스를 가진 제우스의 따님들이 기억나게 해주지 않는다면." (2권 484~492행)

시인의 노래는 무사 여신의 기억과 권위에 힘입을 때 인간이 감히 의심할 수 없는 여신의 노래, 불멸의 노래가 된다. 그리고 영웅들의 이름과 빛나는 행적은 그의 노래 속에 담길 때 시간을 관통하며 찬란하게 빛난다.

죽을 수밖에 없는 인간이 영원히 살아남는 방법은 불후의 명성을 남기는 것이다. 그렇다면 누가 영웅의 이름을 불멸하게 하는가? 바로 시인이다. 시인은 불멸의 기억을 가진 무사 여신의 노래하는 도구이며, 영웅을 불멸하게 하는 힘이다. 천하의 알렉산드로스 대왕은 비통해하며 말했다고 한다. "아킬레우스, 행복한 자여. 그에게는 호메로스가 있었으니. 하나 그보다 훨씬 뛰어난 나에게는 노래할 시인이 없구나!" 인생은 짧으나 명성은 길고, 노래는 영원하다. 그리스 최고의 서정시인인 핀다로스는 이렇게 노래했다.

"사람들에게는 그 무엇보다도 바람이 필요할 때가 있지. 하지만 어떨 때는 하늘의 물, 구름이 낳은 비 내리는 자식이 필요할 때도 있지. 하지만 누군가 힘써 훌륭한 일을 해낸다면, 꿀맛 같은 찬가가 먼 훗날 이야기될 명성의 시작일진저. 위대하고 탁월한 일에 믿음직한 맹세일진저." (『올림포스 찬가 11』)

시인은 자신의 노래에 신비한 힘을 불어넣기 위해 기꺼이 무사 여신의 도구가 된다. 자신의 노래를 영원히 남기고, 자신의 이름을 영원의 지평 위로 건져 올리기 위해 기꺼이 영웅을 찬양한다. 아무것이나 노래해서는 안 된다. 그런 노래는 그대로 잊혀지기 때문이다. 불멸의 영웅을 노래함으로써 노래를 부르는 자 또한 영원히 남는 법. 우리가 아킬레우스를, 헥토르를, 오뒷세우스를 기억하는 것은 호메로스의 노래 때문이다. 그리고 우리가 호메로스를 기억하는 것은 아킬레우스와 헥토르, 오뒷세우스와 같은 영웅들이 있기 때문이다. 영웅이 불멸의 명성을 위해 시인을 필요로 하듯, 시인도 불멸하기 위해 진정한 영웅을 필요로 한다.

영웅이 찬란하면 찬란할수록 시인의 노래와 숨결은 언제나 젊디젊게 빛나고, 언제나 마르지 않는 샘처럼 솟구친다. 시인이 무사 여신을 부르는 것은 무사 여신의 이름을 입을 때 무사 여신의 신비로움과 불멸성이 그대로 시인의 것이 되기 때문이다. 시인이 영웅을 노래하는 것은 영웅이 기억되는 한, 영웅을 노래한 시인도 결코 잊히지 않기 때문이다. 오비디우스(기원전 43년~서기 17년)를 보라. 그는 『변신이야기』를 통해 아우구스투스 황제(기원전 63년~서기 14년)를 지상 최고의 영웅으로 노래했다. 로마 공화정 말기의 혼란을 평정하고 황제의 자리에 올랐던 그를 신의 경지로 승화시켜 노래했다. 영웅이 위대할수록, 자신과 자신의 노래는 하늘의 영원한 별처럼 빛날 것을 믿었기 때문이다.

"이제 작품을 완성하였으니, 이를 유피테르의 분노도, 불도, 강철 칼도, 걸신 들린 노령도 없애지는 못하리. 원한다면 그날로 하여, 이 몸뚱이밖에는 아무런 권한 없겠지만, 덧없는 내 일생에 마침표를 찍게 하라. 하나 '더 뛰어난 나의 부분(=영혼)'으로 나는 영원히 저 높은 별들 위로 실려 가리라. 내 이름은 불멸하리라. 로마의 힘이 정복된 나라들로 펼쳐지는 어디든, 민중들의 입으로 읽힐 것인즉, 온 세대를 지속하는 명성으로 내 살리라. 만약 무언가 참된 것을 시인의 예견이 담고 있다면." (『변신이야기』 15권 871~879행)

5

'아무도 안'인
오뒷세우스의 분노

"넌 누구냐?" "전, '아무도 안'입니다. 모두, 저를 그렇게 부르지요."
오뒷세우스는 '아무도 안'이라는 이름으로 자신을 감쪽같이 지웠다. 사
람을 무자비하게 잡아먹는 거대한 외눈박이 거인 앞에서 그는 오뒷세
우스일 수 없었다. "뭐, '아무도 안'이라고? 좋다. '아무도 안'인 너를 내
가 맨 마지막에 먹어치우겠다. 이것이 너에 대한 나의 호의다. 으하하!"
외눈박이 식인거인 폴리페모스는 오뒷세우스의 친구 두 명을 맛있게
씹어 먹고 피범벅이 된 입을 쭉 찢어 벌리며 섬뜩한 웃음을 흘렸다. 인
육을 으깬 이빨은 포도주와 피에 젖어 음험하게 번뜩였다. 폴리페모스
는 곧 곯아떨어졌다. 저항할 수 없는 무자비한 폭력 앞에서 '아무도 안'
인 오뒷세우스는 두려움에 떨었을까? 천만에. 그 순간 그를 휩싼 것은
분노였다. 하지만 그는 이글거리는 노여움을 꾹 누르며 침착하게 그 순
간을 견뎌냈다. 참는 것과 순응하는 것은 전혀 다른 것이다. 오뒷세우

스는 쉽게 울컥하지 않았다. 무례한 거인 앞에서 그는 일단 '아무도 안' 이어야 했다. 그는 조용히 동료들과 함께 올리브나무의 거대한 말뚝 끝을 날카롭게 깎기 시작했다.

사실 그는 그 야만적인 거인 앞에서만 '아무도 안'인 것은 아니었다. 목마 전술을 짜내어 10년간의 트로이아 전쟁을 끝내 승전의 영광을 한 몸에 받았던 최고의 전략가였지만, 그는 지금 세상으로부터 지워져 있었다. 그는 출신부터가 그저 그랬다. 그리스 본토 서쪽의 조그만 섬 이타카, 오뒷세우스는 그곳 출신이었다. 그는 달랑 12척의 배만 가지고 트로이아 전쟁에 참가했다. 총사령관이었던 아가멤논이 100척의 함선을 끌고 왔고, 최고의 전사였던 아킬레우스가 50척의 함선을 몰고 참전한 것에 비하면 오뒷세우스의 세력은 보잘것없었다. 그러나 그는 불리한 상황에 묻히지 않고 자신의 존재감을 드러냈다. 중요한 순간마다 기막힌 전략을 짜내어 그리스 연합군에게 돌파구를 열어 주었다. 이렇게 말할 수 있겠다. '아가멤논이 없었다면 전쟁은 불가능했고, 아킬레우스가 없었다면 숱한 전투에서 승리를 거둘 수 없었을 것이다. 그러나 오뒷세우스가 없었다면 트로이아 전쟁은 끝나지 않았을 것이다.' 작은 섬 이타카 출신의 오뒷세우스는 개천에서 용이 되는 법을 잘 알고 있었다. '힘이 없으면 머리를 써라.'

10년 동안의 전쟁이 끝나고 다른 전사들은 집으로 돌아갔지만, 오뒷세우스는 집으로 돌아가는 데 다시 10년이 걸렸다. 고향을 떠난 지 20년. 그의 궁전에는 부인 페넬로페와 이제 막 20세가 된 텔레마코스가 그를 기다리고 있었다. 말이야 쉽지, 전쟁터에 나간 가장이 20년이 되도록 돌아오지 않는데, 그가 살아서 돌아오리라 기대하는 것은 어리석은 집착이 아닌가? 그러나 페넬로페와 아들은 꿋꿋이 기다렸다. 그를 기다린 건 그들만이 아니었다. 페넬로페 옆에는 껄떡대는 사내들로 득실거렸다. 그들도 오뒷세우스를 기다렸다. 살아 돌아올 오뒷세우스가 아니라, 죽은 오뒷세우스를. '오뒷세우스는 벌써 죽었어. 전쟁이 끝난 지가 10년이 넘었는데, 살아 있다면 벌써 돌아오지 않았겠어? 이제 포기하고 새로운 남편을 골라 이타카 왕국을 맡기시지.' 구혼자들은 외로운 페넬로페에게 뻔뻔하게 요구했다. 이처럼 아내와 아들이 모진 핍박에 시달리는데도 오뒷세우스는 거기에 없었다. 그는 그를 절실하게 필요로 하는 사람들에게 아무런 도움도 주지 못하는, 그야말로 '아무도 안'이었다.

마침내 그가 고국 땅을 밟았을 때도 그는 당장 나설 수 없었다. 자신은 혼자였고 구혼자들은 많은 수로 세를 형성하고 있었다. 오뒷세우스는 일단 거지 차림으로 자신을 철저히 숨겨야만 했다. 무례한 구혼자들이 궁전을 능욕하는 것을 보면서도 분노를 꾹꾹 눌러야 했다. 가슴이 쓰렸다. "참아라, 내 심장이여(tetlathi de kradie). 퀴클롭스가 전우들을 씹어 먹을 때, 이보다 더 험한 꼴을 보고도 참지 않았던가?" 그는 이를 악물고 타들어 가는 가슴을 아프게 달래야 했다. 그런 그를 호메로스는 '참을성이 많은 고귀한 오뒷세우스'라고 불러주었다.

호메로스가 그려낸 영웅이 둘 있다. 아킬레우스와 오뒷세우스다. 아킬레우스가 전투에 탁월한 전형적인 용장(勇將)이라면, 오뒷세우스는 전략에 뛰어난 지장(智將)이다. 아킬레우스가 분노를 즉각 토해내는 용사라면, 오뒷세우스는 숱한 시련을 겪으면서도 참아야만 하는 인내심 그 자체다. 아무리 참혹하고 모욕적인 상황이라도 참고 견딜 줄 아는

'참을성이 많은 고귀한 오뒷세우스'. 그런데 이 표현은 아주 흥미롭다. 왜냐하면 '오뒷세우스(Odysseus)'라는 이름 자체가 '참을성'이라는 말과 잘 어울리지 않기 때문이다. '오뒷사오'는 '화가 났다'라는 뜻인데, 오뒷세우스라는 이름과 발음이 아주 닮았다. 오뒷세우스라는 이름은 그의 할아버지인 아우톨리코스가 붙여준 것인데, 거기에는 할아버지 이름의 흔적이 묻어 있다. 서양 판타지 소설에 자주 등장하는 '늑대(리코스, lukos) 인간'이라는 뜻을 가진 '아우톨리코스(Autolukos)'는 손자인 오뒷세우스를 분신처럼 매우 아꼈기 때문에 자신의 이름을 손자의 이름에 새겨넣었다. 사정은 이렇다. '늑대(lukos)'의 야수성은 '분노(lussa)'와 긴밀하게 연결된다. 실제로 '륏사(lussa)'는 '리코스(lukos)'에서 파생되었다. 그런데 그리스어에서 'ㄹ(l)' 발음은 곧잘 'ㄷ(d)' 발음으로 바뀐다. 따라서 뤼코스에서 파생된 '륏사'는 곧 '뒷사'로 바뀌었고, 그로부터 '분노한다'라는 뜻의 그리스어 동사 '오뒷소마이(odussomai)'가 나왔다. 이렇게 오뒷세우스의 할아버지는 자신의 이름의 한 조각(뒷사)을 손자의 이름 속에 녹여 넣어 오뒷세우스라 했다. 이 분석에 따르면 오뒷세우스라는 이름의 뜻은 '늑대의 야수성으로 폭발하는 분노'쯤이 된다. 호메로스는 역설적이게도 분노를 폭발시키는 자라는 뜻의 '오뒷세우스'에다 '참을성이 많은 고귀한'이라는 꾸밈말을 붙였다. 이렇게 놓고 보면 오뒷세우스의 분노는 오랜 참음 끝에 격렬하게 폭발하는 것으로, 즉각적으로 폭발하는 아킬레우스의 분노와는 사뭇 다르다.

『오뒷세이아』의 마지막 장면은 잔혹한 분노의 극치를 이룬다. 일편단심 정절을 지키려는 춘향에게 치근대던 사또 변학도를 응징하는 어사 이몽룡의 출두는 비길 바가 아니다. 그는 외눈박이 폴리페모스의 눈을 거대한 올리브나무 말뚝으로 찔러 으깼다. 눈을 찔린 폴리페모스가 비명을 지르자 친구들이 달려와 그에게 물었다. "왜 그래? 누가 그랬어?" 폴리페모스가 대답했다. "눈을 찔렸어. '아무도 안'이 그랬어!" "아무도 아니 그랬다고? 그러면 너 혼자 그런 거네?" 친구들은 '참 별일이네. 아마 신의 저주를 받은 모양이군.' 하며 돌아갔다. 결정적인 순간, '아무도 안'이라는 이름은 오뒷세우스 일행을 위기에서 구했다. 폴리페모스의 손에서 벗어나 퀴클롭스의 섬을 떠나며 오뒷세우스는 목숨을 걸고 외쳤다. "똑똑히 들어라. 네 눈을 멀게 한 것은 '아무도 안'이 아닌 바로 나, 오뒷세우스다!"

그렇게 외치던 오뒷세우스였다. 이제 그는 응징의 마지막 순간, 페넬로페를 능멸하고 왕궁을 탕진하던 구혼자들을 향해 화살을 겨냥했다. 거지 차림에 '아무도 안'인 존재로 숨어 있던 오뒷세우스는 마침내 자신을 똑똑히 드러내며 외쳤다. "개 같은 자식들. 내가 죽은 줄 알았더냐?" 분노를 폭발시키는 오뒷세우스의 화살에 무례한 자들은 하나도 빠짐없이 모두 피를 뿜어내며 쓰러졌다. 거기에는 오직 당한 만큼 철저히 갚아주는 혹독한 복수의 논리만이 있었다. 모욕적인 순간을 참아내며 와신상담, 절치부심하던 오뒷세우스의 분노가 거침없이 폭발하는 잔인한 장면만이 있었다.

끝내 '아무도 안'인 존재로 남을 수밖에 없는 사람들은 오뒷세우스를 영웅으로 욕망할 것이다. 현실에서는 복수의 꿈을 아프게 꺾어야만 하는 '아무도 안'인 그들이 『오뒷세이아』를 읽는다면 상상력의 가상공간 속에서 오뒷세우스와 함께 신나게 적을 쳐부수며 복수를 꿈꿀 수도 있을 것이다.

질문이 있다. 만약 다른 사람을 '아무도 안'인 존재로 밀어내는 폭력 따위가 없는 세상이 온다면, '아무도 안'인 존재들의 집요한 보복 따위가 필요 없는 세상이 온다면 『오뒷세이아』는 저열한 책이 되어 더는 읽히지 않을까? 반대로 그런 '아름다운' 세상은 오지 않을 것이므로, 『오뒷세이아』는 인간의 악랄하고 참혹한 진실을 적나라하게 비추는 '불편한' 거울로서, 인간의 욕망을 생생하게 드러내는 '고약한' 고전으로서 길이길이 남게 될 것인가?

---

* '아무도 안'은 그리스어 '우티스(outis)'를 번역한 말인데, 영어로 한다면 '노바디(Nobody)'다. 이 이름은 오뒷세우스가 절망적 상황의 자기 처지를 나타낸 것이기도 하지만, 폴리페모스의 눈을 찌르고 난 뒤에는 그의 동료들을 따돌릴 수 있는 기발한 효과를 냈다. 폴리페모스가 동료들에게 가해자가 누구인지를 밝히려고 "아무도 안이 그랬어!"라고 말하는 순간, 그 표현 속에서 가해자가 사라져버렸기 때문이다. 이 효과를 살리기 위해 우티스(outis)를 '아무도 안'이라고 번역했다.

6

고전, 라오콘과
트로이아의 목마 사이

10년 동안 그리스 연합군의 공격을 잘 버텨냈던 트로이아가 한 방에 혹 가버린 것은 오뒷세우스의 지략 때문이었다.

전쟁이 한창이던 어느 날이었다. 트로이아의 해변에 있던 적진이 감쪽같이 사라졌다. 빈터 한가운데 산더미만 한 목마만 덩그러니 남아 있고, 아무도 보이지 않았다. 조심스럽게 도성에서 나온 트로이아인들은 주위를 둘러보며 의아해했다. 적이 전쟁에서 이길 수 없다고 생각해서 철수했나? 그런데 이 거대한 목마는 또 뭔가? 사람들은 술렁였다. 이때 트로이아의 지혜로운 예언자 라오콘이 나섰다. '그리스군은 그렇게 쉽게 물러서지 않는다. 수상하다. 뭔가 음모가 있다. 특히 저 목마를 조심하라. 당장 없애버려야 한다.' 만약 트로이아 사람들이 그의 말을 따랐다면, 트로이아는 멸망하지 않았을 것이다. 그 속에는 그리스의 최고 전사들이 무장을 갖춘 채 잠입을 노리며 도사리고 있었기 때문이다.

이때 한 그리스인이 트로이아 사람들 앞으로 끌려 나왔다. "저는 시돈이라고 합니다. 전쟁에 지친 그리스 연합군은 고향으로 뿔뿔이 흩어졌습니다. 저는 그들의 무사 귀향을 위한 희생 제물로 신들에게 바쳐졌지요. 하지만 저는 달아났습니다. 이제 갈 데가 없습니다. 제발 목숨만 살려주십시오." "그럼 저 목마는 무엇인가?" "그것은 그리스인들이 무사히 귀향할 수 있기를 기원하며 미네르바(=아테네) 여신에게 바친 제물입니다. 목마를 도성 안으로 들여놓고 경의를 표한다면, 트로이아는 여신의 가호를 받아 강성해지고 번영을 누릴 것입니다." 사람들은 라오콘의 날 선 경고보다 그리스인의 말에 더 솔깃했다. 게다가 바다에서 괴물이 나타나 라오콘과 그의 자식들을 죽이자, 사람들은 그가 거짓말을 했기 때문에 신들에게 벌을 받았다고 쉽게 믿어 버렸다.

트로이아인들은 거대한 목마를 도성 안으로 끌어들였다. 그들은 마치 무슨 횡재라도 한 듯이 한껏 들떠 있었다. 장밋빛 미래가 활짝 피어날 것 같았다. 하지만 제물이라던 시돈은 오뒷세우스가 트로이아인들을 속이기 위해 남겨두었던 미끼였다. 그들은 그 달콤한 미끼를 덥석 물었다. 트로이아인들은 목마를 도성 한복판에 세워두고 승리에 도취된 채 축제를 벌였고, 거나하게 취하여 곯아떨어졌다. 밤이 깊어지자 시돈은 조용히 일어나 움직였다. 곧 목마의 배 부분이 활짝 열렸고, 인간병기들이 쏟아져 나왔다. 그들은 빠른 속도로 움직이며 트로이아에 불을 질렀다. 놀라서 깨어난 사람들을 무자비하게 베고 찔러 죽였다. 인근 섬에 숨어 있다가 다시 잠입한 그리스 연합군도 트로이아 도성 안으로 물밀 듯이 쳐들어와 무방비 상태에 있던 트로이아인들을 무참히 살육했다. 트로이아는 그렇게 망했다.(베르길리우스, 『아이네이스』 2권)

아, 라오콘의 말을 들었더라면. 적의 작전을 꿰뚫어본 예언자 라오콘의 경고를 무시한 대가는 엄청났다. 목마를 트로이아 안으로 들이지 말라 했건만, 욕망의 덫에 걸린 트로이아인들에게는 올바른 판단력이 없었다. 그렇게 진실은 외면당하기에 십상이다. 앞날을 내다볼 줄 아는 지혜로운 선지자의 말은 종종 무시당한다. 처참하게 묵살당하고 시련을 겪는다. 트로이아의 또 다른 예언자인 카산드라의 처지 역시 비극적이다. 그녀는 아폴론에게 예언의 능력을 선물로 받았지만 그를 배신하는 바람에 예언해도 아무도 믿어주지 않는 벌을 받았다. 눈앞에는 미래의 모습과 과거의 진실이 생생하게 떠오르는데, 그녀가 말하면 모두가 못 들은 척 외면하고 믿어주지 않았다. 그녀는 미칠 것만 같았다. 그런 일이 반복될 때마다 그녀의 속은 까맣게 타들어 갔다. 특히 트로이아 사람들이 라오콘의 경고를 무시하고 목마를 도성 안으로 끌고 왔을 때, 카산드라는 그것이 거대한 재앙의 불씨임을 직감하고 예언했다. 하지만 아무도 그녀의 예언을 믿지 않았다. 그녀는 진실을 말했으나 아무 소용이 없었다. 트로이아인들의 귀는 꽉 막혀 있었다. 만약 그들이 그녀의 말을 믿고 목마를 불태웠다면, 트로이아가 불타는 일은 없었을 터였다.

도성이 함락되고 난 뒤, 트로이아의 여인들은 그리스인들의 전리품이 되었다. 가장 아름다웠던 카산드라는 그리스의 총사령관인 아가멤논의 차지가 되었다. 그런데 그녀가 아가멤논을 보았을 때, 그의 끔찍한 미래도 함께 보였다. 그가 귀국하면 그의 아내가 그를 도끼로 쳐 죽이고 그의 곁에 카산드라 자신도 시체로 드러눕게 되는 끔찍한 암살의 현장이 그녀의 눈앞에 또렷이 보였고, 곧이어 그의 아들이 아버지의 원수를 갚기 위해 어머니를 죽이는 친족살해의 장면도 불처럼 환하게 보였다. "아, 나는 그를 죽이고 그의 가문을 파괴할 겁니다. 내 오라비들과 아버지의 원수를 갚을 거예요." 하지만 아무도 그의 예언을 이해하지 못했고 들으려 하지 않았다. 공포에 질린 미친 여자의 과대망상이라며 혀를 찰 뿐이었다. 그녀는 참혹한 미래를 향해 참담한 심정으로 그 길을 가야만 했다. 피할 길이 없었다.(에우리피데스, 『트로이아의 여인들』 352~405행) 만약 아가멤논이 그녀의 말에 귀를 기울였다면, 그는 암살을 피할 수 있었을 터였다.

아가멤논이 귀국해 카산드라와 함께 왕궁으로 들어갈 때도 미래의 불행은 카산드라에게 그림처럼 떠올랐다. 개선하는 아가멤논에게 핏빛처럼 붉은 카펫을 깔아주는 그의 아내 클뤼타임네스트라는 아가멤논을 환영하지만, 이제 곧 그를 도끼로 쳐 죽일 것이다. 아, 그리고 그 옆에 카산드라 자신도 피투성이가 되어 쓰러질 것이다. 그녀는 이 끔찍한 음모를 소리 높여 예언했지만 아무도 그녀의 말을 이해하지도, 믿지도 않았다. 저주를 받았기에 공허하게 허공에 울릴 뿐이었다. 만약 누구라도, 특히 아가멤논이 카산드라의 예언을 귀담아들었다면 그는 클뤼타임네스트라의 도끼날을 피할 수 있었을 것이다. 하지만 다 부질없는 가정일 뿐이다. 그녀는 그가 끔찍한 암살의 현장으로 순순히 인도되어 들어가는 것을 봐야만 했고, 이어 그녀 자신도 그곳으로 끌려들어 가야만 했다.

> "가겠어요. 가서 집안에서 나의 운명과 아가멤논의 운명을 슬퍼하겠어요. 난 살 만큼 산 거니까." (아이스퀼로스, 『아가멤논』 1313~1314행)

인간은 한 치 앞도 내다볼 수가 없다. 미래를 안다면 닥쳐올 불행을 피할 수 있고 후회할 일도 하지 않으련만……. 하지만 설령 누군가가 앞날을 예견해 진실을 말한다 해도 상황은 크게 달라지지 않을 것이다. 가짜 예언자도 판을 치고 있어 누가 진짜 예언자인지 사기꾼인지 알 수 없기 때문이다. 따라서 참된 예언을 듣는다 해도 그것을 판별할 능력이 없고, 진짜 예언자가 있다 해도 그에 대한 믿음이 없다면 아무 소용이 없다. 라오콘이 트로이아의 멸망을 내다보며 목마를 절대 들이지 말라고 경고했으나 트로이아인들이 그의 말을 묵살해 결국 멸망했던 것처럼, 카산드라가 아가멤논 앞에 놓인 암살의 덫을 조심하라고 외쳤지만 피비린내 나는 도륙을 막을 수 없었던 것처럼 말이다.

그리스 로마인들은 미래를 내다보는 예언의 힘을 이성과 태양의 신인 아폴론의 선물이라 믿었다. 예언이란 밝은 이성으로 암흑처럼 보이지 않는 미래를 비추는 햇빛과 같다는 뜻이다. 과거에서 현재로 이어지는 역사의 흐름을 파악하고, 직면한 상황에 대한 정확한 판단에 근거해 다가올 미래를 올바르게 그리는 건전한 예측은 우리 시대의 예언이다. 그래서 국가와 세계의 앞날을 날카롭게 예측하여 적절한 정책과 비전을 제시하는 정치인과 지식인은 우리 시대의 지혜로운 예언자다. 하지만 트로이아 전쟁 신화가 보여주는 것처럼, 지성인들의 참되고 충성스러운 예측은 대중에게 외면당하고 권력에 억압당하기 일쑤다. 지난 세월, 우리는 달콤한 번영의 감언이설에 현혹되어 얼마나 많은 '트로이아 목마'를 우리 안으로 끌어들여 혼란과 위기 속에서 허우적댔던가. 그것을 들여서는 안 된다고 외치는 깨어 있는 목소리들을 얼마나 많이 무시했던가. 어쩌면 앞으로도 우리는 새로운 '트로이아 목마'의 유혹에 휘둘려

이를 경계하라는 각성의 목소리를 죽이고 우리 시대의 '라오콘'과 '카산드라'를 또 만들어낼지도 모른다.

　우리는 묻는다. 고전은 우리에게 어떤 가치가 있는가? 사람들은 고전이 중요하다고 외치면서 동시에 못 본 척하니, 어쩌면 고전은 진리를 외쳤지만 외면당했던 예언자 라오콘이나 카산드라와 같은 운명일지도 모르겠다. 그래서 우리 눈앞에 달콤하게 설치된 수많은 매혹적인 가치와 이념에 휘둘려 파멸의 길을 가고 있음에도 그를 경계하라는 고전의 예언자적인 목소리와 통찰을 외면하고 있는 것은 아닌가? 아니, 천만에! 오히려 그 정반대일지도 모른다. 고전은 어쩌면 라오콘이나 카산드라의 외침과 같은 참된 예언을 억누르기 위해 음흉한 세력들이 역사 속에 심어놓은 트로이아의 목마나 시돈과 같은 위험한 덫일지도 모른다. 만에 하나 고전이 그런 것이라면, 우리는 그 고전을 트로이아의 목마처럼 받아들임으로써 고전을 이용해 우리를 마음대로 조정하려는 음흉한 세력에게 무방비 상태로 당하게 될 것이다.

7

오뒷세우스의 최후,
영웅시대의 막장

『춘향전』이 『오뒷세이아』에서 나왔다고? 이런 주장은 두 작품이 비슷한 줄거리를 가지고 있기 때문에 나온 것이다. 오뒷세우스가 트로이아 전쟁에 나설 때 그는 신혼이었다. 정숙하고 지혜로운 미인 페넬로페가 아내였고, 둘 사이에는 아들도 있었다. 이름은 '멀리서(Tele) 벌어지는 전쟁(Machos)'이라는 뜻의 텔레마코스였다. 아버지가 전쟁하러 멀리 떠나야 할 운명을 아들의 이름에 새겨넣은 것이었다. 전쟁은 10년간 지속되었다. 트로이아 목마를 앞세운 오뒷세우스의 지략에 힘입어 그리스 연합군은 승리를 거두었다. 문제는 귀향이었다. 전쟁은 끝났지만 오뒷세우스는 곧바로 고향에 돌아갈 수 없었다. 포세이돈의 저주 때문이었다. 오뒷세우스가 꾀를 써서 눈을 멀게 한 외눈박이 거인 퀴클롭스가 바로 포세이돈의 아들이었으니, 포세이돈이 오뒷세우스의 귀향을 방해한 것은 자연스러운 일이었다. 그는 집으로 돌아가는 데 무려 10년이나 걸렸다. 그사이 고향 이타카 섬에는 오뒷세우스가 죽었다는 흉흉한 소문이 나돌았다. 그러자 페넬로페를 노리고 주변에서 남자들이 몰려들었다. 그들은 더는 오뒷세우스를 기다리지 말고 재혼을 하라며 페넬로페를 압박했다. 텔레마코스가 권력을 계승하기 전에 왕권을 가로채려는 흉악한 속셈이었다. 그러나 페넬로페는 구혼자들의 위협에 굴하지 않고 끝까지 정절을 지키며 오뒷세우스를 기다렸다. 마침내 고향에 도착한 오뒷세우스는 그녀를 괴롭혔던 구혼자들을 모두 죽여 버렸다.

『춘향전』의 줄거리와 참 비슷하다. 오뒷세우스는 이몽룡, 페넬로페는 성춘향, 구혼자들은 변학도로 바꾸면 얼추 비슷하다. 특히 이몽룡이 남원으로 돌아와 '암행어사 출두요!'라고 외치기까지의 장면은 세부적인 내용에서 기가 막힐 정도로 유사하다. 하지만 서양 고전학자든 국문학자든 이 두 작품의 직접적인 관계를 공식적으로 주장하는 사람들은 아직 없다. 『오뒷세이아』는 기원전 9세기께 고대 그리스의 작품인 데 반해 『춘향전』은 18세기 조선 시대 작품이니 둘을 직접 연결하기가 쉽지 않다. 하지만 몇몇 고전학자들은 『춘향전』이 『오뒷세이아』에 뿌리를 두고 있다는 심증을 버리지 않고 틈틈이 주장하곤 한다. 고대 그리스와 한반도 사이에 있는 여러 문화권에서 비슷한 이야기들이 발견되는데, 그것들을 시대순으로 잘 연결하면 두 작품 사이의 계보학적인 연계성을 찾을 수 있다는 것이다. 이 가설이 실증되려면 구체적인 자료들이 더 많이 필요하지만, 가능성 있는 흥미로운 연구 주제다.

그런데 우여곡절 끝에 집으로 돌아와 페넬로페를 구한 오뒷세우스는 그다음에 어떻게 되었을까? '그래서 그들은 행복하게 오래오래 살았다'라는 식의 행복한 결말이 예상된다. 『춘향전』의 순애보가 이몽룡의 입신양명과 두 사람의 백년해로로 아름답게 마무리된 것처럼 말이다. 오뒷세우스와 페넬로페의 이야기는 어떤가? 오뒷세우스는 여신 칼립소의 유혹을 뿌리치고 집으로 돌아온다. 여신이 오뒷세우스에게 영원히 늙지도 않고 죽지도 않게 해주겠다고 제안하는데도, 그는 거절한다.

> "고귀한 여신이여, 그 때문에 제게 노여워 마소서. 저 자신도 그 모든 걸 잘 압니다. 사려 깊은 페넬로페가 그대보다 외모로도 체구로도 마주 앉아 보기에 훨씬 못하다는 사실을. 실로 그녀는 죽기 마련인 존재지만, 그대는 죽지도 늙지도 않을 존재니까요. 하지만 그토록 저는 날마다 바라며 그리워합니다, 집으로 돌아가는 귀향의 날을 볼 수 있기를."
>
> (『오뒷세이아』 5권 215~220행)

칼립소의 손길에서 벗어나 우여곡절 끝에 집으로 돌아간 오뒷세우스의 이야기는 페넬로페와의 백년해로로 끝났을까? 호메로스 작품에는 오뒷세우스가 포세이돈의 저주를 풀려면 집에 도착해서 구혼자들을 처단한 후에 다시 집을 떠나야만 한다는 예언이 나온다. 하지만 포세이돈을 달래고 다시 집으로 돌아오면 불행은 끝나고 오뒷세우스는 백성들을 평화롭게 다스리면서 안락하게 늙어가고 더없이 부드러운 죽음을 맞이할 것이라고 한다.

그리스인들은 『오뒷세이아』로 트로이아 전쟁의 신화를 끝내지 않고, 그 이후를 상상했다. 그것은 호메로스가 암시하는 행복한 결말과는 전혀 딴판이었다. 호메로스 이후의 작가들은 오뒷세우스와 페넬로페에 관한 불량한 소문들을 지어냈다. 기원전 2세기께, 아폴로도로스는 『신화집』에서 그 불온한 이야기들을 요약해준다. 페넬로페는 호메로스가 그린 것처럼 정숙한 여인이 아니었단다. 그녀는 안티노오스를 포함한 129명의 구혼자와 차례로 정을 통했다. 이를 알게 된 오뒷세우스는 페넬로페를 친정으로 쫓아냈단다. 그보다 더 끔찍한 소문도 있다. 페넬로페가 구혼자 가운데 안티노오스와 정분이 났던 것을 알게 된 오뒷세우스가 그녀를 죽였다는 것이다. 이몽룡이 남원으로 돌아와 변학도를 혼내주고 춘향을 구하고 보니, 그녀는 이미 다른 남정네들과 정분이 나 있었다는 꼴이다. (2010년에 상연된 〈방자전〉이라는 영화는 『춘향전』의 이면을 새롭게 그려내며 그 이후를 전혀 다른 상상력으로 채웠다. 춘향을 차지한 것은 이몽룡이 아니라 방자였으니 말이다.)

그런데 오뒷세우스는 페넬로페에게 그렇게 엄격할 자격이 있을까? 일단 그는 귀향하는 길에 아이아이에 섬에서 키르케에게 잡혀 1년 동안 그녀의 남편 노릇을 했다. 그뿐만이 아니다. 오기기아 섬에 도착해서는 7년 동안 여신 칼립소의 남편 노릇을 하며 지냈다. 귀향길 10년 동안 고생하며 떠돌았다고는 하지만, 그 가운데 8년을 요정들과 함께 사랑을 나누며 잘 지냈던 것이다. 그뿐만이 아니다. 호메로스가 전해준 예언대로 오뒷세우스는 구혼자들을 죽이고 난 뒤 포세이돈의 마음을 달래기 위해 길을 떠나는데, 아폴로도로스가 전하는 바에 따르면 그는 신을 달랜 후 곧바로 집으로 돌아오지 않았단다. 그는 테스프로도스 사람들이 사는 지역에 도착해 그곳의 여왕 칼리디케와 결혼하고 아들까지 낳았단다. 대단한 역마살에 못 말릴 난봉이 아닌가! 이런 오뒷세우스가 과연 20년 동안 기다린 페넬로페를 그렇게 혹독하게 징계할 수 있을까? 물론 페넬로페의 부정은 호메로스 이후에 지어낸 소문일 뿐이다.

그러나 정말 뜻밖의 상상력은 서기 5세기께에 프로클로스가 남긴 문헌『쓸모 있는 이야기 선집』에서 나타난다. 그는 호메로스 이후에 에우가몬이라는 시인이 『텔레고네이아』라는 작품을 썼다며 그 내용을 요약해준다. 테스프로도스 사람들과 지내다 다시 집으로 돌아온 오뒷세우스는 외지에서 온 청년과 다투다가 그의 창에 찔려 죽게 된다. 죽어가는 오뒷세우스에게 청년은 자신의 이름이 텔레고노스며 어머니는 키르케인데, 아버지를 찾아 이타카까지 오게 되었다고 말한다. 그런데 그가 찾던 아버지는 바로 오뒷세우스였다. 이렇게 오뒷세우스는 '먼 곳에서(Tele) 낳은(Gonos)' 아들 텔레고노스의 손에 비극적인 최후를 맞이한다.

그런데 그것이 끝이 아니다. 그 후 텔레고노스는 오뒷세우스의 왕궁으로 찾아가 페넬로페와 이복형인 텔레마코스를 만나고, 그들을 데리고 고향인 아이아이에 섬으로 돌아간다. 그런데 그곳에서 텔레마코스는 의붓어머니인 키르케와 눈이 맞아 결혼하게 되고, 그에 짝을 맞추어 텔레고노스는 페넬로페와 결혼한다. 아버지가 죽자 두 아들이 상대의 친모, 즉 아버지의 두 아내와 교차 결혼을 했다는 것인데, 정말 이런 이야기가 어디에 또 있을까 싶을 정도로 끝내주는 막장 드라마다. 그야말로 콩가루 집안의 완결판이다. 『춘향전』이 갖춘 권선징악의 짜임새에 윤리적으로 안도하는 우리에게 그런 불온한 상상력은 언감생심이다. 설령 그런 상상력으로 지어진 이야기가 있더라도 우리의 역사는 결코 용납하지 않았을 것이다.

서구의 역사도 호메로스의 『오뒷세이아』를 불후의 고전으로 전해주는 반면, 『텔레고네이아』를 비롯해 그 밖의 오뒷세우스와 페넬로페에 관한 불량한 상상을 삭제하려고 했다. 역사는 무엇을 고전으로 남기고 무엇을 폐기하려는 것일까? 작품성, 아니면 도덕성이 기준인가? 비슷한 맥락에서 이렇게 물을 수도 있겠다. 인간의 삶 자체가 하나의 작품이라면, 역사는 어떤 삶을 기억하고 어떤 삶을 삭제하려는가? 또 묻는다. 나는 지금 어떤 삶을 살고 있는가? 기억될 만한 가치가 있는 삶인가, 삭제되어 마땅한 삶인가? 행여 더러운 삶을 살면서도 올바른 삶을 사는 양 교묘한 말솜씨로 치장하며 위선적인 행동을 하지는 않는가? 일그러진 삶을 살면서도 정의로운 이야기와 명분에 열광하는 척하는 것은 아닌가? 불온한 이야기가 불편한 이유를 깊이 생각해본다.

8

천지창조의
순간에 서서

완전한 어둠에 있어 본 적이 있는가? 눈을 감아도, 눈을 떠도 마찬가지인 그런 상태에 있어 본 적이 있는가? 칠흑 같은 어둠이 덮인 벌판에 서 있다고 상상해 보자. 아무것도 보이지 않는 그곳. 보이지 않기에 마치 아무것도 존재하지 않는 것 같은 그곳. 그러다 시간이 지나면서, 어둠을 쪼개며 어슴푸레 빛이 열린다. 아득하게 저 멀리에서 검은 바닥 위로 밝음과 어둠 사이를 가르는 선이 칼날처럼 번득이며 날카롭게 그어진다. 또렷이 보이는 지평선 아래는 땅이고, 그 위는 하늘이다. 빛은 땅을 덮고 있던 어둠의 덮개를 서서히 들추면서 점점 또렷하게 초록의 산과 숲을 드러내고, 푸르게 굽이치는 강과 바다도 펼쳐놓는다. 새들은 쏟아져 나와 창공을 푸드덕 날고, 사람들은 새싹처럼 돋아나더니 바쁘게 움직이며 오간다. 세계가 온갖 빛깔과 형체를 뿜내며 꿈틀대는 아침 풍경. 그것은 마치 세계가 새롭게 태어나는 천지창조의 모습이라 해도 좋다. 그러면 우리는 날마다 새로운 천지창조를 맞이하는 셈이다.

천지창조를 가장 분명하게 보여주는 서양의 문헌은 기독교 성서다.

> "태초에 신이 천지를 창조하셨다. 땅이 혼돈하고 공허하며, 흑암이 깊음 위에 있고 신의 영은 수면 위에 운행하셨다. 신이 이르시되 빛이 있으라 하니 빛이 있었고, 빛이 신이 보시기에 좋았다." (「창세기」 1장 1~4절)

'신'이란 유대교의 '여호와(야훼)'인데, 그리스어로 번역된 『70인 역 성경』에는 '테오스(Theos)'로 표현되어 있다. 그는 절대적이고 전지전능하며, 존재하는 모든 것을 창조했다.

그리스 시인 헤시오도스(기원전 8세기)도 『신통기』(神統記, 또는 신들의 계보)에서 천지창조를 노래한다.(116~138행) 그에 따르면, 태초에 모든 것을 담을 수 있는 공간이 생겨난다. 그 이름은 '카오스(Chaos)'다. 흔히 '질서'를 뜻하는 '코스모스(Cosmos)'의 반대말로서 '혼란'이라는 뜻이 새겨지곤 하지만, 본래 '무언가를 담을 수 있는 빈 그릇'을 뜻한다. 그것은 단순히 물리적으로 텅 비어 있는 창백한 공간이 아니다. 그 자체로 모든 것을 품는 거대한 몸집의 신(神, theos)이다. 그가 창조주인가? 유일한 신인가? 아니다.

태초에 카오스가 처음으로 품은 것은 '가이아(Gaia)'였다. 가이아를 품고 있던 카오스는 짙은 '어둠(에레보스)'을 아들로, 깜깜한 '밤(뉙스)'을 딸로 낳는다. 성경에서와 달리 어둠과 밤은 그 자체가 카오스가 낳은 신들이다. 최초의 남매인 에레보스와 뉙스는 사랑을 나누어 맑은 '천공(아이테르)'과 밝은 '날(헤메라)'을 낳는다. 짙은 어둠이 걷히고 환한 하늘이 열리는 찬란한 아침 풍경은 유대인들에게 있어 유일신 여호와가 창조해 인간들에게 베풀어 준 은총이지만, 그리스인들에게 그것은 남매 신인 어둠과 밤이 사랑을 나눈 후에 물러나는 것이요, 그 사이에서 새로운 남매 신인 천공과 날의 힘찬 탄생이다. 유대인들의 신은 세계 너머에서 세계를 창조하고 연출하지만, 그리스인들의 신은 세계 안을 가득 채운다. 그리스인들의 세계는 신들 그 자체이며, 신들의 운동으로 꿈틀댄다.

한편 가이아는 그리스어로 땅인데, 헤시오도스가 그리는 '가이아(땅)'는 그냥 물질이나 물건이 아니라 그 자체로 모든 것을 낳는 여신이다. 그녀는 '하늘(우라노스)'을 낳아 자기 위로 들어 올리고, 이어 많은 '산(山, 우로스)'들을 낳아 자기 품에 껴안는다. 평평한 땅이었던 가이아 여신이 울퉁불퉁 굴곡을 드러내며 산과 산맥을 빚어낸 것이다. 꿈틀거리며 솟아오르는 지평선과 발기하듯 융기하는 산들, 심장의 박동 곡선처럼 일렁이며 태어나는 봉우리와 골짜기들을 상상해 보라. 그렇게 탄생한 산과 골짜기는 가이아 여신의 자식이며, 그 자체로 또한 신들이다. 가이아는 또 '바다(폰토스)'를 낳는다. 땅이 녹아내려 물이 되어 거대한 바다를 낳은 것이다. 하늘도 산도 바다도 성경에서는 창조주가 위대한 솜씨를 발휘한 작품이요 피조물이며 운동의 객체지만, 헤시오도스에게 있어서는 탄생하며 무언가를 잉태하고 출산하는 신들 그 자체며, 운동의 주체다. 시인은 날카로운 상상력의 눈으로 자연 현상의 이면에서 신들이 역동하는 모습을 꿰뚫어 본 것이다. 산도, 바다도, 하늘도, 땅도 모두 인간이 감히 범할 수 없는 힘을 가진 신성한 존재, 곧 신 자체다.

빛으로 그어지는 하늘과 땅의 구분 선은 날마다 해가 기울어 갈 때마다 어둠 속에서 감쪽같이 지워지고, 짙은 어둠이 내리면 하늘과 땅은 한 덩어리로 뒤엉킨다. 어디가 땅이고 어디가 하늘인가? 하늘과 땅의 살 섞음이다. 어머니 가이아가 아들인 우라노스와 밤마다 사랑을 나누는 신성한 근친상간이며 창조의 불륜이다. 그로부터 '대양(大洋, 오케아노스)'과 '별(휘페리온)', '기억(므네모쉬네)'과 '법도(테미스)', 그리고 '시간(크로노스)'이 탄생한다. 막내로 태어난 크로노스는 아버지 우라노스를 제압하고 최고의 신이 된다. 크로노스는 그냥 시간이 아니라 하늘을 누르고 세계를 지배하는 신성한 힘, 인간을 넘어선 존재로서의 신이다. 그러니 우라노스는 시간 앞에 무력해질 수밖에 없었다. 도대체 무엇이 세월의 흐름을 이겨낼 수 있겠는가? 세계는 크로노스의 힘 앞에서 시들고 만다.

하지만 유대교의 신은 시간을 넘어서며 제압한다. 시간을 초월해 존재하며, 시간 속에 있는 다른 모든 존재를 창조하고 섭리한다. 시간은 피조물을 규정하는 물리적인 존재조건일 뿐이다. 그러니 신(神)이라는 호칭은 언감생심 꿈도 못 꿀 일이다. 그뿐만이 아니다. 성경의 신은 유일하다. 여호와 이외에 그 어떤 것도 신일 수 없다. 겨우 인간만이 "그의 형상대로 창조되어"(「창세기」 1장 27절) 신의 흔적을 간직하고 있을 뿐, 그 밖에는 이 세상의 그 무엇도 신을 닮을 수조차 없다. 따라서 인간은 그 이외의 어떤 존재도 신으로 섬겨서는 안 되며(「출애굽기」 20장 3~6절) 어떤 모양을 신이라고 만들어 그 앞에 엎드려서도 안 된다. 여호와는 창조자로서 "스스로 있는 자"(3장 14절)며 모든 피조물을 초월한 절대적인 존재다. 그 누구의, 그 무엇의 피조물도 아니다. 없다가 생겨난 것이 아니며 결코 없어지지도 않는다. 그는 시간의 지배를 받지 않고 존재하며, 시간 너머에 그저 '있다'.

그런데 그는 피조물을 초월해 있으면서도 없는 곳이 없는 존재라고 한다. 만물과 떨어져 있으면서 동시에 떨어져 있지 않은 존재다. 마침내 신은 스스로 인간이 되어 나타난다.

> "태초에 말씀(logos)이 있었다. 이 말씀이 신과 함께 있었으니, 이 말씀이 바로 신이다……만물이 그로 말미암아 지은 바 되었으니, 지은 것이 하나도 그가 없이는 된 것이 없다……말씀이 육신이 되어 우리 가운데 거하시니, 우리가 그의 영광을 보니 아버지의 독생자의 영광이며, 은혜와 진리가 충만하다."(「요한복음」 1장 1~14절)

신비로운 존재의 경이로운 전이다. 그가 바로 인간으로 온 신 예수다.

반면 헤시오도스는 어둠과 빛, 밤과 낮, 하늘과 땅 등 자연의 모든 것들을 신비로운 힘을 지닌 신으로 보았다. 자연뿐이 아니다. 기억, 시간, 사랑, 법도, 지혜, 운명 등 인간 사회의 모든 현상도 신으로 형상화한다. 인간에게 일어나는 모든 현상은 평범하고 당연한 일상으로 스쳐 지나가지 않는다. 모든 현상은 신비로운 힘을 가진 신의 놀라운 현시(顯示)다. 평범함 속에서도 신비로운 힘을 발견할 수 있는 상상력의 세계에서 신은 인간의 모습으로 인간들과 어울리고, 아주 드물기는 하지만 인간 또한 헤라클레스처럼 영원한 별이 되기도 하고, 신이 되기도 한다. 이것은 시인들의 신화적인 상상력 속에서만 그런 것은 아니다. 철학의 시조로 알려진 탈레스는 이렇게 말한다. "만물은 신들로 가득 차 있고" "신은 우주의 정신이며, 만물은 살아있고, 신령으로 충만하다." 그리스인들의 다신교적인 신화적 상상력은 모든 것에서 신비로움을 느낄 수 있는 감수성에서 비롯된 것이었다.

9

봄이 오는
까닭

왜, 봄은 오는가? 꿈을 꺾고 시들어 죽어가던 영혼에 왜, 무엇이 새로운 희망을 키워내는가? 여리디여린 새순이 어떻게 갑옷처럼 단단한 나뭇가지의 살갗을 터뜨리며 솟아나는가! 풋풋한 새싹이 죽은 듯이 황폐했던 땅을 뚫고 싱싱한 발톱처럼 돋아나는가! 너무나 눈부셔서 잔혹하기 이를 데 없는 풍경이다.

"4월은 가장 잔인한 달
죽은 땅에서 라일락을 키워 내고
추억과 욕망을 뒤섞으며
잠든 뿌리를 봄비로 깨우나니"

(T.S. 엘리엇, 「황무지」)

뜨거운 여름이 폭죽처럼 터지며 가을로 무르익더니, 이번에는 온 땅을 초토화하며 겨울이 온다. 앙상한 가지만이 해골처럼 남는 동(冬), 푸름이 허물어져 잿빛으로 나뒹구는 땅. 강철같이 단단한 바람에 모든 것이 얼어붙는 계절이다. 누가 이토록 절망하였기에 겨울이 오는가? 그리고 왜, 봄은 다시 찾아오는가?

그 비밀을 그리스의 시인 헤시오도스는 짤막하게 노래했다.

> "제우스는 많은 것을 키워내는 데메테르의 침대로 갔지. 그녀는 낳았어, 우윳빛 팔을 가진 페르세포네를. 그런데 하데스가 그녀를 데려갔지, 어머니의 곁에서 몰래. 하데스에게 넘겨준 거야, 계략에 뛰어난 제우스는."
>
> (『신통기』 912~914행)

여기서 주목할 주인공은 데메테르다. 그녀는 땅에서 자라는 식물을 주관한다. 그녀가 활기차게 움직일 때 땅은 아름다운 꽃과 풍요로운 곡식과 과일을 맺는다. 동물과 인간은 이것을 먹으며 살아간다. 그래서 시인은 "많은 것을 키워내는 데메테르"라 한다. 그런데 여기에 무슨 비밀이 있나? 좀 더 자세한 이야기는 『데메테르 여신에게 바치는 호메로스의 찬가』에 남아 있다. 이것이 호메로스의 것이라고는 하지만 그렇게 믿는 고전학자는 하나도 없다. 헤시오도스 이후에 나온 모방일 것으로 추측한다.

데메테르에게는 아름답고 사랑스러운 페르세포네라는 딸이 하나 있었다. 그런데 하데스가 그녀에게 반했다. 하데스는 그녀를 납치해 자기 집으로 데려갔다. 그의 집? 바로 지하의 세계, 죽은 자들의 혼백이 거하는 저승세계였다. 살아 있는 것이라면 모두가 가기를 두려워하는 곳이었다. 제우스조차 하데스의 세계와 통치에 간섭할 수 없었다. 제우스가 살아 있는 자들의 왕이라면, 하데스는 죽은 자들의 왕이었다. 태어난 순서로 본다면 하데스는 제우스의 형이었다. 그는 천하의 제우스에게도 두려운 존재였던가? 제우스는 페르세포네를 요구하는 하데스에게 딸을 허락한다. 제우스의 묵인 속에 하데스는 조카를 납치해 지하세계로 데려갔다. 아무것도 모르는 페르세포네는 소리쳐 아버지를 부르지만 부질없는 짓이었다. 제우스는 아무 일도 없다는 듯 신전에 앉아 인간들이 올리는 기도와 제물을 흠향했다.

한편 데메테르는 행복에 젖어 평화로운 초원에서 한가로이 꽃을 따고 있었다. 장미, 크로커스, 제비꽃, 아이리스, 수선화, 히아신스……. 그런데 갑자기 들려온 딸의 날카로운 목소리에 모든 것이 깨져 산산이 흩어져 버렸다. 그녀의 가슴은 고통으로 뛰기 시작했다. '페르세포네, 내 딸아, 무슨 일이냐, 도대체 어디 있느냐?' 그녀는 딸을 찾아 정신없이 헤맸다. 9일 동안 세상을 떠돌던 데메테르는 10일째 되는 날, 모든 것을 본 태양신 헬리오스를 찾아갔다.

> "데메테르여. 진실을 말하겠소. 다른 신들은 탓하지 마오. 구름을 모으는 제우스가 발목이 아름다운 당신의 딸을 하데스에게 주었소. 그의 풍만한 아내가 되라고 말이오. 하데스는 그녀를 잡아 마차에 태우고 안개와 어둠이 자욱한 그의 왕국으로 데려갔소. 하지만 수많은 이를 다스리는 왕 하데스가 남편감으로 적합하지 않다고 말할 순 없소. 당신의 오빠이지 않소?"(75~87행)

남편이라는 자가 딸을 오빠에게 넘기다니! 배신감에 치를 떨던 데메테르는 앙심을 품고 맡은 일을 거부했다. 딸을 잃은 그녀가 땅에서 손을 떼자 땅은 점점 황폐해지기 시작했다. 모든 나무가 잎을 떨어뜨렸고, 앙상하게 뼈를 드러냈다. 꽃은 색과 향을 잃고 시들어갔다. 황소들은 쓸데없이 밭을 갈았다. 곡식과 과일이 더는 열리지 않았으니 말이다. 먹을 것이 없어진 인간 세계는 흉흉하게 메말라갔다. 배고픔과 굶주림에 사람들이 죽어갔다. 세상은 온통 메마른 황무지가 되었다.

보다 못한 제우스는 전령의 여신 이리스를 데메테르에게 보내 올림포스 산으로 올라오라 한다.

> "데메테르여, 당신을 부르십니다, 아버지 제우스께서. 영원히 존재하는 신들의 종족들에게로 이제 그만 돌아오시랍니다. 제우스의 명령을 따르십시오." (321~323행)

하지만 데메테르는 제우스의 명령을 무시했다. 그녀의 마음은 움직이지 않았다. 제우스는 여러 신을 보내 다시 설득을 시도했다. 하지만 데메테르는 모두 거절했다. 그녀의 분노는 오로지 페르세포네를 다시 볼 때 풀릴 수 있었다.

이 말을 들은 제우스는 또 다른 전령의 신 헤르메스를 하데스에게 보내 페르세포네를 당장 데메테르에게 돌려주라고 요구한다. 만약 고집을 부리고 그녀를 돌려주지 않으면 데메테르는 화를 풀지 않을 것이고, 세상에는 싹이 돋지 않아 인간은 모두 죽고 말 것이다. 그러면 신들은 더는 인간들의 제물과 경배를 받을 수 없으니, 얼마나 변변찮고 따분한 존재가 되겠는가! 하데스는 제우스의 요구를 거역할 수가 없었다. 하지만 페르세포네를 잃을 수도 없었다. 그는 그녀에게 작은 석류 씨 하나를 먹게 했다. 지하세계의 음식을 먹게 되면, 반드시 다시 지하세계로 돌아와야만 하기 때문이다. 데메테르에게 페르세포네를 보여주기는 하되, 다시금 자기 곁으로 돌아오게 만든 것이었다. 페르세포네를 다시 보게 된 데메테르는 기뻐했지만 기쁨도 잠시, 딸을 다시 하데스에게 보내야만 한다는 사실을 알고 괴로워했다.

마침내 그녀는 제우스에게 타협안을 제안한다. 땅을 돌보는 일을 수행할 테니 딸아이가 1년의 3분의 1은 하데스와 함께 있되, 나머지 3분의 2는 자신과 함께 밝은 세상에서 지낼 수 있도록 해달라는 것이었다. 제우스와 하데스는 이를 승낙했다. 마침내 데메테르는 딸과 함께 지낼 수 있게 되었다. 그렇다. 계절은 이렇게 해서 변하게 된 것이다. 페르세포네가 땅 위로 나와 데메테르와 함께 지낼 때, 그녀는 행복한 나날을 보내며 땅을 축복했다. 그녀가 기뻐하니 새싹이 돋아나고 곡식이 익었다. 하지만 가을이 깊어 가면 페르세포네는 다시 땅을 떠나 사자(死者)들의 혼백이 머무는 지하 세계, 하데스의 곁으로 가야만 했다. 홀로 남은 데메테르는 외로움의 고통으로 시름시름 앓았다. 그녀의 우울함 때문에 땅은 황폐해졌고, 모든 식물은 시들고 죽은 듯이 잠들었다. 그리스인들에게 계절이 변하여 찬바람이 부는 것은 페르세포네와 데메테르의 이별 때문이었다. 데메테르의 우울에서 겨울의 혹독함이 비롯된 것이다.

로마의 시인 오비디우스는 이 이야기를 『변신이야기』에서 케레스와 프로세르피나의 사연으로 바꾸어 노래했다.(5행, 332~571행) 데메테르는 케레스로, 페르세포네는 프로세르피나로 이름이 바뀌었다. 이야기의 디테일도 바뀌었다. 그런데 오비디우스는 죽음의 신에게 좀 더 인심을 썼다. 정확하게 말하면 공평했다고 할까.

> "유피테르(=제우스)는 형과 슬퍼하는 누이 사이의 중재자로 돌고 도는 일 년을 똑같이 둘로 나누었다. 이제 두 영역에 공통된 여신 프로세르피나는 일 년 열두 달 가운데 반은 어머니와 보내고, 반은 남편과 보내고 있다."
>
> (564~567행)

겨울이 더 길어진 것이다. 따뜻한 햇볕에 얼었던 땅이 녹고 세상에 푸른빛이 감도는 것을 보니 봄이 오는 모양이다. 페르세포네가 죽음의 세상을 나와 밝은 땅 위에서 데메테르를 만나는 까닭에 봄이 오는 것이다. 대지의 여신이 행복해진 까닭에 겨울이 물러나는 것이다. 싹이 돋고 꽃망울이 터지며 새들이 노래하고 세상이 깨어나는 것이다. 그녀가 웃으니 햇볕이 따뜻하다.

그러나 요즘의 봄 풍경은 잔인한, 너무도 잔인한 허위인 것만 같다. 봄비가 내려도 상큼하지 않다. 맑은 공기를 맘껏 들이켜기가 겁난다. 혹시 죽음의 신 하데스가 페르세포네를 땅 위로 홀로 보내지 않고 그녀의 뒤를 따라 나온 것은 아닌가? 하데스, 그의 음험하고 스산한 숨결이 느껴진다. 하데스, 그의 다른 이름은 바로 플루톤! 은빛의 창백한 그의 손길이 봄을 맞은 대지를 온통 죽음으로 뒤덮을 것만 같은 불길함은 웬일인가?

원자번호 94번. 1940년, 버클리 캘리포니아대학의 에드윈 맥밀런은 죽음을 부르는 이 치명적인 물질을 처음 합성한 후, 죽음의 세계를 지배하는 플루톤의 이름을 따서 플루토늄이라 불렀다. 인간들은 하데스의 위험한 힘을 자신들의 무기로 만들어 세상을 몇 번이고 망가뜨릴 수 있도록 곳곳에 설치해두고 죽음의 축제를 기다리고 있는 것만 같다. 다 죽는다는 것을 알면서도 누구도 멈추지 않는 핵무기 개발의 치킨 게임은 참으로 통탄할 일이다.

오르페우스의 노래,
사랑

긴 시간이 필요 없다. 가인(歌人)은 4분 남짓한 단 한 곡의 노래만으로도 수많은 사람의 가슴을 울린다. 음악을 타고 흐르는 시는 우리의 감각을 새롭게 열고, 세상을 다르게 느끼게 한다. 아, 감탄과 탄식! 세상은 우리 눈에 보이는 것만이 전부가 아니다. 음악을 타고 흐르는 시의 상상력이 없다면 세상은 단조롭고 지루하다. 그것은 하나의 허울이다. 그것을 사실로 받아들여야 한다면, 우리의 삶은 하나의 오류다. 가을이 와서 마음이 쓸쓸한 것이 아니라 마음이 쓸쓸하므로 비로소 가을이 오는 것처럼, 사랑이 떠났기에 낙엽이 지고 찬바람이 살갗을 할퀴는 것이다. 노래는 삶의 진실을 보게 한다.

그러니 음악이 없다면 보이는 모든 현상은 껍질일 뿐이고 세상은 하나의 오류일 뿐이다. "거친 생각과 불안한 눈빛"과 "전쟁 같은 사랑"을 담은 노래는 우리가 겪었던 숱한 사랑과 엇갈림과 이별을 새로운 세계

속에서 깨어나게 한다. 우리는 그런 줄 몰랐다. 그렇게 느낄 줄 몰랐다. 하지만 그의 노래는 우리의 잠든 감각을 새롭게 깨우고, 세상은 우리에게 다른 모습으로 열린다. 바로 그것이 우리가 불현듯 깨닫게 된 진실이다.

기원전 3세기께, 아폴로니오스는 황금 양털을 찾아 모험을 떠난 영웅 이아손의 이야기를 서사시에 담았다. 이아손이 타고 간 배의 이름이 아르고호라서 작품의 이름은 『아르고호 이야기』가 되었다. 이아손은 혼자가 아니었다. 헤라클레스를 비롯한 총 54명의 영웅이 그와 함께 있었다. 그런데 아폴로니오스는 이 영웅들을 소개하면서 오르페우스를 가장 먼저 꼽았다. 오르페우스는 9명의 무사(Mousa) 여신들 가운데 가장 뛰어난 칼리오페의 아들로서 전설적인 가인(歌人)이었다. 하지만 그는 힘이 세거나 칼싸움을 잘하는 것도 아니었고, 그렇다고 지략이 뛰어난 것도 아니었다. 그런 그가 쟁쟁한 영웅들을 뒤로하고 맨 앞에서 언급된 것은 이례적인 일이었다. 가재는 게 편이라더니, 시인에게는 가인이 가장 탁월한 사람으로 보였나 보다. 아폴로니오스는 오르페우스의 능력을 이렇게 노래했다.

> "사람들은 말하지, 그가 노랫소리로 산중의 굳은 바위들도, 또 강의 흐름도 홀렸다고. 야생의 참나무가 그 노래의 증거라네. 그 나무들은 지금은 트라키아의 조네 곳에 번성하여 질서 있게 빽빽이 줄지어 있지만, 그의 수금 연주에 취하여 피에리에로부터 이리로 줄곧 이끌려 내려온 것이라네."
>
> (『아르고호 이야기』 1권 26~31행)

오르페우스의 노래는 대단했다. 영웅들 사이에서 언쟁이 벌어질 때 그가 노래를 부르면 모두 싸움을 중단하고 노래의 매혹에 푹 빠져 마침내 화해하곤 했다. 거친 파도를 헤쳐 나가며 노를 젓다 지친 영웅들은 그의 노래를 듣고 새 힘을 얻었다. 오르페우스의 위력은 세이렌을 만났을 때 절정에 이른다. 세이렌은 아름다운 처녀의 얼굴에 새의 몸을 하고 날아다니며 달콤한 노래를 불러 선원들의 넋을 빼앗아 파멸시키는 요괴다. 그러나 오르페우스는 세이렌보다 더 아름다운 노래를 불러 세이렌의 유혹에서 영웅들을 지켜냈다. 용장의 힘이나 지장의 전략에 못지않은 신비로운 위력의 노래였다. 오르페우스가 없었다면, 이아손 일행의 모험은 실패하고 조난으로 끝나고 말 하나의 오류였을 것이다.

노래의 힘으로 모험에 활력을 불어넣고 돌파구를 열어나갔던 오르페우스에게도 사랑하는 아내가 있었다. 그녀의 이름은 에우리디케였다. 그런데 어느 날, 그녀는 풀밭을 거닐다가 뱀에게 복사뼈를 물려 죽었다. 오르페우스는 아내를 잃자, 슬픔을 이겨내지 못하고 넋을 잃고 헤매다가 마침내 죽음의 세계 하데스로 내려갔다. 죽음보다 강한 사랑이었다. 오르페우스는 그곳을 다스리는 플루토에게 아내를 돌려달라고 애원했다.

바로크 시대의 작곡가 클레랑보(1676~1749년)는 그의 애절한 사연을 이렇게 노래했다.

"어두운 왕국을 다스리는 폐하, 보이시나요, 신실한 사랑에 빠진 한 남자가 자신을 불태웠던 유일한 사람을 빼앗긴 것이? 오, 이런! 이럴 수가! 사랑으로 누린 행복이 저의 고통을 더욱더 잔인하게 만들다니! 저의 눈물에 마음을 열어주소서. 고통스러운 운명의 장난을 돌이키소서. 저의 사랑하는 에우리디케를 돌려주소서. 저희의 두 심장을 갈라놓지 마소서."

오르페우스의 간절한 노래는 죽음의 세계에 있던 모든 혼백조차 눈물을 흘리게 만들었다. 마침내 저승의 신 플루토도 그 노래에 감동해 에우리디케를 되돌려주었다. 그러면서 그는 오르페우스에게 죽음의 왕국을 완전히 벗어나기 전에는 절대로 아내의 얼굴을 보지 말라고 경고한다. 그러나 부활과 재회를 바로 앞에 둔 순간, 오르페우스는 참지 못하고 그리움에 사무쳤던 아내를 돌아보고 말았다. 아, 이런! 에우리디케는 순식간에 오르페우스의 손에서 빠져나갔고, 다시 플루토의 세계로 미끄러져 빨려 들어갔다. 돌이킬 수 없는 치명적인 실수였다.

그 후로 오르페우스는 트라키아의 언덕에 앉아 노래를 부르기 시작했다. 이 노래를 로마의 시인 오비디우스는 『변신이야기』에서 생생하게 전해준다. 오르페우스가 노래를 부르자, 수많은 나무가 깨어나 노래를 듣기 위해 그곳으로 옮겨왔다. 들짐승들과 새들이 떼 지어 그의 주위로 몰려들었고, 심지어 바위들도 그 뒤를 따랐다. "사랑은 난파된 배를 탄 거지. 부서진 조각을 찾다 죽어가는……가질 수 없기 때문에 아름다운 꿈같은 것"(임재범, 〈아름다운 오해〉)이라 했던가? 오르페우스는 아내를 잃은 슬픔을 달래려는 듯, 꿈같은 사랑의 달콤함과 난파된 사랑의 사연을 절절히 노래했다.

사랑하는 수사슴을 죽게 해 그 슬픔과 가책을 견디지 못하고 스스로 죽은 소년 키파리소스. 아폴론은 그를 삼나무가 되게 했다. 아폴론이 사랑하던 또 다른 아름다운 소년 히아킨토스. 그는 아폴론이 던진 원반에 잘못 맞아 죽었고, 사랑을 잃은 아폴론은 그를 자줏빛 히아신스 꽃으로 살아나게 했다. 피그말리온은 상아를 깎아 아름다운 소녀상을 만들었는데, 그만 그 조각상에 반해 사랑에 빠졌다. 이룰 수 없는 사랑으로 시들어가던 피그말리온. 그를 애처롭게 바라보던 베누스(Venus) 여신은 조각상에 생명을 불어넣어 사람이 되게 했고, 피그말리온은 마침내 사랑을 이루었다. 그로부터 파포스가 태어났고, 파포스에게서 키니라스가, 키니라스에게서 미르라가 태어났다. 그런데 미르라는 자기 아버지를 너무도 사랑했다. 용납될 수 없는 금지된 사랑이었다. 이보다 더 치명적인 사랑이 있을까?

욕망을 억누르지 못한 미르라는 속임수를 써서 끝내 아버지와 사랑을 나누었다. 아버지의 아이를 몸속에 안고 집을 떠나 떠돌던 그녀는 나무로 변했다.

> "그녀의 뼈는 단단한 나무가 되고, 가운데 골수는 그대로 남고, 피는 수액이 되고, 팔은 큰 가지, 손가락은 잔가지가 되고, 살갗은 딱딱한 나무껍질이 되었다. 자라나는 나무는 어느새 그녀의 무거운 자궁을 감고 그녀의 가슴을 덮고 그녀의 목을 덮었고…… 그녀는 나무껍질에 얼굴을 묻었다."

(『변신이야기』 제10권 492~498행)

나무가 된 그녀는 뜨거운 눈물을 흘렸다. 그녀의 눈물은 향기로운 몰약이 되었다. 오르페우스는 나무와 꽃과 돌과 새들에게 애절한 사랑의 사연을 하나씩 심어 주었고, 그의 노래에 매료된 숲과 야수들과 바위들은 그의 노래를 들으려고 모여들었다.

오르페우스의 노래는 사랑(Amor)이 주제였다. 그것은 오르페우스의 노래를 상상한 시인 오비디우스의 주제이기도 했고, 나아가 오비디우스를 키운 로마 문화의 커다란 주제이기도 했다. 로마(Roma)를 거꾸로 읽으면 아모르(Amor), 즉 사랑이 되니 말이다. "Roma Amor!(로마는 사랑!)" 오비디우스는 신화적 상상력을 통해 사랑으로 가득한 세상을 새롭게 그렸고, 그의 노래에 따라 세상은 새롭게 태어났다.

세상은 우리의 무딘 눈으로 보는 그대로, 과학의 문법대로 서술되는 것만은 아니다. 사랑하면, 세상은 달리 보인다. 그리고 가인의 노래는 우리의 마음과 감각을 새롭게 뜨게 한다. "음악이 없다면, 삶은 하나의 오류다." 니체(1844~1900년)의 말이다.

11

방패를 버린 시인,
아르킬로코스

『일리아스』는 전쟁 이야기다. 전사들은 두 쪽으로 갈라져 서로를 향해 칼과 창을 겨누고 죽기 살기로 싸운다. 적을 죽여야만 살 수 있는 비정한 곳. 적을 죽이지 못하면 내가 죽는 절박한 곳. 폭력의 미학이 통하는 곳. 그곳이 바로 전쟁터다. 죽음을 가장 절감하는 곳이며, 그래서 삶을 가장 절절하게 느낄 수 있는 곳이다. 전쟁이 일어나면 어느 순간, 누가 어떻게 죽을지 모른다. 살아남을 수 있을까? 가족들은 무사할까? 어두운 의혹이 불길한 그림자를 끊임없이 드리운다. 그곳에서 빛을 뿜는 존재는 단연 탁월한 전사다. 거침없이 적을 돌파하며 닥치는 대로 쳐부수는 전사는 처절하게 아름답다. 호메로스는 전쟁터를 "남자의 명예를 드높이는" 곳이라 불렀고, 최고의 영웅 아킬레우스는 그곳에 뛰어들어 "불멸의 명성"을 얻고자 단 하나뿐인 목숨을 걸었다. 어차피 모든 사람은 죽는다. 그렇다면 길이길이 그 이름을 남기는 것만이 영원히 존재하는 유일한 길이다. 호메로스는 적에게 맞서는 전사의 모습을 찬란하게 그린다. 각종 무구(武具)들로 무장한 전사는 숱한 무리 가운데서 돋보인다. 머리를 감싸는 번쩍이는 투구, 정강이를 가려주는 금속성 경갑, 가슴을 두르는 튼튼한 흉갑, 예리하게 번뜩이는 칼과 청동의 굳센 창. 그러나 그 무엇보다도 압권은 방패다.

방패는 용사의 또 다른 얼굴이다. 맞은편의 적이 가장 먼저 보는 것은 전사가 자기 전면을 가리며 들이대는 방패다. 그래서 사람들은 방패 속에 상대를 제압할 수 있는 무시무시한 그림을 새겨 넣곤 했다. 가장 대표적인 것이 고르고, 메두사의 모습이다. 뱀들이 날름거리는 머리카락에 살벌한 눈매를 가진 고르고는 쳐다보는 사람을 돌로 만든다는 전설이 있다. 그러므로 적들은 전투가 시작되기도 전에 방패에 그려진 고르고의 모습을 보고 마비되는 듯 온몸이 굳는 느낌에 오싹했을 것이다. 그렇게 고르고의 문양은 전사들에게는 적을 압도하리라는 믿음을 심어주었고, 적들에게는 공포를 일으키는 마법의 부적이기도 했다. 아가멤논의 방패에도 무섭게 노려보는 고르고가 새겨져 있었고,(『일리아스』 11권 32~40행) 아테네 여신의 방패 중앙에도 고르고의 머리가 크게 새겨져 있었다.(5권 738~742행)

호메로스 다음 세대의 시인으로 알려진 헤시오도스는 호메로스를 모방해 헤라클레스의 방패를 노래하는데, 그 방패 안에도 메두사가 페르세우스를 향해 돌진하는 무시무시한 장면이 그려져 있다.(『헤라클레스의 방패』 216~236행) 신화에 따르면 페르세우스는 메두사의 목을 자른 뒤 그 머리를 아테네의 방패 한가운데 붙였고, 그때부터 아테네의 위력은 더욱 강해졌다고 한다.

하지만 가장 유명한 것은 아킬레우스의 방패다. 그는 『일리아스』의 클라이맥스에서 헥토르와 일전을 벌이기 위해 나서는데, 대장장이 신 헤파이스토스가 그를 위해 강력한 무장을 만들어준다. 호메로스는 특히 방패에 관해 길게 묘사하는데, 그 대목에서 『일리아스』가 숨겨두었던 세계가 오롯이 드러난다. 인간인 호메로스가 『일리아스』 전면에 내보이는 세계는 전쟁의 피로 물든 전사의 세계인 데 반해, 신인 헤파이스토스는 아킬레우스의 방패 속에 다른 반쪽의 세계, 전사들이 잊고 있는 평화로운 일상의 세계를 일깨우듯이 그린다. 요약하면 이렇다. 방패의 중앙에는 땅과 하늘, 바다와 태양, 달과 별 등의 자연 세계가 새겨져 있다. 그 바깥을 2개의 도성이 감싼다. 하나의 도성은 전쟁이 없는 평화로운 도성이며, 다른 하나는 평화가 깨져 전쟁터가 된 도성이다. 도성 바깥으로 농촌의 모습도 그려진다. 이 역시 평화롭고 풍요로운 농촌의 모습과 침입한 사자들에게 저항하며 개들과 목동들이 싸우는 들판의 모습으로 나뉜다. 전쟁에 휩싸인 도시와 혈투가 벌어지는 들판의 풍경이 『일리아스』의 무대라면, 평화로운 도시와 농촌은 『일리아스』의 전사들이 두고 온 고향이자 전쟁이 끝나면 돌아가 회복해야 할 삶의 터전이다. 그 바깥에는 음악에 맞춰 춤추는 처녀와 총각들의 모습이 그려져 있다. 그런데 총각들은 칼을 차고 있다. 출정 신호가 울리면 언제라도 전쟁터로 뛰어나가야 함을 보여준다. 축제가 축제만은 아니며, 평화가 평화만은 아니다. 이런 모순된 상황 속에서 총각들은 미친 듯이 춤을 춘다. 또한 그들이 전쟁터로 떠나면 기약 없이 기다려야만 하는 처녀들도 넋을 놓고 격정적으로 춤을 춘다. 미칠 것만 같은 청춘의 풍경 끝에 세상의 경계인 오케아노스 강이 둥글게 흐르며 방패를 마감한다.(18권

　아킬레우스는 전쟁과 평화가 맞물린 세계가 아프게 새겨진 방패를 들고 적장 헥토르를 향해 돌진한다. 아킬레우스는 전쟁과 평화가 맞물려 돌아가는 인간 세계의 피할 수 없는 비극적인 운명을 들고 싸우는 셈이다. 호메로스를 모방한 로마의 시인 베르길리우스도 영웅 아이네아스에게 방패를 들게 한다. 불카누스(=헤파이스토스)는 그의 방패 속에 로마의 역사를 그려 넣으며 '위대한' 로마 제국을 건설할 아우구스투스 황제의 출현을 예언한다. 이로 인해 아이네아스는 이탈리아의 토착 세력에 대항해 단순히 방패를 들고 싸우는 것이 아니라 앞으로 건설될 로마를 위한 사명과 거대한 로마 제국의 역사를 들고 싸우는 것이 된다.

　방패는 자신을 방어하고 상대를 제압하기 위한 도구일 뿐만 아니라 전쟁의 이유와 명분을 담는 전사의 상징이다. 고대 스파르타의 여인들은 전쟁터로 나가는 전사들을 향하여 외쳤다고 한다. "방패를 들고 오든가, 방패에 실려 오라!" 어떤 일이 있어도 절대로 방패를 빼앗겨서는 안 된다는 당부다. 방패는 절대로 놓쳐서는 안 되고, 잃어서도 안 될 전사의 자존심이자 전사의 또 다른 자신이기 때문이다. 방패를 버리고 전쟁터를 잽싸게 빠져나오는 것은 자기 자신을 부정하는 일이다. 아니, 죽음보다도 못한 비겁한 배신이고 치욕이다. 어떤 상황에서도 방패를 놓치지 않고 끝까지 들고 조국과 가족을 위해 용맹스럽게 싸우는 것은 명예로운 일이다. 스파르타의 용사들뿐만 아니라 그리스의 전사들은 그런 노래에 홀려 두려움을 잊고 죽음이 도사리는 전쟁터로 나갔다. 그렇게 전사의 명예는 누구도 부인할 수 없으며 누구나 꼭 지켜야 할 공동의 이념이었다.

그런데 기원전 7세기 중반쯤(?) 이러한 영웅주의적 집단 이념에 냉소적인 딴죽을 거는 사람이 나타났다. 아르킬로코스라는 시인이었다. 그는 이렇게 거침없는 노래를 불렀다.

"방패 때문에 사이아(Saia) 놈 하나는 우쭐대겠지, 덤불 옆에다 기껍진 않았지만 내가 버린 흠잡을 데 없는 그 방패를 얻었다고. 하지만 난 나 자신을 구했으니, 그깟 방패를 내가 왜 걱정하겠는가? 가져가라지. 난 다시 그에 못지않지 않은 새것을 마련할 테니." (아르킬로코스, 「조각글」 5)

방패는 그저 방패일 뿐이다. 한갓 방패보다 더 중요한 것은 방패를 가지고 싸우는 사람 자체다. 괜히 폼 잰다고 버티다 죽으면 무슨 소용이냐는 통쾌한 외침이다. '그까짓 방패, 또 하나 사면 되지!' 아킬레우스의 말처럼 "사람의 목숨은 한번 이빨의 울타리 밖으로 나가면, 약탈할 수도 구할 수도 없어 다시는 돌아오지 않는 법"(『일리아스』 9권 408~409행)이다. 그러니 역사에 길이 남을 영원한 명성이란 이미 죽은 자에게는 헛된 것이다. 아르킬로코스는 사후의 공허한 명성보다는 지금 여기의 싱싱한 삶을 예찬한다.

"도성 사람들 가운데 누구에게도 존경도 명성도 없게 되지, 죽고 난 후엔 암, 없게 되지. 차라리 우리는 삶의 은총을 좇으리라, 살아 있는 동안에. 가장 나쁜 것, 그것은 언제나 죽은 자에게만 있나니." (「조각글」 133)

죽으면 명예도, 훈장도, 영웅의 칭호도 아무것도 소용이 없다. 아무리 좋은 것도 삶 자체보다 더 좋은 것이 있을까? 없다. 삶에 연연해 비겁하게 살라는 말이 아니다. 전쟁을 쉽게 말하는 사람들을 향한 통렬한 외침일 뿐. 명예를 드높이며, 영웅 만들기로 전쟁을 부추기는 자들은 평화를 지키기 위해 전쟁을 해야 한다고 외친다. 전쟁터 바깥에서 말이다. '그래? 그러면 네가 가라, 전쟁터!' 아르킬로코스는 전쟁터에서 보낸 긴 세월을 통해 전쟁이 얼마나 고단한 것인지를 잘 알고 있었다.

> "창에 기대어 손으로 빚은 보리빵을 먹고, 창에 기대어 이스마리스의 포도주를 마신다, 창에 기대어" 「조각글」 2)

제대로 앉아서 식사도 할 수 없는 전쟁터에서 지친 몸을 창에 기대며 거친 빵과 신 포도주를 입에 넣던 아르킬로코스의 눈에는 눈물이 고였으리라.

전쟁은 멋지고 화려한 영웅들의 잔치가 아니다. 평화롭게 살 수 있는 삶을 박탈당하고 영웅이라는 이름으로 죽어 방패에 실려 올 것을 강요당하는 비극의 제단이다. '됐다. 이제 그만해라.' 아르킬로코스의 외침이 쟁쟁하다. 그는 요란한 영웅 신화로 전쟁을 찬양하던 전통에 맞서 '나는 그깟 방패 따윈 버리고 왔노라'고 당당하게 외쳤다. 그렇게 집단의 이데올로기에 저항하며 자기 생각을 오롯이 외친 개성의 노래를 서정시라 불렀기에 그리스 문학사는 아르킬로코스를 최초의 서정시인으로 기억하고 있다.

12

함께 부르는 노래,
핀다로스

광장으로 사람들이 모인다. 흩어진 편린으로 개인을 가두던 원자적인 틀에서 빠져나와 확 트인 공간 속으로 사람들이 쏟아져 나온다. 그들은 안절부절못하며 어디로 가야 할지 몰라 헤매는 군중이 아니다. 함께 할 뜻이 있고 함께 이룰 꿈이 있기에 가슴속에 알알이 담아둔 꿈과 욕망은 똑같은 구호를 함께 외치고 목이 터지라고 노래를 부를 때 탐스러운 포도송이로 엮여 하나가 된다. 깨져 있던 퍼즐 조각들이 꿈틀거리며 거대한 모자이크 그림을 만들어낸다. 권력의 오만과 횡포에 항의하던 촛불들은 어우러져 우렁찬 함성으로 일어난다. 함께 꿈꿀 사람들을 잃은 슬픔을 달래며 부르던 애도의 노래, 승리를 기원하며 빨간 티를 입고 빨간 뿔을 달고 창을 들고 거리로 쏟아져 나오며 외치던 붉은 악마들의 경쾌한 장단. "대~한민국!" 여전히 귀에 쟁쟁하지 않은가! "오~필승 코리아!"

뿔뿔이 흩어져 있던 개인의 작은 소망들이 공감의 터에 어우러져 하나의 거대한 욕망으로 분출될 때, 그들은 함께 노래를 부른다. 몸을 들썩이게 하는 리듬과 짧고 간결하게 뇌리에 울려 퍼지는 가사. 감염되듯, 순식간에 번지는 노래는 내가 가진 생각이 나만의 생각이 아니라 우리가 모두 공유하는 것임을 뜨겁게 확인시켜주는 위력이 있다. 거기에는 시대를 이끌어가는 정신과 군중을 울리는 공감의 정서가 흠뻑 담겨 있다. 그 모임 안에 있는 사람에게도, 바깥에서 바라보고 있는 사람에게도 가슴 벅찬 감동을 일으킨다. 한 시대를 함께 사는 우리가 마음을 담아 함께 부를 수 있는 노래가 있다는 것, 그리고 그 노래를 함께 부를 수 있는 사람들이 곁에 있다는 것은 행복한 일이다. 하지만 어찌 이것이 지금 여기 우리만의 이야기이겠는가?

서양 문명의 원천을 형성한 그리스에서도 대중들의 축제 마당에는 합창 서정시가 울려 퍼졌다. 기원전 7세기께, 영웅 서사시의 전통에서 벗어나 개인의 생각과 감정을 노래하던 아르킬로코스가 서정시의 세계를 열었을 때, 서정시는 먼저 소규모 집단의 향연에서 낭송되던 문화로 자리 잡았다. 그의 뒤를 잇는 사포와 알카이오스 등도 역시 독주(獨奏)를 위한 서정시 작가였다. 서정시가 개인의 독특한 체험과 섬세한 감수성의 표현으로 이해되는 까닭은 주로 그들의 작품에서 찾을 수 있다.

그러나 그리스의 서정시는 내용의 서정성뿐만 아니라 형식의 음악성에서 더 큰 특징을 나타낸다. 서사시의 영웅적이고 귀족적인 장중한 운율에서 벗어나 경쾌하고 다양한 운율의 개성을 보여주는 것이 바로 서정시다. 서정시인을 일컫는 '뤼리코스(lulikos)'는 뤼라(lura)라는 악기와 관련이 깊다. 특히 서정시가 독주 공연 형태에서 벗어나 합창 서정시로 발전하면서 음악성은 더욱 고조된다. 뤼라를 비롯한 다양한 악기 반주가 가사에 덧붙고, 나아가 몸으로 그려내는 춤사위의 리듬이 연극적인 볼거리까지 제공하면서 관객들의 몸을 근질거리게 한다.

페르시아의 침공을 막아낸 아테네와 스파르타를 중심으로 그리스 세계가 에게 해의 주도권을 차지할 즈음, 3명의 탁월한 합창 서정시인들이 등장한다. 시모니데스(기원전 557~451년)와 바퀼리데스(516~451년)와 핀다로스(520~440년경)다. 그들은 축제와 제전을 즐기기 위해 거리와 광장(agora)과 극장으로 쏟아져 나오는 사람들을 위해 노래를 지었고, 흥겨운 연주와 공연을 주도했다. 한판의 유쾌한 난장을 위해 대중들은 노래에 목말랐겠다. 특히 사람들은 전쟁터로 향하는 젊은 전사들의 사기를 북돋워 주는 한편으로 전쟁의 승리를 노래하는가 하면, 영웅적인 전사자를 애도해야 했다.

스파르타는 도시국가의 규율을 강화하고 강력한 단체정신을 강화하기 위해 일찍부터 합창 서정시의 전통이 있었다. 전쟁터로 나가는 전사들을 향해 "방패를 들고 오든가, 방패에 실려 오라!"라고 참전가를 불러주던 그들이었다. 시모니데스는 그 정신을 살려 스파르타의 레오니다스 왕과 300인의 전사들의 용맹함을 기리는 비문을 서정시의 운율(Elegia)에 담아 새겨 넣었다.

"오 이방인이여. 라케다이몬인들(=스파르타인들)에게 전해다오, 이곳에 우리가 누워 있다고. 그들의 명령을 오롯이 따랐노라고."

그의 시에는 영웅을 찬양하는 옛 서사시의 장엄한 주제가 흐른다. 합창 서정시의 절정에 있는 사람은 역시 핀다로스다. 그는 서정시의 최고 경지에 올랐고, 다른 사람들이 더는 서정시로 시를 지을 맘을 갖지 못하게 할 만큼 화려하고 다양한 운율을 구사했다. 그리스 서정시의 운율을 모방해 라틴어의 고유한 음악성을 모색하던 로마의 시인 호라티우스(기원전 65~27년)는 핀다로스에 관해 이렇게 노래했다.

"핀다로스와 겨루려고 하는 사람이라면 누구나, 율리우스여, 다이달로스의 솜씨로 밀랍으로 빚어 만든 날개를 달고 날다가 팔랑이며 떨어져 투명한 바다에다 그 이름을 주고 말리라." (호라티우스, 『서정시』 제4권 2번)

다이달로스는 최고의 솜씨를 자랑하던 그리스 신화 속의 장인이다. 그는 아들 이카로스에게 밀랍과 깃털을 빚어 만든 날개를 달아주었다. 날아서 바다를 건너가던 이카로스는 태양에 가까이 다가가다 밀랍이 녹아내리며 날개가 흩어지는 바람에 떨어져 죽었다. 그가 빠져 죽은 바다는 이카로스의 이름을 따서 '이카리아'가 되었다. 호라티우스는 핀다로스의 문체가 산 위에서 거침없이 흘러내려 둑을 무너뜨리는 거대한 격류, 몰아치는 소나기와 같다고 노래한다. 그는 감히 핀다로스의 리듬과 문체를 흉내 내지 못한 채, 핀다로스에 대한 경외심만을 그저 사포의 운율에 담아야 했다. 그런 핀다로스가 훨훨 날아 대양을 건널 수 있는 알바트로스라면, 핀다로스에게 도전하는 시인은 인공의 날개를 달고 바다를 건너다가 추락하고 말았던 이카로스의 운명을 피할 수 없을 것이라 말한다. 핀다로스는 시인의 역할을 가장 잘 이해한 그리스 시인이었다.

"사람들에게 그 무엇보다도 바람이 더 필요할 때가 있지, 또 어떨 땐 촉촉한 하늘이, 구름이 낳은 비 내리는 딸들이 필요할 때도 있지. 하지만 누군가가 고생 끝에 훌륭한 일을 해낸다면, 꿀처럼 달콤한 찬가가 먼 훗날 이야기될 명성의 시작이리니, 위대하고 탁월한 일에 대한 믿음직한 맹세이리니."

(핀다로스, 『올림피아 찬가 11』 제11번)

영원히 살 수는 없을까? 아니, 어차피 죽을 인간이라면, 죽으면 끝나는 인생이라면 무엇을 위해 어떻게 살아야 하나? 불멸의 명성을 얻는 것이 어쩌면 그 유일한 방법이리라. 내가 죽은 뒤에도 자손들과 온 인류가 내 이름을 기억해준다면 나는 그들의 기억 속에 대대로 살아남는 것이 된다. 호메로스의 영웅들이 그의 노래를 통해 지금까지 우리들의 의식 안에 살아 있는 것처럼 말이다. 인생은 짧지만 명성은 길다.

"승리의 환희는 힘든 경기가 끝난 뒤에 찾아오는 가장 좋은 의사. 그리고 무사(Mousa) 여신들의 지혜로운 딸들인 노래는 매혹적인 손길로 그를 위로하나니. 따뜻한 물이 팔다리를 풀어주는 것을 어찌 포르밍크스 반주로 울리는 찬가에 비교하리오. 언어는 행적보다 더 오랫동안 살아남는 것. 은혜의 여신들이 베푸는 행운을 입어 혀가 마음속 깊은 곳에서 퍼 올리는 것."

(『네메아 찬가 4』 제4번)

호메로스가 전설 속 전쟁의 영웅을 노래했다면 핀다로스는 당대 그리스 세계에서 가장 성대했던 4개의 스포츠 제전(올림피아, 네메아, 퓌티아, 이스트미아) 우승자들을 노래의 대상으로 선택했다. 누구를 선택했는가는 다르지만, 그들을 모두 영웅으로 만들고 예찬했다. 밋밋한 일상을 사는 대중들은 바라보고 경탄할 영웅을 갈망한다. 핀다로스는 그 사실을 잘 알고 있었다. 그는 대중들을 앞에 두고 부르는 웅장한 합창 서정시를 지어 대중을 열광시켰고, 승리자의 영광을 한껏 띄워 올렸다.

하지만 그것이 전부일까? 거기에는 고도의 노림수가 있다. 영웅을 노래하고 대중들이 열광하는 동안 그 노래의 시인도 영웅과 더불어 대중들의 뇌리에 기억된다는 사실이다. 영웅들은 시인의 언어로 채색되지 않는 한, 불멸의 빛깔을 간직할 수 없다. 그렇게 시인은 신비로운 존재로 영웅의 창조자가 되어 영웅과 더불어 불멸하게 된다.

핀다로스는 시가 무엇을 할 수 있는지를 잘 알고 있었다. 그는 영웅들을 한껏 노래하며 자신을 불멸의 존재로 만들었다. 그리고 그의 노래에 열광하는 대중들의 삶을 가장 찬란하고 아름다운 것으로 즐길 수 있게 했다.

인간은 언젠가는 죽는다. 사라져버릴 인생이기에 인간은 불멸을 갈망한다. 불멸과 영원은 인간의 필멸이라는 조건 때문에 하늘의 별처럼 찬란하게 빛난다. 그렇다면 불멸의 찬란함은 우리 삶을 한없이 초라하고 암울한 것으로 만드는가? 그렇기도 하지만, 그 반대이기도 하다. 영원한 지속선상에서 불멸의 빛은 서서히 무뎌져 가고, 영원한 시간의 수직선상에서 우리의 짧은 삶은 극적으로 강렬한 빛을 회복한다. 우리의 삶은 처음과 끝이 있기에, 언젠가는 끝나버릴 것이기에 순간순간이 고귀하고 찬란한 값을 가진다. 핀다로스가 지은 합창 서정시에서 우리가 불멸의 영웅을 느끼는 것과 동시에 그때 그 광장으로 쏟아져 나와 함께 노래를 부르고 춤추며 삶의 한순간을 짜릿하게 즐겼을 수많은 그리스

대중들의 신나는 삶을 떠올리는 것은 이러한 필멸과 불멸의 역설적인
관계 때문일 것이다.

13

이솝우화,
지혜롭고도 위험하구나!

"말 한 마리가 풀을 뜯고 있었습니다. 그런데 갑자기 사슴 한 마리가
나타나 초원을 쑥대밭으로 만들고 달아났습니다. 말은 화가 났고, 사슴
에게 보복을 다짐했습니다. 마침 그곳을 지나던 사람이 있어 말은 도와
줄 수 있느냐고 물었습니다. 그는 기꺼이 승낙했지요. '내가 창을 구해
올 테니, 네 입에 재갈을 물리고 네 위에 올라탈 수 있도록 해주겠니?
그러면 사슴을 찾아내 죽여 네 노여움을 풀어주마.' 말은 그가 원하는
대로 해주었습니다. 어떻게 되었을까요? 사슴에 대한 보복은 성공했지
만 말은 그 사람을 평생 태우고 다녀야만 했습니다."

우화의 이미지 몇 컷이 떠오른다. 초원과 말, 날뛰는 사슴과 분노한
말, 피투성이가 되어 쓰러져 있는 사슴, 피 묻은 창을 들고 의기양양한
사람, 그를 태우고 머리를 떨어뜨린 말의 망연자실한 눈빛, 후회의 눈
물. 그것들은 알레고리로서 또 다른 그림을 떠오르게 할 것이다. 여러

분의 일상 속과 관심 분야, 혹은 사업이나 정치, 외교와 같은 전문 분야에서 겪는 경험의 그림을 말이다. 그 그림 속에서 여러분은 사슴일 수도 있고, 사슴을 죽인 사람일 수도 있으며, 복수에 눈멀어 앞뒤 안 가리고 덤벼들다 낭패를 본 말일 수도 있다.

이 우화는 기원전 6세기께 그리스의 서정시인 스테시코로스가 시칠리아 섬의 히메라 시민들에게 한 연설의 일부다. 그는 여기에 경고를 덧붙였다.

"히메라 시민 여러분. 적들에게 보복하겠다는 의욕에 불타서 어리석은 말이 겪는 일을 겪지 않도록 조심하십시오. 여러분은 이미 재갈이 물린 상태입니다. 팔라리스 장군에게 절대적인 군사적 자율권을 주었으니까요. 그런데 그에게 막강한 친위대까지 준단 말입니까? 그가 그 위에 올라타면, 여러분은 그의 노예가 되고 말 것입니다. 그 어리석은 말처럼 말입니다."

우화에 2500여 년 전 시켈리아(=시칠리아)의 정치 상황이 겹쳐진다. 우리는 이 그림 위에 저마다의 현재 상황도 겹쳐볼 수 있다. 예를 들어 한반도를 하나의 평온한 풀밭으로, 우리를 한 마리 말로, 북한을 사슴으로 그려볼 수 있다. 그러면 우리는 사슴의 도발적인 행동에 분개하고 복수를 꿈꾸는 말이 되어 결과를 차분하게 계산하지 않은 채 누군가에게 절대적인 권력을 부여하고 복수를 맡기려는 말이 된다. 그리고 묻게 된다. '그러다가 우리는 뜻하지 않게 무거운 굴종의 시절을 보내는 말처럼 되는 것은 아닌가?' 그러나 그때가 되면 우화는 우화로만 끝나지 않는다. 우의(寓意)적인 상상력은 우리가 직면한 상황의 핵심 쟁점과 차후의 전망을 단순화시켜 보여주기 때문이다.

서양 문화 전통에서 우화의 전설로 꼽히는 사람이 바로 아이소포스(기원전 620~564년)다. 흔히 이솝으로 알려진 그는 노예였지만 그의 지혜는 각국의 지도자나 지식인들에게 귀중한 지침이 되곤 했다. 그의 우화는 서구 문화에 하나의 전통을 형성했다. 어느 날, 그는 사모스 섬에서 연설을 했다.

> "여우 한 마리가 물을 건너고 있었습니다. 그러다가 그만 움푹 파인 웅덩이에 빠지고 말았지요. 여우는 발버둥을 쳤지만, 그곳에서 빠져나올 수가 없었습니다. 수많은 흡혈 진드기들이 달라붙어 여우의 피를 빨아먹었지요. 마침 그곳을 지나가던 고슴도치가 여우를 보고 물었습니다. '어쩌다가 이렇게 되었나요? 제가 진드기라도 쫓아드릴까요?' 그러나 여우는 딱 잘라 거절했습니다. '아니, 그냥 놔둬.' 고슴도치는 왜 그러느냐고 물었지요. 여우는 대답했습니다. '지금 이놈들은 아까부터 나에게 붙어서 내 피를 충분히 빨아먹었으니, 앞으로는 조금씩만 빨아먹을 거야. 하지만 네가 지금 이놈들을 쫓아내면, 나를 노리고 있던 굶주린 놈들이 새롭게 달려들어 내 남은 피를 빨아먹겠지? 그럼 난 견딜 수 없어. 그러니 그냥 놔둬.' 여우를 그 수렁에서 꺼내줄 수 없다면, 고슴도치는 그냥 지나가는 것이 여우에게 도움이 되겠지요?"

아이소포스의 우화도 그림을 그려준다. 수렁에 빠진 여우와 여우의 피를 빨아 먹는 진드기, 착하지만 무력한 고슴도치. 이 그림에도 우리가 겪는 현실의 어떤 이미지가 떠올라 겹칠 것이다. 예를 들어 부정부

패한 고위 관리를 파면시키고 새로운 사람을 뽑으려고 하는데, 거론되는 후보자들이 하나같이 파면된 사람보다 더하면 더했지 못하지 않은, 한심하고 절망적인 현실 같은 것 말이다. 현실이 우화와 중첩될 때, 메시지는 촌철살인처럼 강력한 설득력을 가진다. 우화의 달인 아이소포스는 어떤 상황에서 여우와 진드기의 우화를 던졌을까?

"사모스 시민 여러분, 진정하시고 잘 들어보십시오. 여러분은 지금 여러분이 직접 뽑은 이 관리를 정죄하여 죽이려고 합니다만, 다시 한 번 기회를 주시기 바랍니다. 이 사람은 이제 더는 여러분에게 큰 해를 끼치진 않을 것 같습니다. 여러분 말씀대로 이미 많이 해먹었으니까요. 더는 그렇게 크게 해먹진 않을 겁니다. 하지만 여러분이 이 사람을 처형하고, 그 자리에 다른 사람을 앉히면, 굶주리며 기회를 노리던 그는 여러분에게 남은 것마저 깡그리 도적질해서 먹어치울 것입니다."

어이없고 허탈한 결론이다. 아이소포스의 변론은 성공했을까? 결과는 알려지지 않았지만 그 관리가 사면되었다면, 그것은 순전히 우화가 갖는 정치적인 설득력 덕분일 것이다.

이처럼 우화는 단순히 아이들의 교육을 위한 이야기가 아닌 고도의 정치적인 함축을 가진다. 그래서 아리스토텔레스는 우화를 설득력이 매우 높은 정치적 연설법의 하나, 곧 수사학적 '예시법'으로 소개한다.(『수사학』 II, 20, 1393a23~94a18) 중요한 선택의 갈림길에서 우화는 상황의 실체와 미래의 모습을 알기 쉽게 요약하고 인상적인 이미지로 드러내기 때문이다. 분명 우화는 매력적인 언어의 연금술이다. 그래서 또한 허점도 있고 위험하기도 하다. 이솝 우화 가운데 가장 유명한 「토끼와 거북이」를 보자.

> "누가 더 빠른가를 두고 논쟁을 하던 토끼와 거북이는 급기야 경주하기로 한다. 토끼는 타고난 속력을 믿고 경기 도중 잠을 자고, 거북은 자신이 느리다는 것을 알고 쉬지 않고 달렸다. 쉬지 않고 달린 거북이가 결국 승리했다."

흔히 우리는 이 우화에서 '능력이 부족한 사람도 열심히 노력하면 승리를 거둘 수 있다'는 교훈을 끌어낸다. 정확하게 말하면 토끼 같은 사람이 방심할 경우에는 거북이 같은 사람도 승리를 거둘 수 있다는 것이다. 그런데 이 말은 토끼가 열심히 달리기만 하면 거북이는 결코 승리를 거둘 수 없다는 말이다. 거북이에게는 정말 절망적인 메시지다. 따라서 이 우화는 거북이가 아니라 토끼 같은 사람들에게 더 적합한 것 같다. '실력만 믿고 노력하지 않다가는 어이없이 패배할 수도 있으니 조심하라!' 토끼가 이 말을 명심하면 언제나 이긴다. 애초부터 이 경기는 거북이에게 승산이 없는 게임이니까. 여러분이 거북이라면 이런 게임에 응하겠는가? '노력해라. 쉬지 말고 뛰어라. 그러면 혹시 아니, 승리할지?' 이 말을 듣고 거북이가 게임에서 최선을 다해도 이길 확률은 아주 낮다. 이것은 거북이를 위한 우화일 수 없다. 승리를 거둘 수 없는 보통 사람들을 비참한 패배가 뻔한 게임 속으로 끌어들이기 위해 환상을 조장하는 현혹의 우화다. 구조적으로 불공정한 게임을 거부하는 대신 어쩌면 승리할 수도 있으니 열심히 하라는 메시지가 담긴 위험한 우화다.

그래서 거북이를 위한 우화로 새롭게 바꾼 사람들도 있다. 그들은 능력만 믿고 당신을 무시하는 경쟁자를 이기려면 무조건 뛰어들지 말고 지혜로운 전략을 짜라는 교훈을 담아냈다. "거북이는 경주를 수락하면서, 대신 코스는 자신이 정하겠다고 했다. 토끼가 동의했다. 경기가 시작되자 토끼는 열심히 달렸고 월등하게 앞서나갔다. 그런데 결승점을 얼마 앞두고 토끼는 멈추고 말았다. 앞에 강물이 흐르고 있었기 때문이다. 토끼가 꼼짝없이 쩔쩔매는 동안, 한참 후에 도착한 거북이는 유유히 강물을 헤엄쳐 건너 결승점에 먼저 도착했다."

삶이 변한다면 삶을 비출 우화도 변할 필요가 있다. 예를 들어 게임도 승부도 있지만 거북이의 도전 그 자체를 격려할 수 있는 우화라든지, 아니면 거북이와 토끼가 서로 경쟁하거나 반목하지 않고 더불어 사는 세상을 꿈꾸는 우화라든지.

새로운 상상력을 거꾸로 구상할 때 새로운 질서와 세계가 열린다. 그럴 때 그리스의 우화는 쓸모 있는 밑판 구실을 할 것이다.

14

비극의 제단에 묶인
프로메테우스

그리스 북서쪽, 흑해 끝에 있는 카우카소스 산 암벽. 누군가가 손과 발이 쇠사슬에 묶인 채 매달려 있다. 가슴에는 강철 쐐기가 박혀 있고, 양 옆구리는 무쇠 띠가 옥죄고 있다. 날마다 독수리가 날아와 그의 간을 쪼아 먹으니, 곧 죽을 것만 같다. 극심한 고통에 시달리는 그의 이름은 프로메테우스다. 그는 왜 이런 핍박을 당하는 걸까? 전설에 따르면, 그가 인간들을 너무 사랑한 나머지 제우스를 속이고 불을 빼내어 그들에게 몰래 가져다주었기 때문이라고 한다. 괘씸한 일이었다. 제우스는 프로메테우스에게 참혹한 벌을 내렸다.(헤시오도스, 『신들의 계보』 521~616행, 『일과 나날』 47~105행)

그런데 왜 프로메테우스는 인간을 사랑하고 그들을 위해 고통의 길을 선택했을까? 그리스의 문법학자 아폴로도로스는 이렇게 썼다. "프로메테우스는 물과 흙으로 인간을 빚은 다음, 제우스 몰래 회향 풀의 줄기에 감춰두었던 불을 인간들에게 주었다."(『도서관』 1권 7행) 프로메테우스가 인간을 창조했다는 말이다. 로마의 서사시인 오비디우스도 같은 말을 한다. 다른 생물들을 지배할 존재가 필요했기에 "이아페투스의 아들 프로메테우스는 하늘의 씨앗을 간직한 채 높은 천공에서 떨어진, 갓 태어난 대지를 빗물로 개어, 만물을 다스리는 신들의 모습을 따라 인간을 빚었던 것이리라."(『변신 이야기』 1권 78~83행)

이에 따르면 프로메테우스가 자신이 직접 만든 인간의 번영과 행복을 위해 암벽에 매달려 찢어지는 고통을 자초하여 견뎌내는 것은 어쩌면 당연한 일이겠다. 힘과 권력의 신 크라토스는 그를 암벽에 결박하며 조롱한다. "신들이 그대를 '앞을 내다보고(pro-)' '생각하는 자(metheus)'라 부르는 건 잘못이지. 이제 앞을 내다보면서 이 정교한 그물에서 어떻게 빠져나갈 수 있을지나 생각해보라고!"(아이스퀼로스, 『결박당한 프로메테우스』 84~87행)

그러나 프로메테우스는 그 이름 그대로 자신의 운명은 물론, 제우스조차도 모르고 있는 제우스의 운명을 내다보고 있었다. "제우스는 어떤 고문으로도, 어떤 계략으로도 나를 움직여, 내가 알고 있는 비밀을 말하게 할 순 없다. 그가 이 치욕스러운 사슬에서 나를 풀어주기 전에는!"(989~991행) 강력한 패권으로 세계를 지배하던 제우스도 앞을 내다볼 줄 아는 프로메테우스의 예지 앞에서는 속수무책이었고, 안절부절못했다. 아이스퀼로스는 프로메테우스를 인간 구원자의 모습으로 비극의 무대 위에 우뚝 세워놓았다. 연약한 인간을 위해 제우스의 거대한 권력에 저항하여 고통으로 찢기는 프로메테우스를, 마치 엄숙한 제사장이 되어 희생제물을 바치듯이.

그런데 '비극(悲劇)'으로 새기는 그리스 말 '트라고디아(tragōidia, 영어로는 tragedy)'는 뜻밖의 뜻을 가지고 있다. '염소(tragos)'의 '노래(aōidia)'란다. 도대체 왜 비극이 염소의 노래란 말인가? 여러 가지 해석이 있지만 비극이 염소를 제물로 바치며 부르던 노래와 관련이 깊기 때문이라는 말이 솔깃하다. 염소가 디오뉘소스(=바쿠스) 신과 가장 관련이 깊은 동물이어서 비극은 디오뉘소스 신을 경배하는 의식과 깊게 맺어져 있다. 실제로 아리스토텔레스는 비극이 합창 서정시 가운데 디오뉘소스 신을 찬양하는 '디튀람보스'에서 비롯되었다고 한다.(『시학』 제4장) 또한 역사가들은 아테네 민중들의 지지를 얻어 귀족정을 무너뜨린 참주 페이시스트라토스가 기원전 534년에 디오뉘소스 신을 찬양하는 대(大) 디오뉘시아 축제를 개최했으며, 이때 비극이 경연대회 형식으로 공연되기 시작했다고 전한다.

따라서 비극은 태생적으로 디오뉘소스 신과 관련된 장르였다. 그런데 디오뉘소스 신이 도시나 귀족의 그룹이 아닌 농촌과 외래의 신으로서 권력 바깥에 있던 민중들을 대표한다는 점을 곰곰이 따져보면, 올륌포스 신들로 상징되는 귀족들의 힘을 제압하려는 페이시스트라토스의 정치적인 계산이 읽힌다. 그 정치적인 계산의 밑바닥에는 민중들의 삶과 관련된 종교적인 염원이 깔려 있다. 농번기가 시작되기 직전인 3월 말에 열린 제전 디오뉘시아와 그때 공연되던 비극은 정치적인 계산을 넘어 생존을 위한 그리스인들의 간절한 종교성을 비춘다.

옛 그리스에서 비극은 우리가 오페라나 연극, 영화와 드라마를 즐기는 것과 같이 단순한 엔터테인먼트만은 아니었다. 그것은 본래 종교적이었다. 비극이 공연되는 아테네의 디오뉘소스 극장에는 배우들의 무대인 '스케네(skēnē)'와 합창단이 춤과 노래를 하는 '오르케스트라 (orkhēstra)'라는 둥근 공간이 있다. 그 둥근 공간은 관람석과 스케네 사이, 즉 극장의 중심에 있고, 한가운데에는 제단의 흔적이 있다. 극장 중앙에 제단이 있었다는 말은 극장이 극장만은 아니었다는 뜻이다. 극장은 제사를 지내는 성소였던 셈이다. 따라서 비극은 제사의 일부였거나 연장, 어쩌면 제사 그 자체였을지도 모른다. 그리스 사람들에게 왜 비극이 있었는가 하고 묻는다면 비극의 제의적인 의미를 통해 대답이 가능할 것이다.

앞서 보았던 프로메테우스와는 달리 인간은 아무리 똑똑해도 한 치 앞을 내다볼 수 없다. 미래뿐만이 아니다. 과거의 일에 대해서도 왜 그런 일이 일어났는지, 근본적인 원인과 이유를 정확하게 모른다. 사람들 사이에 무수한 추측과 논쟁이 있을 뿐이다. 논란의 소용돌이 속에서 쉽게 결론을 내리지 못할 때, 사람들은 초월적인 어떤 힘을 그리며 그 초월적인 존재의 전지전능함 앞에 엎드려 지혜와 은총과 자비를 구한다. 독일의 유물론 철학자 포이어바흐(1804~1872년)는 종교의 본질을 이렇게 설명했다. 무한함과 전지전능함을 그려낼 줄 아는 상상력 때문에 인간은 머릿속에서 신(神)을 빚어냈고, 그것을 자기 바깥으로 내보내 높이 띄워 초월적인 존재로 실체화시킨 뒤, 그 앞에서 한없이 낮아져 무릎을 꿇게 된 것이라고.(『기독교의 본질』, 『종교의 본질』)

그리스 사람들은 농사를 시작하기 전에 농사와 수확, 포도와 술의 신인 디오뉘소스와 다른 여러 신을 위해 제단을 쌓고 제주(祭酒)를 뿌리고, 흠 없는 짐승을 골라 정성껏 각을 뜨고 태워 향기와 연기를 하늘로 올려보냈다. 정성스러운 제사를 신들이 흠향하면 기꺼이 자신들을 보호하고 복을 내릴 것이라 안심하기 위해서였다. 또한 그들은 삶의 터전과 자신의 마음속에 있는 더러운 기운을 깨끗하게 정화해야 신들의 노여움을 피할 수 있다고 믿었다. 정성껏 준비한 제물은 한갓 짐승이 아니었다. 그것은 불결하고 추악한 본성과 행위 때문에 죽어야 할 나 대신에 죽는 또 다른 나였다. 따라서 짐승 속에 나를 얼마나 집어넣고, 내가 제물이 되어 죽고 태워지면서 제의에 얼마나 몰입하느냐가 매우 중요했다.

제사와 비극은 서로 다른 것이 아니었다. 비극은 제의의 진화된 형태였다. 오르케스트라에 선 지휘자의 지휘에 따라 합창이 울려 퍼지고, 합창 사이사이로 배우들이 등장인물의 행위를 재연한다. 무대에서 펼쳐지는 비극적인 사건은 연민과 공포를 일으키며 관객들을 압도하고, 관객들은 배우들이 재연하는 인물에 자신의 감정을 옮겨 넣으며 행위와 사건에 몰입한다. 주인공과 함께 고통당하고 피를 흘리며 죽기까지 한다. 인간은 무엇이며 인생은 또 무엇이냐고, 무대 위의 인물들은 당신들의 마음속에 감추어진 비밀스러운 욕망이 이런 것 아니냐며 관객을 향해 묻고 또 묻는다.

관객들은 무대 위에서 재연되는 행위에 몰입하며 인간과 인생에 대해 중요한 것을 알아차린다. 폭력적인 권력에 저항하는 프로메테우스와 함께 찢기고 고통스러워하며, 남편의 배신에 치를 떠는 메데이아와 함께 자식들을 죽이며 끔찍한 복수극을 감행한다. 딸을 죽인 남편을 도끼로 쳐 죽이는 클뤼타임네스트라와 함께 울부짖으며, 아버지를 죽인 어머니 클뤼타임네스트라를 오레스테스·엘렉트라 남매와 함께 죽이고 괴로워한다. 마치 추악한 나 대신 염소를 죽이며 신들에게 제사를 드리듯 주인공을 죽이고 박해하면서, 또 그와 함께 죽고 고통당하는 정화를 체험하며 비극을 거행하는 것이다. 카타르시스(katharsis), 정화의 의식, 그것은 비극의 제의적인 의미였다.

종교가 품격을 갖추기 위해서는 세속적인 욕망을 채우려는 기복신앙에서 벗어나야 한다. 초월적인 존재 앞에서 나약한 자신을 비추어 보고 겸허하게 삶의 참된 의미를 숙고할 때, 종교는 미신과 구별된다. 그리스의 비극도 마찬가지다. 단순히 한 해의 농사가 성공하기만을 비는 생존의 절실함에서 시작했지만 거기에서 그치지 않았다. 인간의 본성이 무엇인지, 그런 인간이 살아내야만 하는 인생이 도대체 무엇인지를 묻는 철학적인 반성을 담아냈기에 그리스 비극은 고유한 품격과 보편적인 가치를 획득하며 숭고한 장르로서 거듭난 것이 아니겠는가?

15

자유를 위해 싸운 작가, 아이스퀼로스

　기원전 490년, 페르시아 제국의 다레이오스(다리우스) 왕은 그리스 본
토로 정예군을 보냈다. 600여 척의 군함에 실린 3만여 명의 페르시아
군대는 에레트리아를 손에 넣고 마라톤으로 향했다. 기세는 하늘을 찌
를 듯 등등했다. 아테네는 페르시아군의 침략을 막기 위해 중무장 보병
1만 명을 마라톤 평원의 서쪽 끝에 배치했다. 그리스 본토 북부의 많은
도시국가는 다른 방향으로 전진해오던 페르시아 군대에 저항하다 이미
함락되거나 싸움을 포기하고 페르시아에 복속된 상태였기에 도움을 기
대하기 어려웠다. 아테네는 스파르타에 원군을 요청하는 사신을 보냈
다. "라케다이몬인(=스파르타인)들이여. 아테네인들은 여러분들의 도움
이 절실합니다. 헬라스(그리스)에서 가장 유서 깊은 도시국가가 이방인
들에 의해 노예로 전락하는 것을 옆에서 바라만 보지 않기를 간청합니
다."(헤로도토스, 『역사』 제6권 106번)

하지만 스파르타는 곧바로 움직이지 않고 늑장을 부렸다. 아테네는 지원군이 거의 없는 상태에서 외롭게 페르시아의 대군과 결전을 벌여야 했다. 전투에 참가한 아테네의 장수들 가운데 상당수가 페르시아 군대의 수와 위용에 겁을 먹고 싸움을 포기하려고 했다. 하지만 밀티아데스 장군(기원전 550~489년)은 그럴 수 없다고 버텼다. 그는 결정권을 쥐고 있던 칼리마코스에게 말했다. "아테네를 노예로 만들 것인가, 아니면 아테네의 자유를 보전하여 불멸의 명성을 남길 것인가는 이제 그대에게 달렸소. 우리가 페르시아와 싸워 승리를 거둔다면, 조국은 자유를 지키고 헬라스 최고의 도시가 될 것이오."("역사』 제6권 109번) 칼리마코스는 결전을 결정하고 밀티아데스에게 지휘권을 맡겼다. 아테네 시민들은 편안한 굴종 대신 고통스러운 투쟁을 택하고 중무장 보병의 대열에 서서 페르시아군을 향해 거침없이 돌진했다. 페르시아의 자랑이었던 기병대와 궁수 부대는 힘을 쓰지 못했다. 아테네 보병들이 짜놓은 대열의 단단한 방패와 날카로운 창에 밀리고 쓰러졌다. 그 수는 6400명이나 되었다. 반면 아테네의 희생은 192명에 불과했다. 페르시아군은 충격에 휩싸여 퇴각할 수밖에 없었다.(116~117번)

아테네 시민들은 감격했다. 그들은 자신들의 위력에 놀라며 감동적인 자부심을 느꼈다. 한 사람 한 사람이 각자의 자리를 지켜야만 위력을 발휘하는 중무장 보병의 새로운 전술은 아테네 승리의 원동력이었다. 그것은 그대로 아테네 민주주의의 원동력이 되었다. 자유로운 시민은 제 몫을 자발적으로 인식하고 스스로 결정하여 행동한다는 원칙을 뼛속 깊이 새겨 넣었다. 35세의 나이로 마라톤 전투에 참가했던 한 용사는 평생 자신이 '마라토노마코스(=마라톤의 전사)'라고 불리기를 원했고, 죽음을 맞이하는 순간에는 자신의 비문에 이렇게 썼다.

> "아이스퀼로스, 에우포리온의 아들이며 아테네 사람인 그는 풍성한 밀이 자라는 겔라스 땅에서 죽어 이곳 무덤에 잠들다. 마라톤의 숲은 그의 유명한 용맹함을 말해줄 것이며, 머리를 길게 기른 메디아인(=페르시아인)도 그것을 잘 알고 있을 것이다."

아이스퀼로스(기원전 525~455년). 그는 그리스 비극의 3대 작가 가운데 첫 번째 작가로 꼽힌다. 배우의 수를 둘로 늘려 그리스 비극을 본격적인 드라마로 만들었기에 '비극의 아버지'라 불린다. 하지만 그는 비극 작가로서의 화려한 이력보다는 마라톤 전투에 참가해 아테네의 자유를 지켜낸 사실을 더 자랑스럽고 소중한 명예로 여기며 살았다. 기원전 480년, 다레이오스의 아들 크세르크세스가 다시 대규모의 병력을 동원하여 그리스를 공격했을 때에도 아이스퀼로스는 45세의 나이로 살라미스 해전에 참가했다. 이때 페르시아군의 규모는 마라톤 전투 때와는 비교가 안 될 정도로 어마어마했다.

"아테네를 기억하라"라는 아버지의 유언을 가슴에 새긴 크세르크세스 왕은 아테네에 대한 보복과 그리스 정복의 꿈을 실현하기 위해 대규모 병력을 이끌고 직접 원정에 나섰다. 페르시아 육군은 스파르타의 레오니다스 왕이 이끌던 300명의 최정예 부대와 그리스 연합군을 섬멸하고 남하했다. 살라미스에는 페르시아의 대규모 선단이 아테네 해군을 노리며 접근했다. 3단 노의 전함이 1207척이었으며, 그 밖의 함선이 3000척이었다. 반면 아테네의 해군은 300여 척에 지나지 않았다. 하지만 전투는 숫자로만 판가름 나지 않는 법. 용맹스러운 아테네 해군은 지형지물을 적절히 이용해 페르시아 해군을 초토화했다.

아이스퀼로스는 그 기적 같은 현장에도 있었다. 그는 이 승리를 굴종적인 페르시아인에 대한 그리스 자유 시민의 승리라고 믿었다. 기원전 472년, 그는 살라미스 해전이 일어난 지 8년이 지난 디오뉘시아 제전에서 『페르시아인들』이라는 비극 작품을 무대에 올려 승리의 벅찬 감격을 발산했다. 배경은 페르시아의 궁전이었다. 다레이오스 왕의 아내이며 크세르크세스의 어머니인 아톳사는 패전 소식을 전하는 페르시아의 원로에게 물었다. "누가 저들의 목자로 군림하며, 누가 그 군대를 지배하는가요?" 원로가 대답했다. "저들은 그 어떤 사람의 노예로도 신하로도 불리지 않습니다." 그들은 스스로 결정하고 행동하는 아테네의 자유시민이었다. 태후는 도무지 이해할 수 없다는 표정으로 다시 물었다. "그렇다면 저들은 어떻게 침략하는 적들에게 저항할 수 있다는 말인가요?" 전제적인 독재에 익숙한 사람들은 자유의 힘을 알 수 없다. 돌아오는 대답은 이러했다. "하지만 그들은 다레이오스 왕의 엄청나고 훌륭한 군대를 파괴할 만큼이나 잘 싸웠습니다."

거대한 페르시아 제국의 선단 앞에서 그리스인들은 전혀 겁을 먹지 않았다. 그들은 자유의 이름으로 서로를 격려하고 용기를 북돋웠다.

"오, 헬라스의 아들들이여, 가라! 조국에 자유를 안겨주어라, 아이들에게, 여인들에게 자유를 안겨주어라, 그리고 우리 선조들이 섬긴 신들의 성전에, 조상들의 무덤에! 그대들은 지금 이 모두의 자유를 위해 싸우고 있다."

(아이스퀼로스, 『페르시아인들』 402~405행)

이렇듯 아이스퀼로스는 그리스인들의 승리는 자유에 대한 열정에서 비롯된 것이라고 노래했다. 한편 페르시아인들의 패배는 오만(hubris)에서 비롯된 것임을 매섭게 질책했다. 죽은 다레이오스 왕의 혼백이 아톳사에게 나타나 자연의 섭리조차 거슬러 나라를 말아먹은 크세르크세스의 행동을 비판하며 말했다.

> "내 아들이 그 일을 저지른 거요. 자기가 뭘 하는지 제대로 알지도 못하고, 치기 어린 혈기를 부리면서! 거룩한 헬레스폰토스 해협을 노예처럼 밧줄로 묶어두려고 했소, 물의 흐름을, 보스포로스의 신성한 흐름을 막을 수 있다는 희망을 품었던 것이오, 물길의 리듬을 억지로 바꾸고, 망치로 벼린 족쇄를 물길에 채워 대군을 위한 대로를 만들었소. 인간인 주제에 모든 신을, 그리고 포세이돈을 힘으로 누를 수 있으리라 생각했던 것이오, 올바른 판단력을 잃고서. 정신이 병들지 않고서야 어찌 이런 일을 내 아들이 했겠소? 두렵구려. 내가 애써 쌓은 부(富)가 먼저 달려든, 누군지도 모를 놈의 먹이로 전락하지나 않을까 말이오." (744~752행)

분수를 모르고 자신의 몫 이상을 탐하거나 욕망하는 인간은 정의로운 신의 심판을 받게 된다는 생각이었다.

이것은 비록 아이스퀼로스 비극의 한 장면이지만, 단순히 작가 마음대로 '꾸며낸 이야기'만은 아니다. '역사의 아버지' 헤로도토스도 이런 생각을 자신의 『역사』 속에 담아냈다. 그는 모든 사람이 제 몫에 충실해야 하며, 그것이 정의라 생각했다. 그래서 제 몫을 넘어서 다른 이의 몫을 탐하는 것은 무례한 오만임을 실증하려고 했다. '많이 가진 자들이여, 더 많이 가지려고 약한 자들의 정당한 몫을 넘보지 마라.' 그는 페르시아의 패배를 이렇게 평가했다.

> "이 모든 것이 신에 의해 이루어졌다. 신은 페르시아의 힘이 헬라스인(=그리스인)들의 힘보다 훨씬 더 커지지 않고, 반대로 비슷하게 만들려고 했다."
>
> (『역사』 제8권 13번)

16

거부할 수 없는
운명의 힘

　모처럼 아침 햇살이 산뜻하다. 파란 하늘에 탐스러운 뭉게구름이 한 가롭게 흐르고, 커피 한 잔의 향기와 함께 노래 한 곡이 흐른다. "우리 만남은 우연이 아니야. 그것은 우리의 바람이었어. 잊기에는 너무한 나의 운명이었기에, 바랄 수는 없지만 영원을 태우리."(박신 작사, 최대석 작곡, 〈만남〉) 사람들은 '운명적인 만남'이라 말하곤 한다. 서로 다른 곳에서 태어나 제각각 다른 삶의 길을 걸어오던 사람들이 어느 날 어떤 상황 속에서 서로 만난다. 그 만남을 계기로 각별한 관계가 이루어졌을 때 사람들은 그것을 단순한 우연이라고 생각하지 않으려 한다. 그날 그곳에서, 지금 여기에서 우리가 만난 것을 어떻게 우연이라고 할 수 있을까? 우리의 만남은 운명으로 이미 정해져 있던 것이다. 설령 그때 우리가 그곳에서 만나지 않았더라도, 언제 어디에선가는 반드시 만나게 되어 있었을 것이다. 그렇게 굳게 믿게 된다.

상대방과 깊은 관계로 같이하고 싶은 경우에는 그 만남이 피할 수 없는 운명이기를 열렬히 갈망한다. 이것은 우연이 아니며, 우연일 수 없다. 우리는 만나게 되어 있었다. 그리고 이 만남이 누구도 풀어버릴 수 없는 운명이라면 헤어질 수 없게 되어 있다.

> "어느 날 당신과 내가 / 날과 씨로 만나서 / 하나의 꿈을 엮을 수만 있다면 / 우리들의 꿈이 만나 / 한 폭의 비단이 된다면 / 나는 기다리리, 추운 길목에서 / 오랜 침묵과 외로움 끝에 / 한 슬픔이 다른 슬픔에게 손을 주고 / 한 그리움이 다른 그리움의 / 그윽한 눈을 들여다볼 때 / 어느 겨울인들 / 우리들의 사랑을 춥게 하리 / 외롭고 긴 기다림 끝에 / 어느 날 당신과 내가 만나 / 하나의 꿈을 엮을 수만 있다면." (정희성, 「한 그리움이 다른 그리움에게」)

인간은 지난 삶의 여정 가운데 남겨진 기억을 시간의 흐름 속에 하나의 날실로 꼬아내는 능력을 갖추고 있다. 그리고 다른 사람들과의 만남과 사건들을 또 다른 씨실로 여겨 그것에 자신의 날실을 엮어 넣어 미래의 비단을 짠다. 그래서 지나온 모든 삶의 여정과 가야 할 미래에 대한 꿈을 앞뒤로 두리번거리며 그 운명적인 줄거리를 감탄하거나 탄식한다. 어떻게 이렇게 기막히게 살아왔을까? 다른 삶을 살 수는 없었을까? 이렇게 살아야만 했고, 이렇게 살 수밖에 없었을까? 마침내 죽는 그 순간 내가짜놓은 삶의 비단 전체를 바라보며 나는 무슨 생각을 하게 될까? 나는 이렇게 살 수밖에 없었다. 다른 길이 있었던 것 같지만 그것은 신기루였을 뿐, 결국 나는 이렇게 살게 되어 있었다. 그것이 나의 팔자며 피할 수 없는 운명이었다. 후회? "돌아보지 마라. 후회하지 마라.

아! 바보 같은 눈물, 보이지 마라. 사랑해, 사랑해, 너를, 너를 사랑해."

　운명이란 사람의 마음속에서 이렇게 짜이는 것은 아닐까? 고대 그리스인들은 '모이라(moira)' 또는 '모로스(moros)'라는 낱말로 운명을 표현했다. 이 낱말의 쓰임새를 살펴보자면, 예를 들어 여러 사람이 제비를 뽑아 땅을 나눌 때 뽑힌 제비에 따라 한 사람에게 나누어진 몫을 '모이라'라고 한다. 이 낱말은 분배된 땅에만 적용되는 것은 아니다. 아주 넓게는 한 사람에게 삶의 몫으로 정해진 생애 전체를 말하기도 한다. 어떤 사람이 70세에 죽었다면 그에게는 70년이라는 길이가 삶의 몫으로 주어진 모이라다. 그래서 모이라와 모로스는 죽음(thanatos)이라는 말과 함께 자주 등장한다. 죽음이란 주어진 삶의 몫의 마지막 매듭이기 때문이다(우리가 죽음에 대해 말할 때 '운명하다' '운명을 다하다'라는 말을 쓰는 것과 비슷하다). 더 나아가 단순하게 삶의 길이만을 뜻하는 것이 아니라, 삶의 길이를 채우며 행하고 겪는 각종 사건과 사람들의 관계를 모두 뜻하기도 한다.

　그런데 그리스인들은 한번 몫으로 정해진 것을 제멋대로 바꿀 수는 없다고 생각했다. 각자는 자기에게 할당된 몫을 자기 것으로 여겨야 하며, 자기 것을 소홀히 하거나 다른 사람의 것을 탐해서는 안 된다는 것이다. 제 몫을 넘어가면 끝내 다른 사람의 몫을 건드릴 수밖에 없게 되는데, 이런 일은 정의롭지 못한 일이다. 그래서 그리스인들은 정의(正義, dikaiosunē)란 '각자에게 합당한 제 몫을 주는 것'이라고 정의(定義, horos)했다. 자기에게 주어진 몫에 충실하거나 제 몫으로 정해진 역할과 기능을 잘 수행하는 것을 아레테(aretē), 곧 '훌륭함' '탁월함' '덕'으로 정의했다. 행복이란 인간이 인간으로서 아레테를 잘 발휘할 때,(아리스토텔레스, 『니코마코스 윤리학』 1100b7~10) 고쳐 말한다면 자기 모이라에 만족하며 충실할 때 생기는 것으로 생각했다. 그래서 제 몫의 기능과 역할과 능력을 잘 알고 이를 넘어서지 않으려는 절제의 지혜를 소프로시네(sōphrosunē)라 하여 뛰어난 정신능력의 하나로 존중했다. 소프로시네란 "저 자신의 것을 하며" 그 이상을 넘어서지 않는 절제를 뜻하며, 절제하기 위해 저 자신의 능력과 한계와 역할과 본분을 제대로 아는 "저 자신을 아는 것", 자기가 무엇을 모르며 무엇을 알고 있는가를 아는 것을 뜻한다.(플라톤, 『카르미데스』 161b, 165a, 169e~170e) 그래서 "너 자신을 알라"는 그리스의 전통적인 지혜는 운명과 짝을 이루며 윤리적인 지침으로 단단하게 선다.

반대로 '정해진 몫(moria, moros)을 넘어서는(huper) 행위(hupermoron, huper moiran)'는 정의를 벗어나는 불법이며 제 기능과 역할을 다하지 못하는 '못됨, 모자람(kakia)'이고, 자기 본분과 분수를 모르고 설쳐대는 '무례하고 거친 오만(hubris)'이다. 그리고 그 결과는 불행과 고통이다. 그래서 호메로스의 『오뒷세이아』에서 제우스는 인간들의 세상을 바라보며 이렇게 탄식했다. "인간들은 신들을 탓하곤 한다. 그들은 재앙이 우리에게 비롯된다고 하지만 사실은 그들 자신의 못된 짓으로 정해진 몫을 넘어선(hupermoron) 고통을 당하는 것이다."(1권 32~34행)

고대 그리스인들은 운명에 충실하게 따르며 사회 속에서 자기 본분을 다하고, 자기 자신을 알며 함부로 들이대지 않고 절제할 때 참된 행복에 이를 것으로 생각했다. 그 반대의 길을 갈 때는 불행이 온다고 믿었고 그렇게 믿도록 다짐하는 역사를 꾸려왔다.

고대 그리스인들의 윤리적 요청은 그들의 상상력에 의해 신화로 형상화되었다. 제우스는 테티스 여신과 결혼해 운명의 여신들, 즉 3명의 모이라 여신을 낳는다. 이들은 제우스에게 특권을 부여받아 인간들의 행복과 불행을 관장하며 운명을 쥐락펴락한다.(헤시오도스, 『신통기』 904~906행. 아폴로도로스, 『도서관』 3권 1행) 클로토는 인간 운명의 실을 잣고, 라케시스는 운명의 실을 감고, 아트로포스는 정해진 시간이 되면 운명의 실을 잘라버린다. 이들의 움직임은 신들조차 막을 수 없고, 간섭할 수 없다. 오히려 신들은 이들이 정해준 운명대로 인간이 살아갈 수 있도록, 정해진 몫을 넘어서지 못하도록 인간 세상에 끼어든다. 인간을 초월한 힘을 가진 신을 인간 운명의 집행자로 그린다. 인간은 결코 신이 집행하는 운명을 벗어날 수 없다는 신화를 일구어낸 것이다. 호메로스의 『일리아스』는 이와 같은 신화적인 짜임새를 잘 보여준다.

친구인 파트로클로스가 적의 우두머리인 헥토르에게 죽자 아킬레우스는 격렬한 분노에 휩싸여 전투에 참가한다. 그는 아이네이아스와 격돌한 이후(20권 75행) 23명의 트로이아 전사를 거침없이 처치하고 12명의 전사를 파트로클로스의 핏값으로 생포한다.(21권 26~28행) 그런데 여기에 강의 신인 스카만드로스가 개입하자,(21권 210~384행) 올림포스의 신들도 모두 뛰어들어 트로이아 전장에는 엄청난 혼전이 벌어진다.(21권 385~520행) 이러한 신들의 거대한 혼전은 아킬레우스가 "운명을 넘어(hupermoron) 성벽을 허물어 버리지 않을까 걱정하는"(20권 30행) 제우스의 허락에 따라 벌어진 것이었다.

여기에서 주목할 점은 제우스가 인간의 전쟁에 신들이 개입하도록 허용한 동기다. 그는 아킬레우스가 자신에게 정해진 운명을 넘어서지 못하게 하려고 신들의 참전을 허용했다. 이렇게 "운명을 넘어"라는 표현은 신들이 인간사에 개입하는 중요한 계기를 나타낼 때 사용된다. 2권에서 그리스 군사들이 집으로 돌아가자는 아가멤논의 말에 기뻐하며 우르르 몰려가 귀향 준비를 하자 헤라와 아테나 여신은 그리스 군사들이 "운명을 넘어서는 귀향"(2권 155행)을 감행할까 봐 이를 막기 위해 인간들 사이에 끼어든다. 아킬레우스가 전투에 참가하여 헥토르를 죽이던 날, 다나오스인들이 "운명을 넘어"(21권 517행) 트로이아를 점령할까봐 아폴론도 인간들 사이로 끼어든다. 아이네이아스가 아킬레우스와 맞서 죽음의 고비를 맞이할 때 포세이돈은 그에게 다가가 "운명을 넘어" 하데스의 집으로 들어가는 일이 없도록 싸우지 말고 물러서라고 조언한다. 파트로클로스의 참전으로 그리스인들이 "운명을 넘어"(16권 780행) 우세해지자 아폴론은 파트로클로스에게 치명적인 일격을 가한다.

이처럼 호메로스의 신들은 인간들이 자기 몫으로 주어진 운명을 뛰어넘지 못하게 하는 제어 장치로 움직이고 있다. 인간들에게 정해져 있는 운명을 제 몫대로 살아가도록 하려는 원칙에 따라 인간사에 개입한다. 신이라도 자기 멋대로 인간 개개인에게 정해진 운명을 뒤바꿀 수 없다. 만약 어떤 신이 그런 일을 하려고 하면 그렇게 할 수 없도록 다른 신들의 제지를 받는다. 예를 들어 사르페돈이 파트로클로스에게 죽게 될 순간에 제우스는 다른 신들에게 그를 구해주면 어떻겠냐고 물었고,(22권 175~176행) 헥토르가 아킬레우스에게 쫓기는 모습을 보자 가슴 아파하며 같은 제안을 한다.(16권 431~461행) 그러나 그의 제안은 헤라와 아테나에 의해 묵살된다. 신들은 인간들에게 정해진 운명의 수호자면서 집행자였다. 인간은 누구나 운명을 벗어날 수 없으며 벗어나려고 해서도 안 된다는 신화는 인간들을 통제하는 이데올로기적 장치로 작동했다.

더욱 강력하고 절대적인 힘을 가진 신이 인간의 정신세계 속에 주인으로 자리 잡으면, 인간은 그 절대적인 힘이 자기 삶을 예정해두었다고 믿게 된다. 그 믿음은 절대자의 뜻에서 한 치도 벗어날 수 없다는 무력감을 심어준다. 서구의 역사 속에서 탄생한 신화와 종교는 그렇게 인간을 규제해 왔다. 그리고 그러한 믿음을 조장하던 사람들이 있었다. 그런데 그 믿음을 관리하던 사람들은 스스로 그 믿음에 충실했을까, 아니면 다른 사람을 억압하고 지배하는 도구로만 이를 사용했을까? 중세 기독교의 이데올로기를 무너뜨리려 했던 근대의 종교개혁 신학자들, 신의 죽음을 외치며 새로운 도덕과 가치관을 모색했던 현대 철학자들, 그들의 노력은 이와 같은 맥락에서 제값을 따질 수 있을 것 같다.

오늘, 내가 이렇게 운명에 관해 글을 쓰는 것은 피할 수 없는 내 운명의 한 가닥인가, 아니면 나의 자발적인 선택의 결과인가?

17

"너 자신을 알라" 고?

　예수가 제자들에게 물었다. "사람의 아들인 나를 사람들은 누구라고 하느냐?" 제자들이 대답했다. 사람들은 당신을 인간과 신 사이에서 신의 뜻을 전달하는 '선지자 중의 하나'라고 말한다고. 그러나 베드로는 대답했다. "당신은 메시아며, 살아 계신 하나님의 아들이십니다." 예수는 제자들에게 왜 이런 질문을 던졌을까? 그가 신의 아들이라면, 그래서 모든 것을 다 아는 신 자체라면 그런 질문이 그에게 굳이 필요했을까? 만약 예수가 자신이 누구인지 정말로 궁금해서 그렇게 물었다면, 참으로 감동적이다. 왜냐하면 그것은 그가 신이면서 동시에 완벽하게 인간이라는 말이기 때문이다. 끊임없이 자신이 누구인지를 물으며 자신의 존재의미를 찾고 확인하며, 자신의 정체성에 대해 회의하고 좌절하며 또 희망을 찾는 것은 인간만이 갖는 고유한 특징이다.

　예수가 단순히 제자들의 믿음을 시험하려는 것이 아니었다면, 이 질문은 그가 인간 조건 속에서 자신의 정체성과 존재의미를 진지하게 묻고 있음을 환히 보여준다. 또한 예수가 십자가 위에서 고통과 죽음의 공포를 겪으며 "나의 하나님, 나의 하나님, 어찌하여 나를 버리십니까?"라고 부르짖을 수 있었던 것은 그가 철저하게 인간이었기 때문에 가능한 것이었다. 따라서 인간 조건은 신의 아들인 예수에게 곁들어진 가벼운 액세서리가 아니라, 절박하고도 묵직한 실존 조건이었다. 그 조건 속에서 자신이 비록 인간이지만 동시에 인간들을 위해 처절하게 찢겨야만 하는 신의 아들임을 분명하게 깨달았을 때, 곧 자신이 누구인지를 알았을 때, 예수는 인간인 자신을 포기하고 신의 아들로서 결단을 내릴 수 있었다.

이렇게 이해할 수 있는 예수의 질문과 결단은 옛 그리스의 지혜와도 잘 통한다. "너 자신을 알라." 그리스의 지리학자 파우사니아스(110~180년)는 이 말이 델포이의 아폴론 신전 입구에 새겨져 있었다고 전한다. 자기 주제와 분수를 알지 못하고 날뛰는 사람이 세상에 끼치는 폐해를 생각해보면 이 말에 담긴 지혜의 깊이와 가치를 잘 헤아릴 수 있다.

문제는 이 지혜를 실천할 수 있는 사람이 많지 않다는 데에서 생긴다. 그래서 이 지혜는 존경의 대상이 되면서도 동시에 치명적인 결과를 낳기도 한다. 소크라테스의 삶이 이 치명적인 역설을 잘 보여준다. 모든 사람이 아무것도 제대로 알지 못하면서도 뭔가를 안다고 착각하고 있을 때, 소크라테스는 자신이 아무것도 모른다는 사실을 잘 알고 있었다. 델포이 신전의 신탁은 소크라테스가 그래서 가장 지혜로운 사람이라고 평가했다. 그러나 그는 그 지혜 때문에 사람들의 미움을 샀고, 독배를 마셔야만 했다. 자신이 어떤 존재인지를 정확하게 알았고 다른 사람들에게도 그럴 것을 촉구했기 때문이었다.

따라서 이 지혜의 시금석을 지당하신 말씀으로 받아들이기에 앞서 던져 볼 만한 질문이 있다. '그대는 그대가 누구인지를 꼭 알아야만 하는가? 진정 그 앎의 결과를 감당할 수 있는가?'소포클레스의 비극은 이와 같은 질문을 던지며 우리에게 근본적인 성찰을 요구한다. 그 비극의 주인공이 바로 부은(oidi-) 발(pous)을 가진 사나이 '오이디푸스'다. 소포클레스가 쓴 비극『오이디푸스 왕』에서 그는 테베의 왕이다. 그런데 그는 테베가 아닌 코린토스의 왕자였다. 코린토스의 왕자였던 그가 왜 테베에서 왕 노릇을 할까? 이 질문에 대한 답을 찾아가다 보면, 오이디푸스가 자기 자신이 누구인지를 알기 위해 몸부림치며 살아온 기막힌 삶에 잇닿게 된다.

코린토스의 왕자였던 오이디푸스는 어느 날 술에 취한 한 사람으로부터 그가 코린토스 왕의 친자식이 아니라는 말을 듣는다. 이 말에 충격을 받은 그는 부모님을 찾아가 확인을 요구했다. 왕과 왕비는 헛소리니 마음 쓰지 말라고 했다. 하지만 오이디푸스는 이 말이 마음에 계속 걸렸고, 또 소문은 삽시간에 온 도성으로 퍼져나갔다. 마침내 그는 델포이에 있는 아폴론 신전을 찾아갔다. 그는 물었다. "전 도대체 누구입니까? 제 친부모는 누구입니까?" 그러나 신탁의 대답은 질문과 상관이 없었고, 뜬금없이 끔찍했다. "너는 너의 아버지를 죽이고, 너의 어머니와 몸을 섞을 것이다." 이전보다 훨씬 더 큰 충격에 휩싸인 오이디푸스는 신탁의 운명을 피해 코린토스로 돌아가지 않기로 마음먹는다.

마침내 그가 향한 곳은 테베였다. 그곳에서 그는 테베 사람들의 생명을 위협하던 스핑크스를 예지를 발휘해서 물리치고 테베 사람들의 구원자로 떠올랐다. 때마침 국왕이던 라이오스가 테베 외곽 지역에서 도적들에게 살해를 당한 뒤라 왕의 자리는 비어 있었다. 오이디푸스는 국민들의 성원에 힘입어 왕위에 올랐다. 라이오스의 아내였던 이오카스테는 자연스럽게 오이디푸스의 아내가 되었고, 그들 사이에서 네 자녀가 태어났다. 그러던 어느 날, 테베에 역병이 돌면서 사람들이 죽어갔다. 사람들은 오이디푸스에게 몰려와 스핑크스를 물리쳤던 것처럼 다시 한 번 테베를 구해 달라고 요청했다. 델포이 신전으로부터 오이디푸스에게 전해진 구원의 방법은 다음과 같았다. '라이오스 왕을 죽인 자가 들어와 테베를 더럽혔다. 따라서 그 살인자를 찾아내 처형을 하든가 도성에서 쫓아내야 테베는 깨끗하게 정화되고 역병에서 벗어날 수 있다.' 오이디푸스는 사명감과 자신감 넘치는 목소리로 이야기했다. "나는 그 살인자가 누구이든, 내가 권력과 왕좌를 차지하고 있는 이 땅에서 쫓아낼 것입니다……나는 이것을 위해, 마치 내 아버지의 일인 것처럼 싸워나가겠습니다. 살인자를 찾아 모든 곳을 수색하겠습니다."(『오이디푸스 왕』 236~266행)

그러나 그의 자신감은 파멸의 원인이 되었다. 그가 도시를 구하기 위해 살인범을 찾아가는 데에 몰입할수록, 그가 누구인지가 점점 드러났다. 사실 그는 테베로 들어오기 전에 한 노인과 시비가 붙어 싸우다가 그 노인을 죽인 일이 있었다. 그 노인이 바로 테베의 왕 라이오스였다. 라이오스를 죽이고 도시를 더럽힌 자가 바로 오이디푸스, 그 자신이었던 것이다. 그는 한때 테베의 구원자였고 지금은 테베의 왕이었지만, 알고 보니 테베를 더럽히고 역병을 몰고 온 고통의 원흉이었다. 그가 장담한 대로 도시를 정화하려면 그는 자기 자신을 처형하거나 추방해야만 했다. 더 끔찍한 일은 그가 죽인 라이오스가 자신의 아버지였으며, 따라서 지금 그가 결혼해서 살고 있는 왕비 이오카스테는 바로 자신의 어머니라는 사실이었다. 신탁은 그렇게 실현되었다.

참혹한 사실을 감지한 이오카스테는 오이디푸스를 말렸다. "신들께 맹세코, 그대 자신의 삶을 조금이라도 걱정한다면, 제발 그것을 추적하지 마세요. 난 충분히 고통을 겪고 있습니다.(1060~1061행) 아, 불행한 이여, 그대가 누구인지 결코 알지 못하기를!"(1068행) 이오카스테는 오싹했다. 그녀가 수십 년 전 오이디푸스를 임신했을 때, 그 아이가 아버지를 죽이고 어머니를 범할 것이라는 신탁을 받았다. 두려움에 사로잡힌 부부는 태어난 아이를 죽이기로 결심했다. 아이의 뒤꿈치를 쇠로 뚫고 끈으로 묶어 나무에 매달았다. 이오카스테는 아이가 죽었다고 굳게 믿고 있었다. 하지만 아이는 죽음의 순간에서 구해졌고, 코린토스 왕실에 건네졌다. 그의 발이 부은 이유, 그가 그래서 '오이디푸스'였던 이유가 여기에 있다.

이오카스테는 험악한 운명을 피하려고 아이에게 끔찍한 짓을 저질렀지만 저주스러운 운명을 피할 수 없었다. 그녀는 자신에게 내려졌던 신탁의 운명이 그대로 실현된 것을 알아차린 순간 극도의 치욕과 죄책감을 견디지 못하고 스스로 목숨을 끊었다. 오이디푸스 역시 참혹한 운명을 피하려고 코린토스의 부모를 떠났지만 결국 제 발로 친아버지를 찾아가 죽이고, 친어머니를 범한 꼴이 되었다. 그것을 알아차린 그는 자신의 눈을 파냈다. 두 사람은 자신이 무슨 짓을 하는지 전혀 알지 못한 채 저질러서는 안 될 일을 저질렀던 것이다. 끔찍한 운명을 피하려 했던 오이디푸스와 그의 어머니는 자신들이 누구인지를 정확하게 알게 된 순간, 파멸의 나락으로 한없이 곤두박질쳤다. "너 자신을 알라"는 지혜는 그들 모자에게는 너무나도 치명적이었다. 오이디푸스가 좀 더 빨리 자기 자신이 누구인지를 알았더라면 이런 끔찍한 운명에서 벗어날 수 있었을까?

인간은 진리를 추구하며 진리가 우리를 자유롭게 하리라 희망하며 살아간다. 또한 우리는 우리가 어떤 존재인지를 알기 위해 진지하게 노력한다. 그때 비로소 우리의 삶이 의미 있다고 믿기 때문이다. 그래서 철학은 언제나 매력적이다. 그러나 그리스 비극은 우리의 건전한 상식을 도발한다. 우리가 세상에 대한 진리와 우리의 존재의미를 알게 될 때, 우리는 전혀 예상하지 못했던 허무와 파멸의 끝없는 나락으로 추락하게 될지도 모른다고 말이다. 혹 우리가 무슨 짓을 저지르는지 제대로 알지 못한 채, 누군가를 고통스럽게 하며 죽음으로 몰아넣고 있는 것은 아니냐고.

18

오이디푸스는
영웅인가?

　아버지를 죽이고 어머니와 결혼할 것이라는 불행한 신탁을 타고난 남자 오이디푸스. 그는 태어나자마자 부모에게 버림받았다. 구사일생으로 살아난 그는 타향에서 자라나다 신탁을 듣고 운명을 피하고자 집을 떠났다. 운명이란 신이 인간에게 찍어놓은 낙인 같은 것. 인간인 한, 그것을 피할 수도 씻어낼 수도 없는 법이다. 하지만 오이디푸스는 운명에 굴복하지 않았다. 끔찍한 운명에서 벗어나기 위해 삶의 모든 것을 걸었다. 인간의 한계를 안고 살아갈 수밖에 없지만, 그 한계에 굴하지 않고 신의 영역에 도전하는 오이디푸스의 모습은 신의 경지를 갈망하며 불멸을 꿈꾸던 옛 그리스의 전형적인 영웅을 똑 닮았다.

　특히 그가 스핑크스를 물리치고 테베를 구했을 때, 그는 순식간에 영웅으로 떠올랐다. 매혹적인 여자의 얼굴에 사자의 몸통을 하고 새의 날개로 날아다니며 테베 시민들을 낚아채 잡아먹던 스핑크스를 물리친

117

것이다. 테베 시민들은 오이디푸스에게 열광했다. 당시 테베의 실권을 쥐고 있던 크레온은 선왕이었던 라이오스의 아내이며 자신의 누이인 이오카스테를 오이디푸스에게 아내로 주고 왕권도 함께 건넸다.(아폴로 도로스, 『신화집』) 오이디푸스는 신탁에 순응하지 않고 과감하게 운명과 싸웠으며, 마침내 테베의 왕이 되었다. 인생의 절정이었다.

그러나 그가 운명에 맞서 실천한 모든 도전은 놀랍게도 그를 신탁의 운명대로 한 치의 오차도 없이 살게 만들었다. 신탁을 피하고자 자기를 길러준 땅 코린토스를 벗어난 탓에 그는 자기를 낳아준 땅 테베로 돌아 갔다. 그 여정에서 그는 아버지인 줄도 모르고 라이오스 왕을 죽이고, 어머니인 줄도 모르고 이오카스테와 결혼했다. 그리고 두 아들과 두 딸을 낳았다. 하지만 아직은 세상 누구도 이 사실을 모르고 있었기 때문에 오이디푸스의 영광은 계속되었다.

그러나 신들은 친족살해와 근친상간의 죄를 가만두지 않았다. 호메로스는 오이디푸스의 이야기를 짤막하게 전해준다. 신들은 오이디푸스의 끔찍한 행동을 곧바로 인간들에게 알려주었고, 이오카스테는 슬픔을 이기지 못하고 스스로 목을 매달았다. 이로 인해 오이디푸스는 온갖 고통을 겪으며 살아야 했다. 하지만 그는 신들의 파괴적인 계획으로 인해 계속 테베를 다스려야 했다.(『오뒷세이아』 11권 271~280행) 모든 참상과 치명적인 과오에도 불구하고 테베 사람들은 오이디푸스에 대한 신뢰를 버리지 않았고, 그는 왕으로서 임무를 계속해나갔다.

하지만 비극작가 소포클레스는 『오이디푸스 왕』에서 전혀 다른 이야기를 지어냈다. 오이디푸스가 아무것도 모르고 테베의 왕 노릇을 하고 있을 때 갑자기 역병이 테베를 휩쓸었고, 수많은 사람이 죽었다. 사람들은 오이디푸스에게 구원을 요청했다. 예전에 스핑크스를 물리쳐서 국가를 위기에서 구했던 것처럼 다시 구원의 능력을 보여 달라는 것이었다. 도탄에 빠진 국민을 구하기 위해서는 선왕이었던 라이오스의 살해범을 찾아내 징계하고 추방해야 했다. 그 살해범이 테베 안에 들어와 도시를 더럽히고 있었다. 오이디푸스는 자신만만했다. 그는 범인을 반드시 찾아내 응징하겠다고 약속했다. 그런데 범인을 찾아 나가는 과정에서 라이오스를 죽인 범인은 다름 아닌 바로 오이디푸스 자신임이 밝혀졌다. 게다가 죽은 라이오스가 바로 자신의 아버지이며, 지금 함께 침실을 쓰는 이오카스테는 자신의 어머니임도 명백하게 드러났다. 끔찍한 신탁이 모두 이루어진 것이다.

여기까지라면, 오이디푸스는 과연 영웅일 수 있을까? 그럴 수도 있겠다. 그는 범인이 누구고, 자신이 누구인지를 밝혀나가는 과정에서 자신이 운명의 올가미에 갇혀 있다는 사실을 알아차렸다. 하지만 그는 진실을 피하지 않고 끝까지 당당하게 맞섰다. 모든 사실이 밝혀져 갈 때, 어머니 이오카스테는 더는 캐묻지 말라고 했지만 그는 멈추지 않고 진실과 파멸을 향해 거침없이 나아갔다. 모든 사실이 명백해지자, 그는 자신의 눈을 후볐다. 그리고 외쳤다.

> "그것은 바로 아폴론, 아폴론이오, 친구들이여, 내가 겪은 이 몹쓸, 내 몹쓸 일들을 이루신 이는. 하지만 지금 내 눈을 찌른 건, 바로 내 손이오, 다른 누구도 아닌 가련한 내가 한 것이오." 『오이디푸스 왕』 1329~1332행)

인간의 운명은 인간을 넘어선 신이 정한 것이다. 인간이 운명의 틀 안에 묶여 살 수밖에 없는 존재라면, 인간에게는 그의 운명에 대해 아무런 책임이 없다. 운명을 따라 사는 과정에서 자유로운 선택도 자발적인 행위도 없기 때문이다. 모든 것은 그렇게 살도록 운명을 짜놓은 신들의 탓이다. 그러니 오이디푸스에게 그가 저지른 모든 일에 책임이 있다고 할 수 있는가? 그는 책임을 물을 수 있을 만큼 자유로운 인간이었나? 그런데 운명의 족쇄에 묶여 있음을 깨달은 그 순간, 그는 무력하게 무너지는 대신 자유를 힘차게 외쳤다. 운명에 굴하지 않고 신의 초월적인 힘에 대고 자유를 외치는 단단한 모습이었다. 이것이 바로 오이디푸스가 보여준 영웅적인 모습이라 할 수 있지 않을까?

오이디푸스의 영웅성은 또 다른 측면에서 눈부시다. 그는 테베의 왕이었다. 도시를 더럽힌 라이오스의 살해범을 반드시 찾아내 벌을 내리고 나라 밖으로 내쫓아 도시를 깨끗하게 하겠노라고 선언했고, 국민과 약속했다. 그 약속을 이행해나가는 과정에서 오이디푸스는 자기가 라이오스 살해자이며, 도시를 더럽히고 국가를 재앙에 빠뜨린 원흉임을 알게 되었다. 따라서 그는 이제 국민과 한 약속을 지키기 위해서 철저히 파괴되어야만 했다. 국가의 재앙을 몰아내고 깨끗하게 하기 위해서는 자신을 징계하고 추방해야만 했다. 이와 같은 역설적인 상황 속에서 그는 국민과 한 약속을 저버리지 않았다. 자신의 눈을 후벼 파내며 철저히 파멸했다.

> "이와 같이 더러운 먼지를 내가 뒤집어쓰고도 어찌 내 눈으로 이 백성들을 똑바로 쳐다볼 수 있겠소?" (1384~1385행)

그는 영원한 어둠에 자신을 가둔 후, 나라 밖으로 추방시켜 영원히 떠돌게 하라고 요구했다. 국민과 한 약속을 지키기 위해 자기 파멸을 주저하지 않았다. 그는 국가의 안위를 위해 기꺼이 자신의 허물을 고백하며 그에 대해 당당히 책임을 지고 자기 처벌과 추방을 요구했던 지도자였다. 그의 영웅의 면모는 참혹하고 비극적인 상황 속에서도 꿋꿋이 빛났다. 만약 그가 권력에 연연했다면 적절한 시점에서 수사를 멈추고 모든 사실을 은폐했을 것이다. 연명을 위해 동정을 구걸했을 수도 있다. 그랬다면 도시는 더럽혀진 상태로 또 다른 재앙에 휩싸이고 말았을 것이다.

그런데 어쩌면, 그랬나 보다. 소포클레스는 『콜로노스의 오이디푸스』라는 작품에서 다소 비겁한 모습의 오이디푸스를 그렸다. 이 작품 속에서 그는 모든 사실이 밝혀지고 난 다음에도 계속 테베에 머물렀다. 그의 두 아들은 권력 계승의 문제를 놓고 다퉜고, 그 와중에 오이디푸스는 자식들의 손에 강제로 내쫓겼다. 두 아들은 마침내 외부 세력까지 끌어들여 전쟁을 벌이며 테베를 도탄에 빠뜨렸다. 오이디푸스는 그런 아들들에 대한 분노로 저주를 퍼붓는 고약한 노인네의 모습으로 나타난다. 에우리피데스의 『포이니케 여인들』이라는 작품에서도 오이디푸스는 무력한 노인으로 등장한다. 여기에서 오이디푸스는 그의 두 아들이 권력투쟁을 벌이다가 둘 다 죽을 때까지도 테베에서 구차하게 연명하다가 이오카스테가 자살한 후, 처남인 크레온에게 강제로 쫓겨난다. 그는 영웅이 아니라 비극적인 운명에 철저하게 짓밟힌 누추하고 딱한 늙은이였다.

어떤 모습이 진정한 오이디푸스의 모습일까? '실수는 인간다운 일

(errare est humanum).' 잘못을 저지르며 살 수밖에 없는 우리는, 오이디푸스의 어떤 모습으로 우리의 곡절 많은 삶을 대할 것인가를 물어야 하겠다.

19

이야기 짓는 솜씨에 관하여

– 아리스토텔레스의 『시학』에 대한 재해석 –

"고전이란 거의 모든 사람이 읽어야 한다고 말하면서도 거의 아무도 읽지 않는 책"이라는 말이 있다. 고전이 중요하다는 것은 알겠지만, 막상 책을 펴고 읽으려고 하면 잘 안 읽히기 때문에 생긴 말이다. 쉽게 안 읽히니 많은 사람들의 불평이 만만찮다. 실제로 고전은 고고하다 못해 오만한 느낌까지 준다.

왜 고전은 잘 읽히지 않을까? 무엇보다 고전이 우리가 사는 시간과 공간으로부터 멀리 떨어진 곳에서 생겨났기 때문이다. 우리와 멀리 떨어진 곳에서 역사의 먼 길을 뚝심 있게 걸어온 참 낯선 손님, 그것이 바로 고전이다. 그의 옷차림과 말투, 그가 품고 있는 모든 것을 오늘날 우리가 이해하기란 만만찮다. 그래서 "고전은 아무리 읽어도 제대로 이해하기 힘든 책"이라는 말도 생겼다.

우리가 '그'를 이해하려면 굽힐 줄 모르는 인내와 사랑이 필요하다.

지적인 상상력을 통해 '그때 거기(eo tempore et ibi)'와 '지금 여기(nunc et hic)' 사이를 넘나들 수 있어야 한다. 그렇게 우리가 갖은 정성을 다할 때, 고전은 고이 간직해 온 보석을 하나씩 조심스럽게 꺼내 반짝이는 의미를 드러내 보인다. 한 번 보면 충분한 책, 다시 볼 필요가 없는 책과는 달리 고전은 "오래된 책이면서도 읽을 때마다 새로운 책"이어서 평생을 두고 읽을 만한 값어치가 있다. 고전의 깊은 매력은 거기에 있다. 날마다 참신한 깨달음을 준다. 인생이 외로운 것은 평생을 같이하는 고전 한 권이 곁에 없기 때문일지도 모른다.

서양의 고전 가운데 아리스토텔레스의 『시학』은 참으로 읽기 까다로운 책 중에 하나다. 무엇보다 그것이 지금으로부터 2300여 년 전에 쓰인 것이기 때문에 읽기 어렵다. 아리스토텔레스가 살았을 '그때 거기'는 우리가 사는 '지금 여기'와 너무 멀리 떨어져 있는 낯선 세계다. 그 먼 거리를 건너 이곳으로 찾아온 아리스토텔레스의 『시학』은 그래서 참 낯선 손님이다. 그러나 그는 여기까지 오면서 서구 역사의 단계마다 새롭게 해석되었고, 그때마다 빛을 비추어 주었다. 로마의 서정시인 호라티우스는 『시학』을 통해 라틴문학의 창작 원리를 세웠고, 르네상스 시대의 이탈리아와 프랑스의 인문주의자들은 새로운 시대를 이끌어갈 희곡과 연극의 원리를 『시학』에서 찾았다. 신고전주의는 그렇게 탄생했다. 『시학』의 값은 현대에 들어와서도 깎이지 않는다. 이제는 서양에서는 물론이고 동양에서도 마찬가지다. 이제 그는 우리에게 '시학'이라는 번역된 이름으로 찾아왔다. 우리는 우리에게 '시'가 무엇인지도 알아야 하며, 그것과는 다른 '시'라는 이름으로 번역된 아리스토텔레스의 그것을 생생하게 만나야만 한다.

고전은 창작된 그 순간부터 바로 고전이 되는 것은 아니다. 시간이 흘러도 사람들이 계속 읽어주고, 재해석하고, 보전할 경우에만 고전은 서서히 고전이 된다. 따라서 하나의 텍스트를 고전으로 만드는 것은 작가 개인이라기보다는 작가의 손이 떠났어도 계속 그 책을 붙들고 있던 수많은 독자가 만든 우리네 역사 자체라고 할 수 있다. 같은 시대에 수많은 텍스트가 창작되었지만 그것들은 시간의 격류를 견디지 못하고 어디론가 휩쓸려 떠내려가 사람들의 기억에서 사라져버렸다. 역사의 선택을 받은 텍스트, 그것이 바로 고전이다. 『시학』은 그렇게 고전이 된 책이다. 그래서 『시학』을 친구로 맞이하려면 깊은 인내와 남다른 사랑이 필요하다.

『시학』의 속내를 읽어내야 하는데, 그게 만만치 않다. 여러 가지 이유가 있겠지만 '시학'이라는 말로 번역된 제목이 우리에게 만들어 놓은 편견이 크게 작용한다. '시학(詩學)'이라면 '시(詩)'에 대한 '학(學)'이니 책의 주제는 분명히 시일 것이다. 그렇지 않으면 그게 어디 시학이겠는가? 우리에게 시는 시인의 안과 바깥에 있는 대상이나 사건에 대한 시인의 감흥과 상상, 생각을 운율이 충만한 음악적인 언어로 (그렇지만 음악과는 또 다른 언어로) 표현한 것이다. 그래서 '서정시'야말로 시 중의 시다. 그런데 그런 생각을 가지고 『시학』을 본다면 정말 이상한 책이구나 싶다. 왜냐하면 『시학』 속에는 '그런 시'가 전혀 없기 때문이다. 시가 없는 시학, 그것이 아리스토텔레스의 『시학』이다. 붕어빵에 붕어가 들어 있지 않으면서도 붕어빵인 이유는 붕어의 모양을 가지고 있기 때문인데, 시가 없는 '시학'이 어떻게 『시학』일까? 그것은 바로 아리스토텔레스가 우리가 생각하는 시와는 아주 다른 것을 시라고 부르기 때문이다. 그가

말하는 시가 무엇인지를 알게 될 때 우리는 비로소 『시학』이 왜 '시학'인
지를 알게 된다. (또는 '시학'이라는 이름을 버릴지도 모른다.)

『시학』은 이렇게 시작한다. "포이에티케 그 자체와 그것의 종류에 관
하여……논의하도록 하자."(1447a8~13) 여기서 '포이에티케'란 '짓다'
'만들다'라는 동사 '포이에인(poiein)'에서 나온 '짓는(또는 만드는, poie-)'
'솜씨', 또는 '기술(-tike)'을 뜻한다. 기왕 말이 나왔으니 같은 가족에 속
하는 몇 개의 낱말을 더 꼽아보자. '포이에(poie-)'에 '시스(-sis)'가 붙으
면 없던 것을 생겨나게 하는 '짓는 작업'을 뜻하며 '포이에(poie-)'에 '테
스(-tes)'가 붙으면 '짓는 사람'을 뜻한다. '포이에(poie-)'에 '마(-ma)'가 붙
으면 '지어낸 것' '만들어진 것', '제품' 또는 '작품'을 뜻한다. 서구에서
이 낱말은 문학의 영역으로 그대로 옮겨간다. 영어 단어의 예를 보자.
'시인'을 뜻하는 단어는 'poet(=포이에테스)'이며 '시작(詩作)' '시가(詩歌)'
를 뜻하는 말은 'poesy(=포이에시스)'다. '시'를 뜻하는 말은 'poem(=포이
에마)'이며 '시학' 또는 '시작술(詩作術)'을 뜻하는 말은 'poetics(=포이에티
케)'다.

그러나 아리스토텔레스의 시대에 이 낱말은 시나 문학의 영역에만 국
한되지 않고 거의 모든 영역에 두루 사용되었다. 집짓기를 예로 들어보
자. 집을 짓는 기술인 건축술은 집을 '짓는 기술'이었기 때문에 '포이에
티케'라고 했다. 집을 짓는 건축가는 집을 '짓는 이'였기 때문에 '포이에
테스'이며, 집을 짓는 행위는 하나의 '포이에시스'다. 완성된 집은 건축
가가 지어낸 '포이에마'다. 이 낱말의 모둠은 구두와 옷과 가방, 수레와
배에도 고스란히 적용된다.

포이에티케는 심지어 건강을 '만들어내는' 의사의 솜씨와 정의로운

사회를 '만들어내는' 정치가의 행동에도 적용된다. 의술과 정치술도 이전에는 없던 무엇인가를 만들어내는 작업이나 기술과 관련되어 있기 때문이다. 고대 그리스에서는 누군가가 건축술에 관해 책을 쓰고 '포이에티케에 관하여'라는 제목을 붙일 수 있었다. '짓는 솜씨에 관하여'라고 번역될 테니까. 아리스토텔레스의 『시학』이 바로 '포이에티케에 관하여'라는 제목의 책이었다. 무엇인가를 만들어내는 제작 기술, 세상에 없던 것을 있게끔 무엇인가를 짓는 솜씨에 관한 책이었기 때문이다.

그렇다면 『시학』 속의 포이에티케는 무엇을 짓는 기술인가? '시학'이라는 번역을 선택한다면 말할 것도 없이 시를 짓는 기술이다. 그러나 아리스토텔레스에게 우리가 '시(詩)'라고 번역하는 '포이에마'는 우리가 생각하는 '시'에 국한되지 않는다. 앞에서도 잠깐 설명했듯이, 기술자에 의해 만들어진 '작품'이라는 넓은 의미도 있었다. 하이데거는 언어를 '존재의 집'이라 했다. 어쩌면 시(詩)란 언어(言)로 짓는 집, 경건하고 신성한 사원(寺)과도 같은 것이라 하겠다. 시인은 한 채의 집, 하나의 사원을 짓듯이 시를 짓는다. 여기서 우리는 유쾌한 말놀이를 한판 벌일 수 있다. 건축가는 집을 짓는 시인(포이에테스)이다. 멋진 집은 건축가의 시(포이에마)다. 더 나아가, 인간을 위해 무언가를 만들어내는 일은 시를 짓는 일이다. 어떤 이는 시를 짓듯 구두를 만든다. 옷을 만드는 일, 배를 만드는 일, 의술을 이용해 건강을 창조하는 일도 모두 한 편의 시를 짓는 것과 같다. 아침마다 구수한 밥 짓는 냄새가 잠을 깨운다면, 어머니의 손길은 시인의 것과 다르지 않다. 시를 짓듯 정의를 구현하는 아름다운 정치도 가능하며, 누구나 시인 같은 정치가를 꿈꿀 수 있다. 우리가 삶의 현장 속에서 실천하는 모든 창조와 제작의 작업은 하나의 시작

(詩作) 활동과 다를 바 없기 때문이다.

'시인'이 '시인'이려면 뭔가를 만들어야 하는데 두말할 것도 없이 그것은 '시'다. 그런데 아리스토텔레스에 따르면 시인은 바로 '이야기(muthos)'를 지어야 한단다. 그래서 그는 "짓기가 아름다워지려면 이야기(muthos)를 어떻게 구성해야 하는지"(1447a9~10)를 논한다. 이 책에서 아리스토텔레스에게 짓는다는 것은 바로 이야기를 구성하는 일이다. 시가 시려면 이야기가 있어야 하며 "시인(poietes)이란 이야기(muthos)를 짓는 사람(poietes)이어야만 한다."(1451b27~28) 그러니 자기의 애틋한 사연과 감정을 아름답고 정갈한 운율 속에 담아 진실하게 노래하는 사람은 진정한 뜻에서 시인이 아니다. 감정을 진솔하게 고백할 뿐, 없던 이야기를 지어내는 일이 없기 때문이다. 아리스토텔레스 가라사대, '시'란 이야기가 들어 있는 음악적인 언어의 구조물이어야 한다. '지금 여기' 우리가 '시 중의 시'라 여기는 서정시가 '그때 거기' '시학'의 주제가 되지 못하는 이유는 바로 여기에 있다. 서정시에는 지어낸 이야기가 들어 있지 않기 때문이다. 그래서 아리스토텔레스는 이야기가 진하게 깃들어 있는 비극과 희극과 서사시를 진정한 '시'라고 생각했다. 지금 우리에게 『시학』은 시에 대한 논의라기보다는 서사시와 연극, 오페라와 뮤지컬, 영화와 소설 등과 같이 이야기가 있는 예술적 창작물에 관한 논의에 더 가깝게 느껴진다.

이쯤에서 나는 『시학』에서 '시학'이라는 번역을 버리고 싶어진다. 원초적인 의미를 고스란히 살려서 '짓기'라고 하고 싶다. '짓기', 말글로 이야기를 짓는 솜씨에 관한 책이니까. 그리고 아주 커다란 물음을 던져 본다. 왜 수많은 '짓기' 가운데 '이야기 짓기'를 그냥 '짓기'라고 부른 것일까? 왜 '말의 짓는 힘'에 주목하고 작가들의 '이야기 짓기 솜씨'를 철학적 반성의 전면에 내세운 것일까?

또 하나 수수께끼 같은 말이 있다. "서사시와 비극 짓기, 희극과 디튀람보스 짓는 기술, 아울로스 기술과 키타르 기술의 대부분은 전체적으로 볼 때 모두 다 미메시스다."(1447a13~16) 창작 기술이라 할 수 있는 포이에티케의 여러 가지 종류가 다 함께 묶여 미메시스라 정의된다는 말이다. 미메시스란 일종의 모방(imitation)이요, 흉내 혹은 재현(representation)이라 할 수 있다. 이 말대로라면 창작(포이에티케)과 모방(재현/미메시스) 사이의 대립은 무너진다. 그런데 우리는 흔히 '모방'하지 말고 '창조'해야 한다고 말하지 않는가? 우리에게 창조와 모방은 대립하는 두 항으로 서 있다. 그런데 아리스토텔레스는 창작 기술(포이에티케)이란 결국 모방과 흉내의 기술 혹은 재현의 솜씨라고 한다. 어떻게 그럴 수 있을까? "무에서는 아무것도 나올 수 없으며(ex nihilo nihil)" 따라서 새로운 것을 만들어내는 진정한 의미의 창작은 있을 수 없다는 말인가? 이 수수께끼에 『시학』과 예술적 창작에 대한 서구적 전통의 큰 줄기가 담고 있는 비밀이 있다. 우리가 어렵다고 투덜대지 않고 인내와 사랑으로 『시학』을 읽을 때, 그 낯선 손님은 우리에게 비밀스러운 보석의 섬광을 비춰 보여줄 것이다.

20

미메시스,
예술의 본질인가?

통일신라 시대에 활동한 것으로 알려진 화가 솔거는 어찌나 그림을 잘 그렸던지, 황룡사 벽에 늙은 소나무를 그렸는데 새가 날아와 부딪혔다고 한다. 새들까지 감쪽같이 속이는 그의 그림 솜씨는 최고의 수준이라고 해도 지나친 말은 아니다. 이와 비슷한 이야기가 고대 그리스에서도 전해져 오고 있다. 솔거가 살던 때보다 약 1200년 전(기원전 약 5세기경), 아테네에 제욱시스라는 화가가 있었다. 어느 날 그는 포도송이를 바구니에 담아 운반하는 소년을 그렸는데, 그 포도송이가 얼마나 진짜 같았던지 날아가던 새들이 달려들었다고 한다. 이를 보고 제욱시스는 이렇게 말했다고 한다. "안타깝군. 내가 좀 더 잘 그렸더라면 새들이 날아들지 않았을 텐데." 말의 뜻인즉, 자기가 새들을 속일 만큼 포도는 잘 그렸지만 포도를 운반하던 소년은 잘 그리지 못했기 때문에 새들이 겁도 없이 달려들었다는 것이다. 이쯤 되면 그도 최고의 화가로 꼽을 만

하겠다.

　하지만 그보다 한 수 위의 화가가 있었다. 그가 바로 파라시오스였다. 그는 제욱시스와 그림 경쟁을 벌였는데, 참새의 죽음으로 한껏 우쭐해진 제욱시스가 파라시오스에게 "이젠 그대의 그림을 보여줄 차례네." 라며 파라시오스의 그림을 가리고 있던 베일을 걷으려고 했다. 그 순간 제욱시스는 깜짝 놀랐다. 그가 걷으려고 했던 베일이 바로 파라시오스의 그림이었기 때문이었다. 제욱시스는 자신의 패배를 인정하며 말했다. "나는 새를 속였지만, 파라시오스는 나 제욱시스를 속였구나!"(플리니우스, 『박물지(Naturalis Historia)』)

　화가의 손놀림을 따라 형태가 그려지고 색이 입혀지면서 세상의 한 조각이 화폭 위로 옮겨 오는 일은 신비롭다. 이를 두고 고대 그리스 사람들은 '미메시스(mimēsis)'라 했다. 이를 우리말로는 흔히 '모방(模倣)'이라 새기고, 서구에서는 '이미테이션(imitation)'이라고 번역한다. 화폭 위에 그려진 포도는 화폭 바깥의 포도를 흉내 내고 모방한 이미테이션이며, 미메시스의 결과다. 화폭 위의 포도는 아무리 진짜같이 보여도 끝내 가짜 포도일 수밖에 없다. 아무리 맛있어 보여도 먹을 수는 없으니! 미메시스란 진짜를 원본(原本)으로 삼아 진짜처럼 보이는 가짜를 만들어내는 일이라고 정의할 수 있다. 따라서 미메시스의 성공 여부는 가짜를 얼마나 진짜처럼 만들어내느냐에 달려 있다. 거기에는 일종의 속임수가 들어가야만 한다. 황룡사 벽화 속의 소나무가 애꿎은 새들을 속이듯, 진짜같이 그려진 제욱시스의 가짜 포도가 새들을 속이듯, 뛰어난 미메시스는 일종의 감쪽같은 사기 행각이다. 그림뿐만이 아니다. 조각도, 음악도, 시도, 모든 예술은 실재의 대상과 현실을 가상의 공간 속으로 옮겨놓는 미메시스일 수밖에 없고, 그때 예술은 착각과 혼동을 일으키는 절묘한 속임수의 기술이 된다.

탐스럽고 투명한 청포도가 은빛 쟁반 위에 있다. 그리고 화가는 옆에서 그 청포도를 보면서 그림을 그린다. 어쩜 저렇게 진짜 청포도와 똑같이 그릴 수 있을까 싶게 그 화가는 '완전' 잘 그린다. 그런데 이를 아주 못마땅하게 보고 있는 사람이 있으니, 바로 플라톤이다. 그에게는 화폭 바깥에서 화가의 시선을 끌어당기는 쟁반 위의 포도조차 '진짜 포도'가 아니기 때문이다. 현실 속의 포도, 그것은 이상적인 '진짜 포도'를 절묘하게 흉내 내고 있는, '포도'라고 불리는 어떤 것일 뿐이다. 그것은 시간과 공간 안에서 변질될 수밖에 없는 물질을 덧입고서 시간과 공간을 초월해 순수하고 절대적인 포도의 형상을 모방하고 있는 가짜다. 즉 진정한 원본(paradeigma), 순수한 형상(eidos)인 이데아(idea)의 교묘한 모본(eidōlon)일 뿐이다. '포도'이기를 열망하나 끝끝내 '포도'일 수 없는 포도의 '짝퉁'이다. 우리가 보고 먹는 포도는 진짜가 아니요, 진짜를 흉내 낸 짝퉁일진대, 그것을 다시 모방한다면 그것은 무엇이겠는가? 화가가 그림을 그리는 것은 진짜 포도를 흉내 낸 포도의 어설픈 짝퉁을 또다시 흉내 내고 있는 꼴이다.

플라톤이 생각하기에 포도에는 세 등급이 있다. '절대' 포도 '그 자체', 곧 포도의 참모습만 담고 있는 포도의 '이데아'가 최상급이다. 그 포도는 순수하고 완벽하다. 그 포도의 이데아에 물질을 덧입혀 우리가 사는 시공간 속에다 모방하는 '현상의 포도'는 그다음 등급이다. 우리가 먹는 포도라 불리는 그것이 바로 현상의 포도다. 마지막으로 현상의 포도를 눈으로 보고 느낀 대로 화폭 위에 그린 '그림 포도'가 가장 등급이

떨어진다. 플라톤에 따르면 인간이 삶을 통해 꼭 해야 할 일이 있다면 그것은 자신의 영혼을 육체의 간섭으로부터 자유롭게 하고 감각의 간섭에서 벗어나 오로지 이성을 통해 존재하는 모든 것들의 참모습, 본질의 이데아를 탐구하는 것이다. 이때 철학자는 이데아의 탐구를 통해 인간의 영혼을 순수하게 정화하는 일을 돕지만, 화가는 한갓 현상의 모방을 통해 사람들을 현혹하고 그들의 영혼을 이데아로부터 더욱더 멀리 떨어뜨린다. 그래서 꼼짝없이 사기 행각이다. 현상의 포도에 현혹되어서도 안 될 일인데, 하물며 그림의 포도에 현혹되다니. 플라톤은 이런 일이 벌어지는 것을 그대로 보고만 있을 수는 없었던 모양이다. 그래서 『국가』라는 대화편에서 그는 서슬이 퍼레서는 그림과 조각을 포함한 예술적 미메시스를 모두 추방해야 한다고 주장한다.(595a, 605b) 어디에서? 그가 그리고 있는 이상적인 국가(polis)에서.

참된(alēthes) 포도에서 두 단계나 떨어져 있는 '포도의 그림'을 그리는 모방자(mimētēs)는 사실 자신이 모방하는 것이 진정 무엇인지도 모르고 있다.(601a~b) 그러나 그는 자신이 보고 있는 현상 세계 속의 감각적인 대상들을 진짜라고 믿고 있으며, 자신이 그것들을 '진짜처럼' 모방했다고 과시하고자 한다. 그러므로 그는 참된 것을 제대로 알 수 없고, 안다 해도 사람들에게 제대로 보여줄 수가 없다. 플라톤은 단정한다. 참된 것은 따로 있다. 감각에 와 닿는 대상은 참된 것이 아니다. 감각적인 현상은 진실의 허깨비요 허상이다. 따라서 예술적인 미메시스란 진실의 허깨비의 허깨비, 허상의 허상을 만들어내는 질 떨어진 조작 행위에 지나지 않는다. 기껏해야 "심각함이라곤 전혀 없는 어린애 장난 같은 것이다."(602b) 플라톤은 화가들뿐만 아니라 시인과 이야기 작가들까지도 자신의 이상 국가에서 몰아내야 하는 추방자 명단에 올린다.

> "모방을 일삼는 시인(=작가)은 각 사람의 영혼 안에 잘못된 국가를 만들어 넣고 있다고 말할 수 있습니다. 더 작은 것들과 더 큰 것들을 구분하지 못하고, 똑같은 것을 두고도 어떤 때는 크다고, 어떤 때는 작다고 생각할 만큼 판단력이 모자란 영혼의 부분을 홀리면서 말입니다. 자기 자신도 참된 것한테서 완전히 떨어져 있으며, 허망하게 허깨비를 만들고 있습니다." (『국가』 605b~c)

플라톤의 국가에서 쫓겨난 예술가들을 인도주의적 국가처럼 따뜻하게 받아들이는 것은 아리스토텔레스의 국가다. (『정치학』 8권, 『시학』 4권) 아리스토텔레스는 자기의 스승이었던 플라톤과는 달리 미메시스의 가치를 높이 샀다.

> "미메시스를 한다는 것은, 그리고 미메시스 된 것에서 기쁨을 느낀다는 것은 모든 인간들에게 어린 시절부터 나타나는 타고난 본성입니다. 인간들이 가장 미메시스를 잘하고, 미메시스를 통해 처음 학습을 시작한다는 사실에서 인간들은 동물들과 구별됩니다." (『시학』 1448b4~9)

미메시스는 단순히 진리를 왜곡하는 속임수라고만 할 수 없다. 어린 아이들은 어른들의 말을 따라 하면서 말을 배우기 시작한다. 인사하는 법도, 숟가락질도, 젓가락질도 다 어른들이 하는 것을 흉내 내면서 익힌다. 난생처음 하는 것이니 모방과 흉내가 완벽할 리 없지만, 그것이 흠이 되지는 않는다. 오히려 학습에 도움이 된다. 이처럼 미메시스는 인간이 세상을 배워나가는 인간 고유의 학습 방법이다. 미메시스에 대한 아리스토텔레스의 긍정적인 시각은 이러한 일상적인 수준에서 곧이어 예술의 지평으로 옮겨간다.

그림이란 주어진 대상과 얼마나 비슷하냐는 기준으로만 평가되는 것일까? 그것만은 아닌 것 같다는 생각에서 아리스토텔레스는 플라톤에게 맞서고 갈라서기 시작한다. 그는 화가가 그림을 그린다는 것이 그릴 대상'으로부터(apo-)' 무언가를 끌어내 '형상화 하는(eikazontes)' 것이라고 표현한다.(1447a19) 무언가를 끌어낸다는 것은 그것을 제외한 나머지 무언가는 버린다는 것을 뜻한다. 따지고 보면 미메시스는 일종의 선별과 선택의 작업이다. 어차피 원상과 모상, 실재와 작품 사이에는 차이와 거리가 있다. 플라톤처럼 그것을 부정적으로 바라볼 때 미메시스는 왜곡과 속임수라는 혐의를 피할 수 없지만, 그 차이와 거리를 긍정적으로 보면 그것은 대상에 있는 군더더기를 덜어내고 알짜만 보여주는 일종의 필터 구실을 하는 것으로 인정할 수 있다. 예술적인 미메시스란 바로 그 차이와 거리의 필터를 이용해 무언가를 걸러내 버리고 특정한 무언가를 뽑아내 화폭 위에 응집시키는 정제와 정화의 작업이다. 그렇다면 화가(더 나아가 작가와 예술가)는 도대체 무엇을 취사선택하는 것일까?

화가는 대상으로부터 '그것을 그것이게 만드는 것', 즉 대상의 본질을 뽑아내 화폭 위로 끌어온다. 그리고 대상의 본질에 우연히 덧붙여진 부수적인 요인들을 걸러내고 제거한다. 대상의 가장 본질적인 것, 가장 핵심적인 것, 가장 필연적인 것, 가장 인상적이고 강렬한 것, 미메시스는 그것을 뽑아내 사람들 앞에 버젓이 드러낸다. 이때 미메시스는 모방이나 이미테이션의 의미를 넘어선다. 시간과 공간의 틀 안에서 끊임없이 일렁이며 변화하기에 가려진 대상의 순수한 형상을 포착하고 화폭 위로 가져와 '다시(re-)' '현재화(present)' '시켜 보여주기(-ation)'라는 뜻을 갖는 '재현(再現)', 즉 '리프레젠테이션(representation)'이 된다. 아리스토텔레스는 실제 대상과 그림 사이의 거리를 왜곡의 원인으로 보지 않는다. 미메시스를 왜곡과 속임수로 여기지 않는다. 그는 미메시스의 원리 속에서 예술적 모방과 재현의 본질을 밝힌다.

> "우리는 실제로 보면 고통스러운 것들이라도 그것들을 정확하게 드러낸 그림(eikón)들을 바라볼 때는 즐거움을 느낍니다. 가령 아주 끔찍한 짐승이나 송장의 모습(morphē)과 같은 것 말입니다. 그 이유는 이렇습니다. 배우는 것은 앎을 사랑하는 사람(곧 철학자, philosophos)뿐 아니라 다른 모든 사람에게도 가장 즐거운 일이기 때문입니다. 심지어 배움이 짧은 사람들에게도 그것은 마찬가지입니다. 바로 이것 때문에 사람들은 그림을 보면서 즐거움을 느끼는데, 그 이유는 그 그림을 바라볼 때 그들에게 각 대상이 무엇인지에 대한 배움과 추론이 생기기 때문입니다. 예를 들면 '저것은 바로 그것이로구나!'라고 알아보는 것처럼 말입니다." (1448b9~17)

그림을 바라보는 사람은 그림 자체에 머무르지 않고 그림을 추론해(sullogizesthai) 대상 자체로 건너간다. 대상과 그림의 어떤 동일성을 파악하는 순간, 그는 그림이 보여주는 것을 통해 대상의 본질을 배운다. 따라서 그림을 보는 사람은 미학의 시각적이며 감각적인 즐거움 이외에도 무언가 중요한 것을 배우는 인식론의 즐거움을 누리게 된다.

존재하는 모든 것에는 변하지 않는 본질이 있다는 믿음은 예술의 본질을 미메시스로 정의하는 서구다운 전통으로 이어져 왔다. 그것이 모방이든 재현이든, 미메시스는 대상의 본질을 드러내는 작업으로만 값어치가 매겨질 수 있었다. 그런데 만약 모든 존재하는 것에 변하지 않는 본질 따위는 없다는 믿음이 생긴다면, 미메시스의 서구다운 전통은 해체되고 예술적 창작을 위한 재구축의 길을 모색해야만 하는 것일까?

21

분석과 종합의
시학적 원리

해가 '뜨는 곳(oriens)'을 '동쪽(orientalis)'이라 하고, 해가 '지는 곳
(occidens)'을 '서쪽(occidentalis)'이라 한다. 그런데 지구 어디에든 해가 지
는 곳이 있고 뜨는 곳이 있기 마련이기에, 동쪽과 서쪽의 구분은 보는
사람이 어디에 서 있느냐에 따라 '상대적'이다. 서울에서 해가 뜨고 지
는 것을 본다면 뉴욕은 동쪽에 있고, 파리는 서쪽에 있다. 하지만 파리
에서 본다면 서울은 동쪽이고 뉴욕은 서쪽이 된다. 그런데 누군가 태평
양에 금을 긋고 지구를 평면으로 쭉 폈다. 서울은 이제 '절대적으로' 동
쪽에 있게 되었다. 그것도 동쪽 끄트머리인 '극동(極東)'이다. 반대로 유
럽과 북아메리카는 하나로 묶여 '서구(西歐)' 또는 '서양(西洋)'이라 불리
게 되었다. 이와 같은 구별은 대개 전 세계적인 상식으로 통한다. 그런
데 과연 그 상식은 정당하고 적절한 것인가?

예로부터 서양과 동양 사이에는 여러 가지 측면에서 접촉이 끊임없이

있었지만, 그럼에도 불구하고 서로 구별되는 문명권이 형성되었다는 것도 어느 정도 사실로 받아들여진다. 17~18세기를 기점으로 동양과 서양 사이에는 거대한 충돌이 있었고, 세계는 현재에 이르러서도 하나의 문명권으로 통합되어 가는 과정이 아닌가 싶을 정도로 왕성하게 교류하며 섞이고 있지만, 여전히 두 문명권 사이에는 건너기 힘든 큰 골이 있는 것 같다. 두 문명권 사이에는 어떤 차이가 있을까?

여기에 소와 닭과 풀이 그려진 그림이 있다 하자. 셋 중 서로 관련이 있는 것 두 개를 골라 묶어보라고 한다면 여러분은 어떻게 묶을 것인가? 서양의 심리학자 리처드 니스벳의 보고에 따르면 발달심리학자 치우리앙황이 미국과 중국의 어린이들을 대상으로 실험했는데, 신기하게도 실험에 참가한 대다수의 미국 어린이들은 소와 닭을 묶었고, 대다수의 중국 어린이들은 소와 풀을 묶었다고 한다. 니스벳은 이 실험을 응용해 중국과 타이완, 미국의 대학생들에게 판다와 원숭이, 바나나를 제시했고 거의 똑같은 결과를 얻었다고 한다. 동양인들은 원숭이와 바나나를, 서양인들은 판다와 원숭이를 묶었다. 그는 이 실험의 결론을 다음과 같이 내렸다. 동양인들에게는 대상들 사이의 '관계'가 중요하지만 서양인들에게는 개체의 '특성'이 더 중요하다는 것이다. 동양인들은 소가 풀을 먹는다는 '관계'에 주목하지만 서양인들은 소와 닭이 동물이라는 '특성'에 주목해 대상을 범주화한다는 이야기다. 이 결론이 옳다면 여러분은 소와 풀을 묶었을 것이다. 그렇지 않고 만약 소와 닭을 묶었다면, 여러분은 은연중에 서구적인 사고에 젖어 있는 셈이다.

이 결론이 옳은가에 대해서는 논란이 있을 수 있겠지만 일단 이것을 놓고 이야기해보자. 이 실험이 말하는 동양과 서양의 차이는 거칠겠지만 '종합'과 '분석'이라는 틀로 설명할 수 있다. 흔히 동양다운 사고는 종합을 겨냥하며, 서양다운 사고는 분석을 추구한다고 하기 때문이다. 종합을 겨냥하는 동양다운 사고에서는 부분이나 개체보다는 전체가 더 중요하며, 부분과 개체끼리 서로 맺고 있는 관계를 밝히는 일이 먼저라고 한다. 개체의 속성도 결국 개체 사이에서 맺어진 관계를 통해야 제대로 밝혀진다고 생각한다. 반면 분석을 추구하는 서양다운 사고에서는 전체보다는 개체와 요소가 더 중요하며, 개체 사이의 관계보다는 개체의 고유한 본질과 특성을 밝히는 일이 더 먼저라고 생각한다. 개체의 본질과 특성이 먼저 밝혀져야 최종적으로 개체 간의 관계를 제대로 설명할 수 있다는 말이다. 충과 효, 화합과 단결 등 개인 사이의 관계에서 미덕이 강조되는 동양과 개인의 가치와 인권의 값을 높이 사는 서양의 사고방식을 설명하려 할 때, 분석적 사고와 종합적 사고라는 틀은 들어맞는 구석이 있다.

하지만 분석과 종합을 대비하며 두 문명권의 차이를 부각시켜 동양에는 분석이 없고 서양에는 종합이 없다고 서둘러 마무리 짓는 것은 큰 잘못이다. 분석과 종합은 언제 어디에서나 서로 맞물려야만 하는 짝패이기 때문이다. 다만 두 가지 작업 가운데 어디에 무게 중심을 두느냐에 따라 서양과 동양의 차이가 나타난 게 아닌가 싶다. 주어진 대상을 쪼개기보다는 하나의 전체로 보며, 다른 대상들과의 관계를 밝힘으로 더 큰 전체의 모습을 포착하려는 사고방식이 동양의 종합적인 사고방식이라면, 서양의 분석적인 사고방식은 주어진 대상을 쪼개 근본적인 요소를 밝히는 데에 더 집중한다. 따라서 동양의 분석이란 전체를 파악한 후에 개체로 되돌아오는 작업인 반면, 서양의 종합은 쪼개놓은 개체를 다시 추슬러 모아 새로운 전체를 창출하는 데에서 그 특징을 이룬다고 볼 수 있다.

분석에 초점을 맞추는 서양다운 사고방식을 이렇게 설명하면 어떨까? 서양다운 사유에서 '분석(analysis)'을 말 그대로 풀면 하나의 전체가 '주어졌을(data)' 때 그것을 이루는 부분들과 요소들로 '거슬러 올라가(ana-)' 하나하나 '풀어주는 일(lysis)'이다. 소금물이 주어졌을 때 그것을 소금(NaCl)과 물(H2O)로 나누고 소금을 다시 나트륨(Na)과 염소(Cl)로, 물을 수소(H)와 산소(O)로 나눈다면, 그리고 소금물을 그것을 구성하는 성분들로 설명하려 한다면 이것이 바로 분석일 것이다. 분석은 아무리 많은 소금물도, 어느 곳에 있는 소금물도 모두 몇 개의 기본 요소들로 환원한다. 복잡한 현상을 몇 개의 요소들로 환원해 이해하고 설명하는 분석은 새로운 전체를 창출해 내는 종합의 힘을 뒷받침한다. '종합(synthesis)'이란 분석된 요소들을 분석된 비율에 맞추어 '함께(syn-)' '놓는 일(thesis)'을 말한다. 수소와 산소를 함께 놓고 정해진 비율에 따라 결합하면 여지없이 물이 나온다. 마찬가지로 염소와 나트륨을 결합하면 소금이 나온다. 이렇듯 분석 작업은 결합과 종합이라는 창조적 힘의 원천을 이룬다.

서양에서 과학이 발전하게 된 데에는 분석에 의한 종합의 원리가 크게 작용했다고 볼 수 있다. 주어진 현상을 정교하게 분석하고, 이를 몇 개의 무리로 모둠 지으며, 각각을 하나의 울타리에 묶는다. 그것은 하나의 원리와 법칙의 형식으로 공식화되며, 계속해서 일어나는 현상들을 일관되게 이해하고 설명하는 틀로 쓰인다. 그뿐만 아니라 필요한 경우에는 똑같거나 엇비슷한 현상들을 원하는 만큼 새롭게 만들어낼 수 있다. 분석이 다양한 현상들의 근본적인 '비밀 코드'를 풀어주기 때문이다. 그 비밀 코드는 '자연 속에서 이루어지는 일들(physica)' '너머(meta)'에서 현상을 간섭하고 현상을 주도하는 '형이상학적(metaphysica)' 원리이며, '필연적인(necessarium)' 법칙일 뿐만 아니라 동일한 현상을 마음껏 창출하는 '기술적인(technologica)' 힘의 원천이 된다. 서양인들은 자연과학과 기술과학의 힘을 바탕으로 자연을 개발하고 정복해 나가기 시작했으며, 서양이라는 지리적인 울타리를 훌쩍 넘어 세계 곳곳으로 쭉쭉 뻗어 나갔다. 다른 문명권과 전면적으로 부딪히며 물리적인 승리를 거두었고, 부와 권력을 다져나갔다. 그리고 지금도 자신들의 시스템에 맞게 다른 문명권들을 편성해 나가려고 한다. '세계화(globalization)'란 그런 맥락에서 이루어지는 '서구화(occidentalization)' 현상의 다른 이름일지도 모른다.

분석을 통해 종합에 이르는 지성의 작업이 결국 새로운 현상을 창출한다는 원리는 과학의 영역에만 국한되지 않는다. 분석과 종합의 원리는 수천 년의 인간 역사를 몇 권의 책 속에 정리하는 역사가의 작업에서도 그 힘을 발휘한다. 주어진 각종 사료(data)들을 쪼개고 갈라 역사를 몇 개의 부분과 요소들로 환원시키고, 그것을 굵은 얼개로 삼아 필요한 사실들을 뽑아내 '함께 놓고(sunthesis)' 짜 맞춘다. 그 재구성의 종합을 통해 역사를 요약하고, 그것으로 역사의 흐름을 이해하고 설명하며 앞으로 이어질 역사의 밑그림을 그린다. 그 밑그림은 역사의 법칙이라는 이름에 맞닿는다. 흘러온 역사에 대한 설명을 통해 역사의 법칙이 설득력을 갖는다면, 미래 역사에 대한 밑그림은 구속력과 강제력을 가지고 인간 행동을 촉발하고 통제할 수 있게 된다.

서양에서는 이미 오래전부터 문학 작품의 창작에서도 이와 같은 재구성과 종합의 원리가 의식적이고 체계적으로 적용되었다. '문학 작품을 만드는 일(poiēsis)'이란 일종의 '재현이나 모방(mimēsis)'이라고 보았던 아리스토텔레스는 역사가(historikos)와 '시인(poiētēs=작가, 짓는 이)'의 일을 분명하게 구분하며 다음과 같이 말했다.

> "실제 일어난 일들을 말하는 것, 그것은 시인(=작가)의 할 일이 아니라, 오히려 일어날 수 있는 일들을, 즉 개연성이나 필연성에 따라 있을 수 있는 일들을 말하는 것이 시인의 할 일이라는 사실은 분명합니다. 사실 역사가와 시인은 운율에 담아 말하느냐, 운율 없이 말하느냐라는 관점에서 구별되는 것이 아닙니다. (왜냐하면 역사가인 헤로도토스의 글을 운율로 담아낼 수는 있겠지만, 그것이 운율을 갖고 있어도 운율을 갖고 있지 않은 경우보다 역사 기술에서 더 벗어난 것은 아니기 때문입니다.) 오히려 그들이 구별되는 것은, 한 사람(=역사가)은 '일어난 일들'을 말하고, 다른 사람(=작가, 시인)은 '일어날 수 있는 일들'을 말한다는 점에서입니다. 이런 까닭에 시(=작품, 이야기)를 짓는 일은 역사를 기술하는 일보다 더 철학적이며, 더 진지합니다."

(『시학』 1451a36~b6)

한마디로 역사가는 일어난 사실에 대한 있는 그대로의 기술(記述, description)에 전념하는 반면 시인(=작가)은 개연성과 필연성의 연속성 속에서 일어날 법한 일들을 재구성하고 이야기를 짓는다는 점에서 구별된다는 지적이다.

"역사 기술에서는 반드시 하나의 행위만을 보여줄 필요가 없습니다. 그 대신 하나의 시간을, 바로 그 시간에 한 사람 또는 여러 사람을 둘러싸고 함께 일어난 모든 일을 분명하게 보여주기만 하면 됩니다. 그런데 그 일들이란 하나하나가 서로에 대해 마치 우연히 그렇게 일어난 것 같습니다. 마치 살라미스에서 벌어진 해전과 시켈리아(=시칠리아)에서 벌어진 카르케돈(=카르타고) 사람들의 전투가 같은 시간대에 일어나긴 했지만, 어떤 동일한 결말을 향해 함께 나아가지 않았던 것처럼, 그렇게 시간의 연속 선상에서 종종 한 사건이 다른 사건에 이어 일어나지만, 그것들로부터 어떤 하나의 결말도 생겨나지 않는 경우가 있습니다." (1459a21~29)

이런 까닭에 『일리아스』를 지은 호메로스는 신기의 경지에 이른 작가로 칭송된다. 트로이아 전쟁은 처음과 끝을 가진 전쟁이지만, 그는 그 전체를 작품(poiêma)에 담아 이야기를 지어내려고 시도하지 않았다. 그는 전쟁의 한 부분을 떼어내 취하고, 그것을 중심으로 다른 많은 사건을 삽화로 이용해 기가 막히게 재구성했다. 이를 두고 로마의 시인 호라티우스는 찬사를 아끼지 않았다. 호메로스가 '사건의 한가운데로(in medias res)' 들어가 '연기에서 불꽃을' 피워 올려 끝내주는 볼거리를 그려 낸다는 것이다.(일명 호라티우스의 『시학』으로 불리는 『피소 부자(父子)에게 보내는 편지』 136~150행) 이와 같은 창작의 원리에는 '하나의 행위(praxis)'를 '그려내기(mimêsis)' 위해 '숱한 사건들(pragmata)'을 놓고 취사선택하는 작업과 함께 선택된 사건들을 개연성과 필연성에 따라 원인과 결과의 관계 속에 '함께(sun-) 놓고(thesis) 짜 맞추는 종합과 결합(sunthesis)'의 작업이 고갱이를 이룬다. 아리스토텔레스의 『시학』에 따르면 '짓는 일(poiêsis)'

이란 행위를 '모방하고 재현하는 일(mimēsis)'이며, 행위의 모방과 재현이란 사건들을 '종합하는 일(sunthesis)'이자 '이야기(muthos)'를 짓는 일이기 때문이다.

'주어진 것(data)'을 쪼개어 분석하고 최소의 요소로 환원한 후, 이를 재구성하는 종합의 작업은 서양의 문예 창작은 물론 철학과 과학, 역사 등 거의 모든 지적인 작업의 영역에 걸쳐 포착되는 중요한 특징이다. 그렇다면 이쯤에서 여러분은 물을 수 있겠다. 서양다운 사고방식의 특징을 몇 개의 요소로 분석하며 재구성하는 글을 쓰고 있는 '나'는 서구적인 사고방식에 깊이 빠져 있는 것이 아니냐고. 아니, 이런 작업이 어떻게 아리스토텔레스와 서양인들만의 방식이겠냐고.

22

카타르시스, 깨끗케 하는 '시학'

한 여자가 있다. 어느 날 그녀 앞에 한 남자가 나타났다. 그 남자를 처음 보았을 때, 그녀의 가슴속에서는 사랑의 불길이 타올랐다. 그녀는 아버지와 조국을 배신하고 남자를 따라나섰고, 아버지의 추격을 늦추기 위해 남동생을 토막 내 죽이기까지 했다. 그런데 그 남자, 실컷 그녀를 이용하여 얻을 것 다 얻은 후에 그녀를 배신한다. 아이도 둘이나 있는데 다른 여자와 결혼하겠단다. 여자의 사랑은 불타는 증오로 바뀐다. 그런데 그녀는 복수의 칼을 갈아 그 칼을 남자에게 겨누지 않고, 놀랍게도 자기 아이들을 죽이는 데에 사용한다. 남자에게 가장 소중한 것을 없애 가장 큰 고통을 주는 것이 그 남자를 그냥 싱겁게 죽이는 것보다 훨씬 좋은 복수라고 생각했기 때문이다. 격렬하고 맹목적인 사랑과 악랄한 배신, 그리고 끔찍한 복수. 이것은 그리스의 비극 작가 에우리피데스와 로마의 철학자 세네카의 『메데이아』의 내용이다.

한 남자가 있다. 그는 고향을 떠나 길을 가다가 한 남자와 시비가 붙어 싸우게 되었고, 그 남자를 죽이고 만다. 그리고 그는 길을 계속 가다가 한 나라의 근심거리를 해결함으로써 그 나라의 왕이 되었고, 미망인으로 있던 왕비와 결혼한다. 지혜롭고 용기 있는 남자는 나라를 잘 다스렸고, 왕비는 남자의 아이들을 낳았다. 그런데 왕비가 낳은 아이들은, 알고 보니 남자의 아이들인 동시에 누이요 형제였다. 왕비가 다름 아닌 그 남자의 어머니였기 때문이다. 그리고 그 남자가 예전에 죽였던 남자는 다름 아닌 왕비의 전남편, 즉 남자의 아버지였다. 아버지를 죽이고 어머니를 취한, 경악스럽고 추악하기까지 한 이 사건의 주인공은 바로 오이디푸스다. 그리스의 비극 작가 소포클레스와 로마의 철학자 세네카는 그를 자신들의 비극 작품 속에 담아냈다.

고대 그리스와 로마의 비극들은 이런 사람들로 가득 차 있다. 그들이 겪어야 했던 사건들은 참으로 참담하다. 그리고 그런 운명에 짓눌린 이들은 한없는 연민을 일으킨다. 그런데 왜 그들의 이야기는 고전의 이름으로 계속 읽혔으며, 지금까지도 우리에게 전해져 오고 있는 것일까? 이 이야기들은 우리에게 무엇을 가르쳐주고 있는가?

고전이란 현재를 이해하고 미래를 전망할 때 돌아보게 되는 과거의 본보기요, 전범(典範)이라 한다. 고전에는 사람들이 꼭 배워야 할 무언가가 담겨있기 때문이다. 고전은 역사를 통해 검증된 대단한 스승이라는 말이다. 고전의 다른 이름 '클래식(classic)'은 라틴어 '클라시스(classis)'라는 말에서 왔다. 원래 뜻은 일정한 기준에 따라 함께 묶일 수 있는 '모둠' '동아리' '계급' '계층'이었다. 로마의 계급은 귀족, 기사, 평민, 노예 등으로 나뉘었다. 모든 계급이 다 제각기 고유한 하나의 클라시스를 이루었다. 이 가운데 가장 폼 나고 멋들어진 계급은 귀족 계급이었다. 귀족은 그러니까, 나도 저렇게 되었으면 하고 모두 선망하며 꿈꾸는 계급 중의 계급이었다. 귀족은 권력과 부를 통해 여유롭고 우아하고 세련된 삶을 누리며 기품을 풍길 수 있었던 으뜸 계급이었다. 그러니 귀족의 행동과 말, 예법과 옷매무새 등의 삶의 양식(modus vivendi)은 계급을 가리지 않고 모두 따르고자 하는 본보기요 모범이었다. 그래서 '클라시스'하면 단순하게 계급 일반을 말하는 데서 그치지 않고 으뜸 계급인 귀족 계급을 가리키는 말이 되었고, '클라시스답다(classicus)' 즉 '클래식(classic)하다'는 말은 귀족적인 모든 것을 가리키는 말이 되었다.

영화 가운데 클래식한 것, 그것은 귀족이 모든 계급의 전범이었듯 다른 모든 영화가 부러워하는 귀족 같은 존재요 모범이며, 이상적인 원형을 가리킨다. 이렇듯 '고전'하면 각 분야에서 가장 훌륭한 무엇인가를 담고 있는 그야말로 그 분야의 최고 귀족이요, 배우고 따를 바를 갖춘 스승쯤 되는 것을 가리키는 이상적인 사례를 말하게 되었다. 특별히 각종 장르의 문헌 가운데 다른 모든 문헌이 본보기로 삼는 문헌은 그냥 '클래식', 즉 '고전'이라고 불리게 되었다. 그러니 고전은 어렵더라도 꼭 읽어야만 한다. 적어도 그렇게들 믿고 있으며, 교양인이라면 누구든 고전이라는 이름표가 붙은 책을 아직 안 읽은 것에 대해 어느 정도는 창피해 한다. 사실 고전을 전혀 읽지 않고 어떻게 교양인이라고 자처할 수 있겠는가? "아직 플라톤의 『국가』를 읽지 않았다고?" "『논어』 그거 말은 무지하게 많이 들어봤지만 실제로 읽어본 적이 없다고?" 이런 말에 끄떡도 하지 않을 수 있는 사람은 그리 많지 않다. 거기에는 인류 정신의 고상한 보물이 담겨 있기 때문이다. 그런 보물을 누려본 적이 없다면, 돈 좀 있고 권력을 부리고 있어도 없어 보이는 건 사실이다.

꼭 읽어야 하는 고전의 반열에서 절대 안 빠지는 것 가운데 하나가 바로 그리스 비극 작품이다. 그런데 거기에는 닮고 싶은 요소, 내 것이었으면 싶은 본보기가 될 만한 것이 있는가? 끔찍하고 잔인해서 공포를 일으키며, 기껏해야 연민을 줄 뿐인 엽기적인 이야기들. 거기에서 배울 것이 뭐 있나? 귀족들이 주인공으로 등장하긴 하지만 그들의 말이나 행동, 삶의 방식을 닮고 싶다는 마음은 전혀 들지 않는다. 그런데 왜 그것이 우리가 꼭 읽어야만 하는 고전이란 말인가?

한 여자가 있다. 그녀는 한 남자와 결혼해 신혼의 단꿈을 꾸고 있었다. 그런데 남편의 사촌이 남편을 죽이고 자기를 취했다. 그녀가 그 새로운 남자와 애틋한 사랑을 나눌 수 있을까? 그녀는 두 번째 남편에게서 딸 셋과 아들 하나를 낳는다. 막강한 권력을 쥐고 있던 남편은 자신의 공적인 역할에 책임을 다한다는 이유로 가정을 남겨두고 대규모 군사원정의 총사령관이 되어 집을 떠나더니, 급기야 첫째 딸을 죽음으로 몰아넣는다. 그 남편에 대해 여러분은 어떤 마음을 갖게 될까? 그 남자를 미워하고 살의를 느낄 만큼 증오하는 마음이 조금이라도, 잠시라도, 단 한 번이라도 있었다면, 적어도 그 순간만큼 여러분은 그녀다. 그녀와 다르지 않다.

그녀가 바로 클뤼타임네스트라이고 그녀의 남편은 아가멤논이다. 세상에서 가장 아름다운 여인으로 손꼽히던 헬레네는 바로 그녀의 여동생이었다. 헬레네는 스파르타의 왕 메넬라오스와 결혼한 상태였으나, 트로이아의 왕자 파리스와 열렬한 사랑에 빠져 집을 떠나 트로이아로 갔다. 이 사건으로 인해 그리스 연합군이 소집되었고, 대규모 원정이 계획되었다. 이 전쟁에서 그리스 군대의 총지휘권을 쥐게 된 사람이 바로 아가멤논이었다. 그런데 클뤼타임네스트라는 얼마 후 충격적인 소식을 듣게 되었다. 남편이 그리스 함대의 출항을 위해 큰딸 이피게네이아를 아르테미스 여신에게 제물로 바쳤다는 것이었다. 첫 남편을 죽인 그 남자가 이제는 사랑하는 첫째 딸까지 죽인 것이다. 그녀는 그런 남자를 남편으로서 진정 사랑할 수 있을까? 이때 한 남자가 다가와 홀로 남아 슬픔과 배신으로 치를 떨고 있는 그녀를 유혹한다. 그녀가 그 달콤한 유혹을 견딜 수 있었을까? 견딜 수 없다. 아니, 견딜 마음이 없었을 것이다. 그런 생각을 한다면 여러분 속에는 그녀가 있다. 남편에 대한 반감과 증오, 살의와 배신감으로 얼룩져 다른 남자의 유혹에 마음을 열어야 하며 열 수 있다고 생각한다면, 여러분은 다름 아닌 곧 그녀다.

호메로스의 『오뒷세이아』는 아가멤논이 떠난 후 남편을 기다리던 클뤼타임네스트라에게 유혹의 손길을 뻗었던 한 남자를 소개한다.(3권 254~275행) 그의 이름은 아이기스토스. 그런데, 그녀에 대한 그의 사랑은 순수한 것이었을까? 그는 아가멤논에게 미케네의 권력을 빼앗기고 추방되었던 자다. 게다가 아가멤논은 자기 아버지까지 죽였던 자다. 아가멤논이 트로이아 원정을 떠났을 때, 아가멤논에게 원한을 품고 권력 찬탈을 노리고 있던 그는 미케네로 돌아와 아가멤논의 아내 클뤼타임네스트라를 유혹한 것이다. 우리는 다시 질문을 던져볼 수 있다. 거기에 화답한 그녀의 행위는 과연 사랑이었을까? 그리스 3대 비극 작가의 작품 속에서 클뤼타임네스트라는 순진한 여인으로 그려지지 않는다. 강인하고 단호한 모습의 왕녀로 그려진다. 그녀의 표독스러움은 근본적으로 그녀의 사랑에 뭔가 수상한 속셈이 깔려 있음을 보여준다. 그녀는 아가멤논에게 복수하기 위해 복수의 조력자로 아이기스토스를 선택한 것일지도 모른다. 아가멤논이 트로이아 전쟁을 승리로 이끌고 미케네로 돌아오던 날, 클뤼타임네스트라는 아이기스토스의 도움을 받아 아가멤논을 도끼로 내리쳐 죽인다. 큰딸 이피게네이아를 죽음으로 몰아넣고 보란 듯이 다른 여자 카산드라를 끼고 돌아온 아가멤논을 응징하기 위해서였다.

여러분에게 사랑의 아픔과 배신감을 준 사람이 있는데, 감히 실행에 옮기지는 못했지만 클뤼타임네스트라가 가졌던 그런 비슷한 슬픔과 원망과 복수심으로 강렬한 살의를 느낀 적이 있다면, 여러분의 가슴 속에는 바로 그 클뤼타임네스트라가 거칠게 숨 쉬고 있는 것이다. 여러분은 잠재된 클뤼타임네스트라다. 말없이 고이 보내드리오리다? 어쩌면 그런 점잖음은 이성적인 절제니 소심한 비겁함이니 하는 것들이 격정적인 그녀를 여러분 안에서 질식하게 만든 결과일지 모르겠다. 그러나 그리스의 비극 작가 아이스퀼로스는 『아가멤논』이라는 작품을 통해 여러분 안에 감추어져 있던 고통스러운 심경을 클뤼타임네스트라의 이름으로 작품 안에서 해방하려 한다. 작품 속의 그녀는 여러분의 복잡한 심경의 본질을, 여러 다른 요소들에 의해 억압되고 흐릿하게 가려져 있는 솔직한 욕망의 실재를 고스란히 드러내고 있다. 모든 인간 안에 보편성으로 자리하고 있는 삶의 비극적 본질의 정수(精髓)를, 오로지 그것만을 추려내어 온전하고 깨끗하게 보여주고 있다.

클뤼타임네스트라의 비극은 그녀만의 비극이 아니라 그녀를 이해하는 모든 여성과 그런 여성들 곁에 있는 모든 남성의 비극이다. 그리스 비극은 인간 본성 안에 엄연히 잠재된 격정의 본질을 가장 극단적인 사건 속에서 숨김없이 드러냄으로 인간의 정체를 한껏 성찰할 수 있도록 해준다. 인간이란 어떤 존재인가? 나는 무엇인가? 그리스 비극 작가는 작품이라는 가상의 공간 속에서 인간 본성의 실체를 탐구한다. 비극은 우리에게 우리가 어떤 존재가 되어야 하는지를 도덕적인 측면에서 규범적으로 가르쳐주는 것이 아니라, 우리가 어떤 존재인지를 실존적으로 깨닫게 해준다. 숨겨진 나를 새롭게 발견하게 해주는 것이다. 오래된 청동 거울을 닦아 비추듯, 그리스 비극을 읽으며 나를 비출 수 있는 이유가 거기에 있다.

아리스토텔레스는 말한다.

> "비극이란 진지하며 완결된 일정한 크기를 가진 행위의 모방(mimēsis)입니다. 여러 종류 속에서 각 부분에 맞게 양념된 언어를 사용합니다. 서술을 통해서가 아니라 행동하는 사람들을 통해 이루어집니다. 연민과 공포를 통해 그런 종류의 격정적인 것들을 깨끗게 합니다." (『시학』 1449b24~28)

문제는 카타르시스다. 그는 비극을 하나의 카타르시스로 파악하고 있다. 그것은 여기저기 너부러져 있는 사건들을 개연성(eikos)이나 필연성(anankē)에 따라 지저분한 군더더기 하나 없이 치밀하게 잘 짜인 이야기(muthos)로 구성(sunthesis)하여 연민과 공포를 일으키는 하나의 완결된 행위로, 깨끗하게(katharsis) 재현(mimēsis)해내는 창작의 작업(poiētikē, poiēsis)이다. 이는 삶의 본질을 복잡한 실제에서 떼어내 가상의 공간 속에서 훤히 드러날 수 있도록 옮겨놓는 일종의 은유(metaphora)가 된다. 다시 말해 비극은 삶의 은유로서 삶의 본질을 해독할 수 있게 형상화하는 창작이요, 모방인 짓기(poiēma)다. 부수적이고 우연적인 모든 요소를 걸러 내고, 가장 치열하고 격렬한 극단적인 행위 속에서 인간의 비극적 본질을 순수하고 강렬하게 드러내는 카타르시스와 깨끗하게 하는 시학의 구현, 그것이 바로 그리스 비극이기 때문이다. 그리스 비극은 그렇게 인간의 본질이 무엇인지를 극한의 상황까지 밀고 나가 선명하고 깨끗하게 보여줌으로써 잊히지 않고 버려지지 않는, 역사를 뚫고 길이 남는 고전이 되었다.

23

언어의 전이, 상상력의 표상, 메타포라

"언어는 존재의 집이다." 하이데거가 한 말이다. 뜻이 가득 담긴 말을 제대로 엮어내기만 하면, 그 말은 그냥 말에 그치지 않는다. 언어는 집처럼 세워져 사실과 세계를 담아낸다. 그때 존재는 언어라는 집 속에 깃든다. 그래서 어떤 말을 듣거나 써 놓은 글을 읽는다는 것은 언어라는 집을 보며 그 속에 깃들어 있는 존재의 모습을 만나는 것을 뜻한다. 아무것도 담아낼 수 없는 말, 존재의 집이 아닌 비어있는 말, 그것은 말이 아닌 말이다. 헛소리, 빈말이다.

"언어는 세계의 그림이다." 비트겐슈타인이 한 말이다. 각 낱말은 세계의 조각들을 가리키고, 모든 낱말의 묶임은 존재의 조각들이 이루어내는 모자이크와 맞대응함으로써 세계를 그려낸다는 말이다. "아침 햇살 눈 부신데, 할머니 한 분이 손수레를 밀며 오르막길을 올라간다." 여러분은 이 글을 읽으면서 낱말의 순서를 따라 그림을 그릴 것이다. 아침 풍경을, 맑고 푸른 하늘에 빛나는 태양을, 그 산뜻한 풍경 속에 느닷없어 보이는 늙은 여인 하나를, 그녀가 힘을 모아 수레를 미는 모습을, 그녀 앞에 하필이면 가파른 언덕길이 드러누워 있는 모습을 말이다. 그렇게 언어는 하나의 그림과 같이 작동한다. 말과 글은 발신자가 마주 대한 현장을 떠나서도 그 말과 글을 읽는 사람의 마음속에 최초의 현장을 떠오르게 할 수 있다.

그런데 언어가 그림이며 집이라는 말은 그 자체로 정말 기발한 '은유'다. 존재의 집이란 존재를 담아내되 크기와 모양에 따라 꼭 맞는 것은 아니라는 사실을 느끼게 해준다. 세계의 그림이란 세계를 그려내되 거울이나 사진처럼 고스란히 비추지는 않는다는 뜻이다. 포도를 정말 포도처럼 그린 그림만이 그림은 아닌 것처럼 말이다. 역동하는 시간의 흐름 속에서 끊임없이 변화하는 순간의 색채를 길어내어 형태를 압도했던 인상파 화가인 세잔이나 모네, 마네가 포도를 그려도 그 그림은 손색없는 포도 그림이 될 것이다. 그렇다면 색채를 존중하기보다는 다양한 각도 속에서 포착되는 서로 다른 형태들을 하나의 평면 속에 켜켜이 담아내는 데 힘을 쏟았던 입체파 화가들, 브라크와 피카소는 포도를 어떻게 그릴까? 일상적인 형태와 색조를 완전히 걸러내고 추상화해 재구성한 몬드리안이나 칸딘스키는? 몽상적이고 환각적인 현상을 객관적이고 사실적으로 그려내며 현실의 참된 의미가 무엇인지를 근본적으로 물었던 달리나 마그리트는? 그들은 세계를 그렸으나 전혀 새롭게 그렸다. 그들이 그린 세계는 그 어떤 방식으로든, 그 어떤 시각에서든 우리가 사는 세계와 닮아있다. 동시에 그것은 세계를 보는 일상적이고 평범한 방식에서 벗어나 있는 세계의 또 다른 측면이다. 세계와 닮았으면서도 벗어나 있어 세계와는 다르고 '틀린' 그림이다. 언어가 세계에 대해 딱 그렇다고 말할 수 있겠다.

언어가 존재의 집이며 세계의 그림으로서 효력을 갖기 위해서는 의사소통이라는 실증(實證)을 거쳐야 한다. 말하는 사람과 듣는 사람이 말을 통해 서로를 이해할 수 있다면, 두 사람 사이에서 사용된 언어는 사실을 제대로 담아내고 그려낸 것으로 증명되기에 실정법과 같은 셈이다. 언어의 실정성(實定性). 언어는 사람들 사이에서 의사소통을 이루어내는 실정법적인 힘을 어떻게 확보할 수 있을까?

> "언어 표현(lexis)의 미덕(aretê)은 명확함에 있다고 정의해 둡시다. 말(logos)
> 이란 분명하지 않다면 저 자신의 할 일을 할 수 없다는 사실이 그 증거입니
> 다." (아리스토텔레스, 『수사학』 III, 2, 1404b1-3)

언어가 의사소통이라는 제 기능을 하기 위해서는 무엇보다도 명확해야 한다. 무슨 뜻인지, 무엇을 가리키는지를 정확하게 있는 그대로 오해의 소지가 없게 알려주어야 한다는 말이다. 그림으로 말한다면 대상을 또렷하게 그려주는 사진 같은 그림, 사실주의 기법에 충실한 그림이라 하겠다. 무슨 말인지 도통 알 수 없는 말을 지껄인다면 의사소통을 할 수 있겠는가?

그런데 말의 명확성은 의사소통을 위한 '생' 기초일 뿐이다. 인간들 사이에서 이루어지는 의사소통이 단순히 사실의 전달과 확인만을 겨냥하지는 않기 때문이다. 복잡한 상황을 이루는 난해한 요소들이 얽힌 가운데 드러나지 않은 위기를 의식할 수 있도록 설득할 필요가 있을 수

있다. 사소하게 보이지만 사실은 큰 의미를 담고 있으므로 이를 깨닫게 하려고 과장하거나 흥분시키고 감동하게 할 필요도 있다. 편견과 오해에 사로잡힌 사람들의 반감을 해소하고 새로운 인식을 심어주기 위해 관심을 끌고 호감을 느끼게 하는 고도의 언어 전략을 짜야 할 때도 있다. 권태와 안일함에 빠져 아무런 관심도 없는 사람에게 흥미를 유발하는 짜릿한 길을 모색해야 할 때도 있다.

다양한 언어소통의 구조 속에서 명확성은 언어가 꼭 갖추어야 할 필요조건이기는 하지만 성공을 담보하는 충분한 조건은 아니라는 말이다. 더 필요한 것은 무엇인가? 사람들을 설득해 다른 사람들이 나의 의견에 뜻을 같이할 수 있도록 하려면 말은 "진부하지 않아야 하며, 동시에 허풍이 되어서도 안 되며, 오히려 적절해야 한다."(1404b3~4) 의사소통 상황과의 적절성, 여기에 시학적인 원리가 들어가면(『시학』 22, 1458a18~b18) 일상적인 어법과 진부함을 버리는 참신성에 새로운 강조점이 찍힌다. 명확한 의미를 바탕으로 상황에 적절하게 참신한 표현이 덧입혀진 말, 날렵한 장식어, 날씬한 문체, 그것이 다양한 구조의 의사소통을 성공시키는 힘이 된다는 말이다.

이 힘을 확보하는 데에 가장 중요한 것, 아리스토텔레스는 그것을 은유(metaphora, 隱喩)라고 말한다. "은유는 무엇보다도 더 많은 명확성과 즐거움과 참신성을 가지고 있으며, 그것은 다른 사람으로부터 얻어 올 수 없는 것"(『수사학』 III, 2, 1405a8~10)이기 때문이다.

"은유에 능한 것이 무엇보다도 훨씬 더 중요합니다. 왜냐하면 그것만은 다른 사람에게서 취할 수가 없으며, 타고난 재능이 좋다는 증거이기 때문입니다. 사실 은유를 잘한다는 것은 두 대상 사이에 존재하는 동일성(to homoion)을 통찰할 수 있다(theōrein)는 것입니다." (『시학』 22, 1459a5~8)

은유라 번역되는 그리스어는 '메타포라(metaphora)'다. 우리말 은유는 '은근하게 비유한다'라는 뜻을 갖지만 그리스어 메타포라의 원뜻은 많이 다르다. 이 말은 어떤 낱말이나 낱말의 뭉텅이를 고유하게 사용되던 곳에서 빼내어 다른 문맥 속으로 자리를 '바꿔(meta)' '옮겨놓는(phora)' 것을 뜻한다. (21, 1457a6~b33) 예를 들어 한쪽에 '하루가 저물어가는 황혼'이 있고 다른 쪽에 '인생이 끝나가는 노년'이 있다 하자. 양쪽 사이에는 닮은 구석이 있다. 이 유사성을 포착한 사람이라면, 하루에서 황혼을 떼어 내어 인생의 노년 쪽으로 가져가 노년의 자리에다 황혼을 넣을 것이다. 그래서 "인생의 노년"이라는 말 대신 "인생의 황혼"이라할 것이다. 두 항 사이의 닮은 구석을 이용한 은유, 곧 '말의 바꿔치기(metaphora)'인 메타포라는 인생이 끝나 가려 하는 노년의 남루함과 비참함을 하루가 저무는 황혼의 풍경으로 바꿔줌으로써 노년을 새롭게 바라보게 해준다. 하프의 선율을 따라 금빛 가루를 뿌리는 마술봉의 마력처럼, 언어의 메타포라는 사람들에게 아름답게 늙어갈 수 있다는 희망을 불러일으킨다.

존재의 집인 언어에 적절한 장식과 색채를 옮겨 와 입혀줌으로써 거기에 깃들어 있는 존재에 새로운 의미를 불어넣는 힘. 세계의 그림인 언어에 새로운 시선과 시각과 관점을 부여하고, 새로운 색깔과 형태를 입히며 자유로운 상상의 전이(轉移)를 통해 세계를 새롭게 볼 수 있도록 하는 힘. 그것이 바로 은유, 곧 메타포라의 신비한 마력이다. 이는 언어의 명확성에 참신성을 더한다.

그런데 은유는 단순히 낱말 바꿔치기 수준에서만 이루어지지 않으며, 상황 대 상황의 바꿔치기라는 알레고리아 수준까지 포괄한다. 더 나아가 하나의 특정한 사건을 상상의 공간으로 옮겨놓음으로써 인간과 삶, 사회와 역사의 본질을 새롭게 꿰뚫어 볼 수 있게 하는 예술적 창작의 모든 행위까지도 메타포라에 포함된다. 하나의 사건을 작품에 담아 총체적인 인간의 삶과 역사, 사회의 본질을 보여줄 수 있다면 그 작품은 세계에 대한 하나의 메타포라다. 한 폭의 그림, 한 컷의 사진, 한 편의 시, 비극과 소설, 영화 등은 그 자체가 삶과 인간, 세계와 존재를 상상의 공간 속에 새롭게 그려내고 담아내는 치밀하게 계산된 메타포라다. 그렇지 않은가?

24

아리스토텔레스
『시학』 제2권을 찾아라

1327년 겨울, 윌리엄은 베네딕트 수도원에 도착했다. 미궁으로 빠져드는 살인사건을 해결하기 위해서였다. 그런데 조사에 착수한 이튿날 또 한 사람의 수도사가 보란 듯이 죽었다. 이어서 세 사람의 수도사가 연속으로 죽었다. 끔찍한 독살이었다. 그런데 이 살인사건들에는 중요한 공통점이 있었다. 윌리엄은 그것을 놓치지 않았다. 장서관에 있는 어떤 책이 연쇄 살인사건과 깊은 관련이 있다는 사실이었다. 죽음의 책은 무엇이었을까? 그것은 바로 아리스토텔레스의 『시학』 제2권이었다.

우리에게 『시학』은 한 권으로 전해진다. "서사시와 희극에 관해서는 나중에 말해보도록 하고, 지금은 비극에 관해서 논의해보자." 『시학』은 도입부를 마치고 6장을 이렇게 시작한다. 곧이어 비극을 다룬 다음, 서사시를 다루고 26장에서 끝을 맺는다. 그러면 희극은? 말은 꺼내놨으니 쓰긴 썼을 터. 아리스토텔레스는 『수사학』에서 이런 말도 한다. "우스꽝스러운 것들에 관해선 따로 『시학』에서 정의해 놓았다." 하지만 『시학』에는 우스꽝스러운 것들에 관한 논의가 없다. 그렇다면 희극과 우스꽝스러운 것들을 다룬 다른 책이 있다는 말이 아닌가? 실제로 많은 학자는 아리스토텔레스가 『시학』 제2권도 썼고, 그곳에서 희극을 다루었으리라 추정한다. 그리스 철학자들의 생애를 기록한 디오게네스 라에르티오스는 아리스토텔레스의 『시학』이 두 권으로 이루어졌다고 전한다.(V.24) 하지만 두 권 가운데서 제1권만 전해질 뿐, 제2권은 사라졌다. 무슨 일이 있었던 걸까? 움베르토 에코는 『장미의 이름』이라는 소설로 이 질문에 답한다.

'웃어? 경건한 수도사들에게는 어림없는 소리! 웃음은 사람을 경박하게 만든다. 게다가 위대한 철학자 아리스토텔레스가 웃음 따위에 관심을 갖다니! 당치 않다. 고로 『시학』 제2권은 금서여야 한다.' 엄격하고 근엄한 수도자였던 호르헤는 이렇게 생각했다. 그는 다른 수도사들이 이 책을 탐독하는 것을 막고, 또 탐닉하는 자가 있다면 응징하기 위해 책의 오른쪽 아래 모서리에 독약을 묻혔다. 누군가 오른손 손가락에 침을 묻혀 책장을 넘기면서 유쾌하게 키득거리면 그는 불경스러운 웃음의 값을 목숨으로 치러야 했다. 마침내 사건의 전모를 폭로하는 윌리엄 앞에서 호르헤는 장서관에 불을 질렀다. 이 세상에 마지막으로 남아 있던 『시학』 제2권의 필사본은 호르헤의 이에 뜯기며 불에 타 재로 사라져버렸다.

왜 『시학』 제2권은 우리에게 전해지지 않는가? 이 궁금증에 대해 움베르토 에코의 『장미의 이름』은 무릎을 탁 치게 하는 기발한 상상력을 보여준다. 그런데 왜 그리스 희극을 다룬 『시학』 제2권은 수도사들에게 금서여야 했을까? 웃는 것이 죄라기보다는, 무엇 때문에 웃느냐가 문제였을 것이다.

> "그 누구도, 애인이든 남편이든, 빳빳이 세우고 나에게 다가오지 못할 것이며, 나는 집에선 황소처럼 씩씩대는 남정네와 몸을 섞지 않고 살면서도 야한 빛깔 옷을 입고 요염하게 분칠하여 남자가 나에게 후끈 달아오르게 할 것이며, 절대로 내 남자에게로 자발적으론 안 넘어갈 것이며, 만약 내가 싫다는데도 힘으로 덤벼든다면 정말 재미 하나도 없게 해주고 적극적으로 호응하는 동작은 결코 취하지 않을 것이며, 천장을 향하여 다리를 들지도 않고 강판에 새겨진 암사자처럼 엎드려서 엉덩이를 내밀지도 않을 것을 엄숙히 맹세하며, 이에 이 술잔을 비우는 바입니다. 만약 이것을 어긴다면, 맹물이 이 술잔을 가득 채우리라." (아리스토파네스, 『뤼시스트라테』 212~236행)

한 여인의 맹세였다. 그 여인은 바로 군대(stratos)를 해산하라(luein) 촉구하는 뤼시스트라테(Lusistratē)였다. 그녀는 스파르타와 아테네가 20여 년째 펠로폰네소스 전쟁을 치르던 기원전 411년, 희극 시인 아리스토파네스에 의해 태어났다. 지긋지긋한 전쟁이었다. 남자들은 집을 떠나 전쟁터를 떠돌고, 여인들은 하염없이 기다려야만 했다. 격전이 벌어지면 수많은 과부와 고아들이 생겼다. 전쟁을 멈출 묘안은 없을까? 뤼시스트라테는 발칙한 상상력을 발휘했다. 여자들이 섹스를 거부하면 욕정을 견디다 못한 남자들은 전쟁을 멈추고 집으로 돌아오리라. 아리스토파네스는 평화를 염원하는 간절한 마음을 유쾌한 해학으로 풀어냈다. 노골적이고 적나라한 성적 유머는 음탕하기보다는 오히려 건강하고 씩씩

했다.

그러나 이런 해학은 경건한 중세의 기독교 수도사들에게는 적절치 않았던 모양이다. 물론 뤼시스트라테의 색스러운 맹세가 아리스토텔레스의『시학』제2권에 인용되었다고 확언할 수는 없다. 하지만 농염한 농담들과 우스꽝스러운 사건들은『뤼시스트라테』이외의 다른 모든 희극 작품에도 차고 넘쳤을 테니, 아리스토텔레스가『시학』제2권에 그런 유쾌한 이야기를 인용하지 않고는 못 배겼을 것이다. 움베르토 에코는 그렇게 상상했다. 거룩한 신을 닮고자 수행을 해도 인간은 역시 인간. 수도사들도 불끈거리는 욕망을 안고 살아가며, 통쾌하게 웃을 때 해방감과 자유를 느낄 줄 안다. 이런 사실을 움베르토 에코는『시학』제2권을 읽고 싶어 하는 수도사들의 호기심으로 그려냈다. 그리고 아름다운 장미에 위험한 가시를 달듯, 음흉한 경건주의자 호르헤는 희극을 다룬『시학』제2권에 독약을 발랐다. 웃고 싶은가? 웃어보아라, 죽고 싶으면. 희극은 그렇게 치명적이었다.

움베르토 에코의 상상처럼 아리스토텔레스의『시학』제2권은 흔적도 없이 사라져버린 것일까? 1839년, 서양 고전문헌학자 크래머는 중요한 발견을 세상에 내놓았다. 쿠아슬랭 재단이 소장하고 있던 고대 필사본들 가운데에서『트락타투스 코이스리니아누스 120』을 찾아낸 것이다. 거기에는 희극에 관한 중요한 정보들이 도식을 곁들여 간결하게 정리되어 있었다. 희극의 정의를 한번 볼까?

"희극은 우스꽝스럽고 응장함이라곤 찾아볼 수 없는, 완결된 행위의 모방입니다. 여러 종류 속에서 각 부분에 맞게 양념 된 언어를 사용합니다. 서술을 통해서가 아니라 행동하는 사람들을 통해 이루어집니다. 쾌락과 웃음을 통해 그런 종류의 격정적인 것들을 깨끗하게 합니다."

(『트락타누스 코이스리니아누스 120』)

이번에는 아리스토텔레스의 『시학』에 나오는 비극의 정의를 한번 보자.

"비극이란 진지하며 완결된, 크기를 가진 행위의 모방입니다. 여러 종류 속에서 각 부분에 맞게 양념 된 언어를 사용합니다. 서술을 통해서가 아니라 행동하는 사람들을 통해 이루어집니다. 연민과 공포를 통해 그런 종류의 격정적인 것들을 깨끗하게 합니다." (『시학』 1449b24~28)

서로 다른 두 장르에 대한 정의가 닮아도 너무 닮았다. 크래머는 결론을 내렸다. "이 필사본은 아리스토텔레스 『시학』 제2권의 요약본이다." 쿠퍼는 1922년에 출간한 책에서 이 필사본을 중요한 보조 자료로 참조해 아리스토텔레스의 희극 이론을 재구성했다. 1984년, 잔코는 좀 더 적극적이었다. 이 필사본이 아리스토텔레스의 『시학』 제2권의 요약이 확실하다고 믿고, 이것을 골격으로 삼아 『시학』 제1권의 내용과 비교하여 살을 붙여 『시학』 제2권의 복원을 시도했다. 가장 최근에는 왓슨이 『아리스토텔레스의 『시학』 가운데 잃어버린 제2권』이라는 책을 펴냈다.(시카고대학 출판부, 2012) 이 학자들의 복원 작업은 성공했을까? 누구도 그들의 성공을 확인할 수는 없다. 어쨌든 이들은 움베르토 에코가 보여준 상상력에 비해 그다지 재미있지 않은 책으로 『시학』 제2권을 복원하려고 했다. 근거가 확실해야만 쓸 수 있는 학자가 학문적인 연구에서 보일 수밖에 없는 한계에 부딪힌 것이다.

어쨌든 남겨진 필사본 세 쪽 분량과 『시학』 제1권을 바탕으로 『시학』 제2권을 복원하려는 학문적인 시도는 매력적인 작업이다. 이를 위해 두 가지 그림을 그려본다. 첫 번째 그림. 아리스토텔레스는 아리스토파네스의 작품을 감상한다. 그의 작품들을 자세히 검토해 희극의 본질과 구성요소들을 분석하고, 무엇이 인간을 웃게 하는지 그 방법을 찾아가며 꼼꼼히 적는다. 구체적인 사례들을 골라 분류하고 이론의 근거로 삼는다. 그렇다면 『시학』 제2권은 아리스토파네스의 희극을 이론으로 체계화한 것이다. 두 번째 그림. 또 다른 희극 시인 메난드로스가 있다. 그는 테오프라스토스의 제자였고, 테오프라스토스는 아리스토텔레스의 제자였다. 자, 아리스토텔레스는 테오프라스토스에게 『시학』 제2권을 맡기고 아테네를 떠난다. 그리고 테오프라스토스는 메난드로스에게 『시학』 제2권을 보여준다. 메난드로스는 그 책을 통해 희극 작법을 익힌 뒤, 새로운 느낌의 희극 작품을 쓴다. 그렇다면 메난드로스의 작품은 『시학』 제2권의 이론을 구현한 것이다.

과연 이 두 그림으로부터 성공적인 결론을 뽑아낼 수 있을까? 문제의 필사본을 현존하는 『시학』과 비교해 이론적인 골격을 세워두고, 아리스토파네스와 메난드로스 작품의 구체적인 사례들을 적절히 채워 살을 붙인다면 호르헤가 미친 듯이 태워버린 『시학』 제2권을 새롭게 살려낼 수 있지 않을까? 학문적인 엄밀성과 탄탄하고 논리적인 근거, 그리고 생생한 사례들과 더불어 자유롭게 펼쳐질 인문학적인 상상력이 절실한 대목이다.

25

소크라테스의 학교에
불을 질러라

기원전 423년, 아테네에 황당한 방화 사건이 일어났다. 범인은 평범한 농부 스트렙시아데스였고 방화의 목표물은 학교였다. 그곳에서 교육을 잘 받은 아들에게 머리와 턱을 얻어맞고 짓밟히고 급기야 목까지 졸리자 '뚜껑이 열린' 그가 자식을 망친 학교를 없애버려야겠다며 불을 지른 것이다. 망할 놈의 학교 같으니! 활활 타오르는 학교에서 연기를 뚫고 "아이고, 이거 큰일 났네, 숨 막혀 죽겠네!" 허둥대며 선생과 제자들이 뛰쳐나온다. 밖에서 기다리던 스트렙시아데스와 그의 하인이 쇠스랑을 들고 뒤를 바짝 쫓아간다. 망할 놈의 선생 같으니! 도망가는 선생의 이름은 소크라테스. 그렇다, 여러분이 알고 있는 그 소크라테스다. 예수, 부처, 공자와 함께 세계 4대 성인의 하나로 꼽힌다는 바로 그 소크라테스다.

설마 소크라테스가 그럴 리가? 도저히 믿기지 않는걸! 정말 뜻밖이라 어리둥절하다면, 여러분의 짐작이 딱 맞다. 이 방화 사건은 사실이 아니라 풍자를 위해 지어낸 가상이다. 기원전 423년 대(大) 디오뉘소스 축제 희극경연대회의 무대에 오른 작품『구름』속에서 벌어진 상상의 사건이다. 작가는 아리스토파네스였다. 당시 약관의 나이(23세)였던 이 젊은이는 불혹의 나이(46세)에 아테네 지식인 사회에 돌풍을 일으키던 소크라테스를 겨냥하여 발칙한 상상력을 발휘했다. 그가 그린 소크라테스는 흔히 알려진 진지한 철학자가 아니었다.

> "저곳에 살고 있는 사람들은, 누구든 돈만 주면, 옳든 그르든 소송에서 이기는 법을 가르쳐주지."(아리스토파네스,『구름』95~99행)
> "사람들은 말하지, 저들에게는 두 가지 논변(logos)이 있는데, 그 하나는 '더 강력한 논변(正論)'이고, 다른 하나는 '더 약한 논변(邪論)'이라고. 두 논변 가운데 '더 약한 논변'으로 말하면 더 옳지 않은 경우라도 논쟁에서 이길 수 있다는 거야. 만약 네가 나를 위해 이 '옳지 않은 논변(邪論)'을 배운다면, 지금 너 때문에 지게 된 모든 빚을 단 한 푼도 갚지 않아도 된단다, 얘야."(112~118행)

무대 위에서 으스대는 소크라테스는 뜬구름 잡는 허무맹랑한 공상가이며, 해괴한 논변을 일삼는 협잡꾼이다. 그는 구름의 여신을 섬긴다. 소크라테스는 법정 논쟁의 기술을 배우러 온 스트렙시아데스가 보는 앞에서 구름의 여신을 부른다. "이리로 오소서, 오 무수한 존경을 받으실 분들이여, 이자에게 당신들의 모습을 드러내 주소서. (중략) 제 기도를 들어주시고, 제물을 기꺼이 받아주시고, 이 성스런 의식에 기뻐하소서."(269~274행) 기도를 듣고 구름의 여신들이 나타나자, 소크라테스는 여신들의 위력을 찬양한다. 구름의 여신들은 '구름을 모으며' '크게 천둥을 치는' '번개의 신' 제우스를 가볍게 대체한다. "제우스? 뭔 제우스? 웃기는 소리 마시오. 제우스 따위는 없으니까."(367행) 세상에 위력을 발휘하는 것은 오직 구름뿐이다. 구름의 여신들이 떠도는 거대한 허공 카오스와 여신들의 힘을 세상에 구현하는 인간의 혀, 소크라테스에게는 이 세 가지 이외에 다른 신은 없다. 나머지는 모두 헛소리다, 헛소리.(423~424행) 진리고 나발이고, 어차피 그런 것은 없다. 구름처럼 변화무쌍하고 현란한 말재주를 부릴 혀만 있다면 여러분은 여러분이 원하는 모든 것을 사람들이 진리라고 믿게 만들 수 있으니, 세상은 여러분의 것이나 마찬가지다.

이쯤 되면 소크라테스는 진리를 탐구하는 철학자가 아니다. 언어의 마법, 논쟁과 연설의 교묘한 기술을 가르치며 돈벌이를 하는 소피스트들과 다를 바가 없다. 순진한 농부인 스트렙시아데스는 그런 소크라테스의 도움이 절실했다. 왜냐고? 철딱서니 없는 아들 때문이었다. 스트렙시아데스에게는 페이디피데스라는 아들이 하나 있었다. 분수도 모르고 말(馬)에 온 정신이 팔린 아들놈 때문에 가산은 바닥이 난 지 오래였다. 잘생긴 말만 보면 안 사고는 못 견뎠다. 그래서 엄청난 빚까지 지게 되었다. 돌파구는 단 하나. 채무 관련 송사에서 무조건 이겨 모든 빚을 무효화시키는 것이었다. 자기가 법정 연설의 기술을 배워보려고 했지만, 머리가 따라주지 않았다. 대신 그는 아들을 소크라테스의 학교에 보냈다. (요즘으로 말하면 로스쿨쯤 되려나?) 마침내 공부를 끝낸 아들. 소크라테스는 스트렙시아데스에게 자신 있게 말한다. 아들 덕에 "이제 당신은 원하는 어떤 소송에서도 벗어날 수 있소."(1151행) 스트렙시아데스는 가슴이 터질 듯 기뻤고 아들이 자랑스러웠다. "쌍날의 혀를 번뜩이는 내 아들, 나의 요새, 우리 집의 구원자, 적들에겐 큰 재앙이며, 아비에겐 엄청난 불행의 해결사"(1160~1164행) 하지만 그 아들이 날이 선 혀로 아비의 심기를 건드린다. 티격태격 논쟁을 벌이더니, 마침내 아버지를 사정없이 때리고 목을 졸랐다. 가관인 것은 자기 행위가 정당하다고 항변한다는 것이었다. "아버지도 어릴 적에 저를 때리셨지요?" "내가 널 때린 건, 좋은 뜻에서 널 걱정해서였다." 사랑의 매였다 이거지. "좋아요, 그럼 제게 말씀해보세요. 저도 아버지를 좋은 뜻에서 때린다면, 그것도 똑같이 정당한 것 아닌가요? 좋은 뜻을 갖는 것이 때리는 것이라면 말이에요. 어째서 아버지의 몸은 맞아서는 안 되고, 제 몸은 맞아도 되나요? 저도 당당하게 자유민으로 태어났단 말이에요."(1409~1414행)

페이디피데스는 이제 어머니도 패겠단다.(1443행) 다 사랑하니까! 그제야 스트렙시아데스는 옳지 않은 방법으로 빚더미에서 벗어나려고 했던 자신의 잘못을 반성하며, 동시에 자신을 현혹한 소크라테스에게 불 같은 앙심을 품는다. 그에게서 못된 논변을 배웠기에 아들이 엉망이 되었다고 생각했다. 세상을 옳게 살 수 있는 인성과 품성의 교육 없이, 경쟁하는 세계 속에서 남을 무참히 짓밟는 탁월한 생존의 전사를 키워내겠다는 썩을 놈의 교육이럿다. 아, 젊은이를 타락시키는 소크라테스! 그리고 또 하나. "아, 내가 이런 정신 나간 짓을 하다니! 내가 정말 미쳤던 거야. 소크라테스 놈 때문에 신들을 내쫓다니!"(1476~1477행) 그는 소크라테스가 진정한 신들을 모욕했고, 전혀 새로운 구름의 여신들을 끌어들인 불경죄를 지었다고 단언한다. 신들에 대한 불경죄와 아테네 청년을 타락시킨 죄, 이 두 가지 죄를 물어 고소를 고려하던 그는 고소를 포기하고 대신 방화를 택한다. 앞에서도 말했지만, 이 사건은 실제로 일어난 사건은 아니다.

하지만 소크라테스는 엄연히 실존 인물이다. 그러면 작품 속의 소크라테스와 실제 소크라테스는 얼마나 같을까? 아니, 얼마나 다를까? 만약 둘이 다르다면 아리스토파네스는 참 나쁜 작가다. 위대한 철학자를 터무니없이 모함했으니 말이다. 명예훼손죄로 고소감이다. 도대체 왜 그랬을까? 그런데 만약 아리스토파네스가 설령 과장은 했을지언정, 진실을 말할 것이라면? 그로부터 24년 후(기원전 399년), 70세의 소크라테스는 법정에 선다. 그에게 얹힌 죄목은? "멜레토스가 소크라테스를 상대로 다음과 같이 기소했다. 소크라테스는 옳지 못한 짓을 저질렀다. 나라가 인정하는 신들을 인정하지 않고, 다른 새로운 신들을 끌어들였기 때문이다. 그리고 또한 젊은이들을 타락시킨 것도 옳지 못한 짓이다. 이에 사형을 구형한다."(디오게네스 라에르티오스, 『유명한 철학자들의 생애』, II. 40)

소크라테스도 법정에서 변론(24b~c)을 통해 자기가 이와 같은 내용으로 기소당했음을 인정했다. 이에 덧붙여진 또 다른 비방도 소개한다. "소크라테스는 옳지 못한 일을 저질렀다. 그리고 땅 밑과 하늘에 있는 것들을 탐구하는가 하면, 약한 주장을 더 강하게 만들며, 또한 똑같은 그 내용들을 남들에게 가르친다며 주제넘은 짓을 한다."(19b~c) 이런 내용으로 고발을 당해 법정에 선 것이라면 그는 아리스토파네스가 24년 전에 무대에 올렸던 소크라테스와 크게 다르지 않다. 만약 스트렙시아데스가 방화 대신 고소를 선택했다면 기원전 399년에 법정에 섰을 때와 거의 똑같은 죄목으로 섰을 것이다.

물론 소크라테스는 자신에 대한 기소 내용은 물론 아리스토파네스의 희극이 모두 오해고 모함이라며 항변한다. 그러면 아리스토파네스가 소크라테스의 모습을 실제보다 저급하게 그려 왜곡한 것이란 말인가? 그러나 소크라테스는 처음부터 아테네 시민들에게 아주 부정적인 인상을 심어주었으며, 아리스토파네스의 희극 상연 이후로 24년 동안 그러한 부정적인 인상을 개선하는 데에 실패했다는 사실은 분명하다. 그러면 아리스토파네스는 있는 사실을 그대로 재현한 것이 아닐까?

여기에서 한 가지 지적할 것이 있다. 소크라테스를 진지한 철학자요 모범적인 지식인으로 그린 사람은 소크라테스를 너무나도 존경한 제자 플라톤이라는 사실이다. 그렇다면 플라톤은 소크라테스를 제대로 재현한 것일까? 아니면 스승을 이상화하고 고귀한 모습으로 그려 왜곡한 것일까? 만약 그렇다면 그는 또 무슨 의도로 소크라테스를 그렇게 미화시켜서 그렸단 말인가? 우리는 어쩌면 플라톤이 그려놓은 소크라테스를 믿고 그를 존경받을 철학자라고 생각하고 있는 것인지도 모르겠다. 역사의 진실을 판단하는 문제는 언제나 쉽지 않은 일이다.

취중진담의 끝,
에로스 찬가

"사람에게는 평화를, 바다에는 평온함을, 바람들이 쉬어갈 잔잔한 침상을, 근심 속에는 수면을" 가져올 이 누구인가? 혹독한 폭격과 포화의 난동에 깊게 베인 섬과 바다, 전쟁의 소문에 격렬하게 술렁인 한반도. 우리는 지난해(2010년) 조장된 공포의 망령(천안함 사태 전반)을 과거 속에 묻지 못한 채 돌아서서 새해를 맞이했다. 평화에 대한 희망과 믿음을 다독이며 묻는다. 두 동강 난 이 땅 한반도에 평화를 가져올 이 누구인가?

기원전 416년, 그리스 아테네. 아가톤은 비극경연대회에서 우승을 차지한 후 그 기쁨을 나누기 위해 향연(sumposion)을 열었다. 가깝게 지내던 이들이 초대되었다. 그런데 이들은 이미 그 전날 우승의 기쁨과 축제의 피날레를 즐기며 술을 떡이 되도록 마신 터였다. 이들은 아직 술이 덜 깼다고 너스레를 떨며 오늘만은 술을 좀 덜 마시자고 입을 맞추었다. 그러면 뭘 하면서 향연을 즐기나, 대안은 무엇인가? 에릭시마코스는 이 자리만큼은 술을 강권하지 말고 각자 알아서 주량껏 마시되, 대신 재미있는 이야기를 나누며 향연을 즐기자고 제안한다. 이야기의 주제는? 바로 에로스(Eros), 공중을 날아다니며 화살을 쏘아 온 세상에 사랑의 로맨스가 넘쳐나게 하는 사랑의 신이었다. 어라, 모인 사람들이 모두 좋단다. 도대체 어떤 사람들이 모였기에 이런 담론이 대환영인가? 파이드로스, 파우사니아스, 에릭시마코스, 아리스토데모스, 비극 작가 아가톤, 일단 여기까지는 여러분들에게 낯선 이름들이겠지만 나름 당대 엘리트들이었다. 여기에 주목해야 할 두 사람이 더 있다. 희극 작가 아리스토파네스와 철학자 소크라테스다. 그런데 이 두 사람, 아주 불편한 사이였을 것이다. 왜냐고?

그 이유를 알기 위해서는 이때로부터 7년 전인 기원전 423년으로 거슬러 올라가 대(大) 디오뉘소스 제전 희극경연대회장을 찾아가야 한다. 구경을 좋아하던 소크라테스가 그곳에 없었을 리 없다. 객석에 앉아 유쾌하게 희극을 관람하던 소크라테스는 깜짝 놀랄 만한 장면을 목격한다. 아리스토파네스가 무대에 올린 작품 『구름』 속에 자신이 등장인물로 서 있었기 때문이다. 무대 위의 소크라테스는 젊은 청년들을 타락시키며 아테네가 존중하는 신을 거부하는 위험한 교사였다. 마지막 장면에서는 학교가 불타고, 자신은 쇠스랑을 든 학부모에게 쫓기며 허둥지둥 도망치기까지 한다! 무대 위에서 완전히 망가져 버린 자신의 모습을 보면서 객석에 앉아 있던 소크라테스는 어땠을까? 등에 식은땀 좀 났을 법하다. 그는 버럭 화를 내고 그 자리를 박차고 나갔을까? 아니면 배포 큰 마음으로 허허 웃으며 아리스토파네스의 익살을 즐겼을까? 그것도 아니라면 쿨한 척, 시끄러운 마음을 애써 감추고 견디고 있었을까? 마음속에서는 '맹랑한 놈, 너 어디 두고 보자' 앙심을 품은 채?

　이런 일이 있고 난 후 7년 동안 두 사람이 어떤 관계로 지냈는지에 대한 기록은 없다. 하지만 지금, 비극경연대회의 우승자 아가톤을 축하하는 자리에서 두 사람이 만났다. 플라톤은 『향연』이라는 작품 속에다 이 만남을 재현했는데, 둘 사이의 분위기가 어땠는지 파악하기가 쉽지 않다. 소크라테스가 아리스토파네스를 특별히 지칭하는 대목이 있기는 하다. 그는 사랑에 관한 찬사의 향연을 열자는 제안에 대해 그 누구도 반대하지 않을 것이라 말하며 "디오뉘소스와 아프로디테한테 온통 관심을 쏟으며 시간을 보내는 아리스토파네스도 그러지 못할 것"(177e)이라고 덧붙인다. 하지만 그 말이 전부다. 할 말이 많았을 두 사람일 텐데, 더는 아무 말이 없다. 짐짓 그날의 일을 외면하려는 것 같기도 하고……

　말의 향연이 시작되었다. 아리스토파네스는 네 번째로 이야기를 시작했다. 그는 에로스 신의 위력을 찬양하고 나선다. 사랑의 놀라운 치유 능력, 그 능력을 암시하는 징표가 인간의 배꼽에 새겨져 있단다. 왜 인간에게 배꼽이 있을까? 그가 지어내는 이야기(muthos)에 따르면 인간은 원래 몸 2개가 결합된 형태였다. 한 몸에 머리가 2개, 팔이 4개, 다리가 4개, 그러니 거시기도 2개가 달려 있었다는 말. 결합의 방식은 세 가지로 남자와 남자, 남자와 여자, 여자와 여자가 있었다. 그림을 그려볼까? 2개의 머리에 달린 4개의 눈이 사방을 입체적으로 살필 수 있다. 힘은 지금의 2배로 훨씬 더 세다. 산을 여러 겹으로 쌓아 올릴 정도다. 특히 속도가 장난이 아니다. 8개의 사지를 펴서 수레바퀴 구르듯 쾌속으로 달릴 수 있다. 인간들이 점점 번성하고 강성해지자 제우스는 위협을 느겼고, 급기야 인간들을 없애버릴 궁리를 했다. 그런데 인간이 사라지면 누가 제우스를 찬양하며 경배하나? 고민이었다. 인간의 막강한 힘만을 없애버리는 방법을 찾아야 했다.

배꼽은 이런 고민에서 만들어졌다. 제우스는 불멸의 실을 들고 인간을 반으로 쪼개기 시작했다. 그렇게 두 동강이 난 인간의 절단면을 추슬러 고기만두 빚어내듯이 한 군데로 오므려 모아 묶었다. 그것이 바로 배꼽이다. 배꼽은 인간이 원래 형태에서 둘로 쪼개진 아픈 추억의 증표다. 그때부터 인간은 막강한 힘을 잃었다. 그뿐만이 아니다. 잘려나간 반쪽에 대한 치명적인 그리움, 우울한 허전함으로 모든 의욕을 잃었다. 그때부터 인간들은 동강 난 채 어딘가에서 떠도는 나머지 자기 반쪽을 찾는 일에 매달렸다. 떨어져 나간 자기 반쪽에 대한 열망, 그것은 인간에게 가장 강렬한 갈망이 되었다. 그러다가 마침내 떨어져 나갔던 반쪽을 찾으면 서로 부둥켜안고 다시 하나가 되기 위해 격렬하게 뒤엉켜 비비고 떨어질 줄 몰랐다. 에로스는 인간의 조각난 두 쪽이 서로를 갈망하게 하며, 원래의 형태와 본성을 회복하게 해준다. 그렇게 조각난 두 쪽이 만날 때 인간은 인간성을 회복하며 행복을 누릴 수 있다. 이것이 아리스토파네스의 결론이었다.

희극 작가의 이야기는 우리 마음속에 커다란 비극적 울림을 남긴다. 두 동강 나 있으면서도 서로를 향해 애틋한 사랑을 키우지 못하고 으르렁거리기나 하는 한반도의 요즘 모습은, 에로스 신이 떠나간 살벌하고 황폐한 이 땅에 살며 전쟁의 불안과 공포를 강요당하기 때문이리라. 아리스토파네스 다음 차례에 비극 작가 아가톤은 노래 한 구절을 들려준다. 사랑의 신 에로스는 위대하도다! 그가 "사람에게는 평화를, 바다에는 평온함을, 바람들이 쉬어가는 잔잔한 침상을, 근심 속에는 수면을" 가져오는 까닭에(197c) 이 노래 또한 시대와 공간을 뛰어넘어 우리에게 절절하게 다가온다. 그래, 바로 사랑이다. 사랑이 없다면 그 어떤 미사여구도 울리는 꽹과리와 같다지?

마지막 차례는 소크라테스였다. 그가 에로스에 관한 독특한 생각을 언어에 담아 풀어내자 다른 이들은 감탄을 쏟아냈다. 그런데 갑자기 문을 박차고 술에 꼭지가 확 돌아버린 알키비아데스가 들어왔다. 그의 등장으로 유쾌한 언어의 고급스러운 향연은 제대로 된 걸쭉한 술판으로 확 바뀌었다. 돌아가는 술잔에 하나둘 나가떨어지더니, 끝으로 세 사람만이 남아 술을 계속 돌렸다. 누구? 집주인인 아가톤과 두 사람, 곧 아리스토파네스와 소크라테스였다. 그들은 무슨 이야기를 주고받았을까? 전체 향연을 전해주었던 아리스토데모스는 기억이 없단다. 그때 돌고 돌던 술에 취했던 탓이다. 비극과 희극을 짓는 솜씨와 기술에 관한 논의였던 것 같다고 어렴풋이만 전한다. 그것은 세 사람 사이에서 아주 자연스러운 주제였다. 아가톤은 비극 작가였고, 아리스토파네스는 희극 작가였으며, 소크라테스는 '시'를 사랑하는 철학자였으니까.

그러나 그것이 전부였을까? 7년 전 무대 위에 올랐던 아리스토파네스의 작품 『구름』이 그들 사이에 새삼 화제가 되지는 않았을까? "술 속에 진실이 있다(en oinoi alētheia)"는 알카이오스의 시구처럼, 이들은 술의 힘을 빌려 가슴에 묻어두었던 섭섭함과 미안함을 허심탄회하게 풀어놓지 않았을까? 더구나 주제가 사랑의 신 에로스였으니. 그러나 플라톤은 세 사람 사이에 오고 간 대화의 필름을 끊어놓았다. 술에 취한 아리스토파네스와 아가톤이 졸음을 못 이겨 힘겨워하자, 소크라테스는 마치 스승이 객기 어린 제자들을 돌보는 것처럼 이 두 사람이 편히 잘 수 있도록 잠자리를 마련해 준 후, 마지막 술판을 정리하고 자리를 떴다는 그림만 그려주었다. 그다음 날 아침, 아리스토파네스가 소크라테스의 손길이 닿은 잠자리에서 깨어났을 때 그는 무슨 생각을 했을까? "인생이란, 생각하는 사람에게는 희극이고, 느끼는 사람에게는 비극이다." 호러스 월폴의 말이다.

27

정의란
무엇인가?

참담한 소문이 들린다. 착하게 살면 손해를 본다고. 성실하고 정직하게만 살다가는 융통성이 없는 바보라는 딱지가 붙을 수도 있고, 뜻하지 않게 봉변을 당할 수도 있다고. 그러니 적당히 얽히고설키며 너무 튀지 않게, 남들 하는 만큼 살짝 때 묻고 사는 게 무난하다고. 털어서 먼지 안 날 정도가 되면 오히려 사람들을 불편하게 만든다는 소문이 무성하다. 영리하게 챙길 것 잘 챙기는 게 삶의 지혜라는, 검고 좀 더러워도 고양이야 쥐만 잘 잡으면 된다는 귀에 익은 속삭임이다.

'정의란 무엇인가?'라는 주제를 놓고 벌어진 토론에서 트라쉬마코스는 소크라테스를 상대로 당차게 주장한다. "한마디로 정의란 강자에게 이익이 되는 것입니다." 정의롭게 살면, 나보다 강한 사람에게 이익이 되고, 나에게는 오히려 손해가 된다? "양을 치는 목동을 생각해보십시오. 그가 양이나 소를 잘 돌보는 것이 과연 양을 위한 것인가요? 양이토실토실 살이 오르면 누구에게 이익이 됩니까? 양에게 이익인가요? 아니지요. 당연히 목동에게 이익이 됩니다. 통치자도 마찬가지입니다. 통치자들은 절대로 약한 사람들에게 이익이 되도록 법을 만들지 않습니다. 강한 자들이 법을 만드는 이유는 약하고 순진하고 올바른 사람들을 조종하며 자기 이익을 챙기기 위해서지요. 그래서 약한 사람들이 그 법을 지키면 강한 사람들에게 이익이 되고 그들을 행복하게 만들어주는 반면, 자신들은 손해를 보며 행복에서 멀어집니다. 예를 들어 볼까요? 세금을 낼 때, 정의로운 사람은 정직하게 세금을 다 내는 반면, 정의롭지 못한 사람은 속여서 내기 때문에 잔뜩 이익을 챙깁니다. 관직에 오를 때도 정의로운 사람은 자기 집안일보다는 나랏일을 더 열심히 하기 때문에, 정작 자기 집안은 손해를 보게 됩니다. 공정하다 보니 친척이나 친구들의 부탁도 거절하게 되고, 그러다 보면 친한 사람들에게서 미움을 사게 되지요. 정의롭지 못한 사람들은 그 반대입니다. 올바르지 못한 짓을 서슴지 않고 행하면서 큰 행복을 누리는 반면, 다른 사람이 올바르지 못한 짓을 저지르면 가차 없이 죄인으로 몰아붙이지요. 아시겠습니까? 내가 정의롭게 행동하면 나보다 더 강한 사람에게 이로운 것이 되고, 내가 정의롭지 못하게 행동하면 바로 나 자신에게 이익이 되는 겁니다."(『국가』I, 338c, 343b~344c)

기가 막히게 재미있는 주장이다. 어느 국가, 어느 정치 체제에서나 법은 있기 마련이다. 그런데 그 법은 권력을 쥔 강자가 통치자로 군림하면서 세운 것이다. 권력자들은 자기들에게 유리하도록 법을 세울 것이다. 약자의 행복과 이익은 강자의 관심 밖이다. 그러므로 법을 지키면 권력을 손에 쥔 사람들의 의도에 따르는 것이 되며, 따라서 그들에게 이익이 되고 말 것이다. 설령 그들이 많은 사람을 의식해서 법을 공정하게 세웠다고 하더라도, 사정은 크게 달라지지 않는다. 왜냐하면 강한 사람들은 법을 지키지 않고도 마치 법 위에 군림이라도 하는 양, 법에 따른 처벌을 가뿐하게 피해 나갈 수 있지만 약한 사람들은 법을 어겼을 경우 가차 없이 엄격하게 벌을 받기 때문이다.

이런 주장에는 법을 어기면 이익이 되며, 법을 지키면 손해가 된다는 전제가 깔려 있다. 사람은 자기가 하고 싶은 일을 할 때 욕망이 충족되며 행복을 느낀다. 하지만 모든 사람이 각자 욕망을 채우려고 하다 보면 갈등이 일어나기에 십상이다. 더구나 한정된 양을 그보다 많은 사람이 원하면 서로 먼저, 더 많이 차지하려고 거칠게 다투고 싸울 것이다. 이때 인간은 홉스가 말한 것처럼 인간에게 늑대가 된다(homo homini lupus).

곰곰이 따져본 사람들은 개인의 자유와 권리, 욕망을 조금씩 양보하여 권력자에게 맡기고 그의 통제 아래 들어가 법과 원칙에 따라 사는 것이 전체적으로 더 낫다는 계산에 이르게 된다. 이와 같은 근대 사회 계약론의 논리가 플라톤의 『국가』에서도 울려 퍼진다. 불의를 저지를 때 얻게 될 이익과 불의를 당할 때 입게 될 손해를 비교해보고 손해가 더 크다는 계산이 나오면 사람들은 서로에게 불의를 저지르지 말자고 합의하고 법을 세운다는 것이다.

하지만 어떤 경우든 모든 사람은 자기의 이익을 추구하는 본성을 갖고 있으니 권력을 위탁받은 사람도 그럴 테고, 따라서 그가 법을 세울 때 자기에게 이익이 되게끔 조작할 것이다. 설령 공정하게 법을 세운다 해도 그는 그 법을 지키지 않으려고 할 것이고, 안 지키고도 법에 따라 처벌을 받지 않게끔 손을 쓸 것이다. 본디 법이라는 것이 인간의 욕망을 일정 부분 제어하기 위해 세워진 것이니만큼 욕망을 채우려고 하다 보면 법과 부딪치게 되기 때문이다. 따라서 법을 어기며 욕망을 채우되 법에 따른 처벌을 받지 않는다면 법을 지킬 때보다 더 많은 이익을 얻을 수 있다는 셈법이다.

여기에서 나오는 결론은 뻔하다. 가장 지혜로운 처신은 겉으로 보기에는 정의롭게 보이면서 실제로는 교묘히 법을 어기며 욕망을 채우며 이익을 챙기는 것이다. 단, 불의를 저지를 때는 들키지 않도록 조심할 것. 혹시 들키면 말로써 잘 둘러대고, 돈을 써서 회유하거나 힘을 써서 협박해 처벌을 피할 것. 정의롭게 법을 지키며 건실하게 산다는 것, 그것은 다른 사람들의 칭찬을 받고 폼은 좀 나겠지만 실리가 없으니 영리한 사람이 할 일은 아니다.

정의롭게 사는 건 별로 쓸모가 없다. 그런 삶이 좋다면 왜 사람들이 틈만 나면 부정을 저지르며 불법을 일삼겠는가? 사람들이 정의롭게 행동하고 법을 지키는 까닭은 잘못 행동하다 재수 없게 걸리기라도 하면 벌을 받거나 망신을 당하게 된다는 사실이 두려워서가 아닐까? 만약 절대로 들키지 않고 불의를 저지를 수 있고, 부정을 저지르고도 언제나 영원히 처벌을 면할 수 있다면 사람들은 과연 정직하게 행동하며 정의를 추구할까?

이 문제들과 관련해 트라쉬마코스에 이어 대화에 끼어든 글라우콘은 「귀게스의 반지」이야기를 소개한다.

옛날 뤼디아 땅에 한 목동이 있었다. 어느 날 양을 치고 있는데, 천둥 번개가 치더니 땅이 갈라졌다. 깜짝 놀란 그는 조심조심 갈라진 틈 안으로 내려갔다. 그곳에는 청동으로 만든 말이 있었다. 작은 문이 달려 있어 그 문을 열어 보니 큰 송장이 누워 있었고, 손가락에는 반지가 있었다. 그는 그것을 살짝 빼서 가지고 나왔다. 그런데 그 반지는 놀라운 힘을 가지고 있었다. 반지에 달린 보석을 안쪽으로 돌리면 반지를 낀 사람이 보이지 않았고, 바깥쪽으로 돌리면 다시 보였다. 그 반지만 있으면 원하는 때에 언제나 투명인간이 될 수 있었다.

자, 이제 이 반지를 여러분께 드릴 테니 마음껏 상상하시라. 그리고 솔직하게 대답하시길 바란다. 여러분이 상상 속에서 행한 일들은 과연 정의로운 일인가? 물론 그럴 수도 있다. 여러분은 못된 짓을 하는 사람들을 골라 골탕먹이고, 때리고, 망하게 할 것이다. 그런데 정말 그것뿐인가? 혹시 여러분은 평소에 갖고 싶었던 다른 사람의 것을 몰래 가져오지는 않았는가? 흠모하던 사람을 건드리며 즐기지는 않았는가? 여러분은 꼴 보기 싫었던 사람들을 얼마나 팼고, 또 여러분을 억울하게 만들었던 사람들을 찾아가서 얼마나 처절한 복수극을 벌였는가?

이 모든 것들이 바로 여러분이 저질러도 들키지 않고, 들키더라도 처벌을 받지 않는 상황이 된다면 저지를 일들이다. 여러분이 법을 세우고 집행하는 권력을 갖게 되었을 때, 또는 권력의 핵심에 있는 사람들을 적절히 부패하게 하고 그 약점을 이용해 맘껏 주무를 수 있을 만큼 많은 돈과 수완을 갖게 되었을 때 여러분들이 저지를 일들이다.

돈과 권력 등은 우리 시대에도 잘 통하는 일종의 '귀게스의 반지'다. 불행한 일이지만, 그것을 끼고 힘없는 수많은 사람을 고통과 시름에 빠뜨리고 낄낄대며 호의호식하는 사람들은 여러분의 눈에는 보이지 않을 것이다.

정의란 무엇인가? 소크라테스는 트라쉬마코스에게 묻는다. 의사가 진정 의사일 때, 누구에게 이익이 되는가? 의사 자신인가, 아니면 그가 돌보는 환자인가? 만약 그가 환자를 위하는 마음보다 자기 이익을 챙기는 데 혈안이 되어 교묘하게 거짓말을 한다면, 그는 의사인가? 의사의 탈을 쓴 강도가 아닌가? 정말 의사라면 그는 자신의 이익을 돌보지 않고 오로지 환자의 고통에 함께 아파하며 그들을 치료하는 데에 혼신의 힘을 다 쏟을 것이다.

통치자나 정치가도 마찬가지다. 그들이 통치를 받는 사람들의 행복과 정의를 위해 법을 세우고 집행하기보다 자신들의 이익을 챙기는 데에 더 마음을 둔다면 그들은 진정 통치자도, 정치가도 아니다. 그런 가죽을 쓴 가장 위험한 강도다. 진정한 통치자는 자신의 이익을 돌보는 대신 정의로운 통치를 바라는 보통 사람들을 위해 자신의 모든 것을 던질 것이다.

자신의 몫을 다하는 것, 자신의 이름값과 자신의 역할을 다하는 것, 그것이 정의다. 정의는 훌륭한 사람의 미덕이다. 정의로운 사람은 그 영혼이 참된 앎과 진정한 용기와 절제로 조화를 이루며, 다른 사람들과 더불어 정의로운 국가를 꾸리며 모두의 행복에 힘쓴다. 소크라테스는 정교하고 놀라운 논리를 통해 이 주장의 진정성을 증명한다. 책의 마지막 장을 넘기는 순간, 감동과 전율이 온몸을 휘감는다. 그리고 동시에 역설적이게도, 마음이 먹먹해진다. 그것은 2500여 년 전 우리와 전혀 상관이 없을 것 같은 옛 그리스의 고전이 우리의 현재 모습을 너무도 적나라하게 읽어내고 있어서가 아닐까?

28

다시,
'정의란 무엇인가?'

2010년, 서점가에 특이한 사건이 일어났다. 잘 안 팔린다는 인문학 책이 자기계발서나 소설의 판매량을 뛰어넘고 초대형 베스트셀러가 된 것이다. 마이클 샌델 교수의 『정의란 무엇인가』가 그 주인공이다. 책의 내용도 화제였지만, 정의라는 주제에 대한 관심 자체가 큰 이슈였다. 왜 사람들은 이 책에, 정의라는 주제에 열광했을까? 부정의가 판을 치는 현실에 좌절하고 정의에 목말랐던 사람들이 우리 사회에 없는 정의를 이 책에서 찾으려고 했던 것 같다.

"붕어빵에는 붕어가 없다"라는 농담이 있다. 붕어빵에서 진짜 붕어가 씹히기를 기대하는 사람은 하나도 없다. 그러나 『정의란 무엇인가』의 독자는 이 책에서 정의를 발견하기를 진짜로 원했다. 그런데, 『정의란 무엇인가』에는 '정의'가 없다?! 언뜻 보면 이상하지만, 어쩌면 당연한 일인지도 모른다. 샌델 교수가 하버드대학교에서 했던 강의를 담은 이 책은 학생들에게 정의를 보여주기보다는 정의에 관련된 문제를 곰곰이 사유하도록 하는 데에 더 힘을 기울이고 있기 때문이다. 그런데도 한국 독자들이 이 책에서 정의가 무엇인지에 대한 답을 기대했던 것은 어쩌면 『정의란 무엇인가』라는 한국어판 제목이 일으키는 착시 현상 때문일지도 모른다.

엄밀하게 말해서 이 책은 "정의란 무엇인가?"라는 질문에 답하려는 의도가 없다. 샌델 교수는 학생들이 흥미를 느낄만한 도덕적 딜레마를 던진 후에, 학생들의 반응에 따라 계속 질문을 던진다. 그러다가 본격적으로 정의를 다루려는 순간에 딱 멈춘다. 마치 자기 일은 여기까지라는 듯, 학생들에게 정의가 무엇인지 스스로 생각하라고 요구하는 것 같다. 정의에 관한 몇 가지 제안은 하지만, 창의적인 답을 내놓지는 않는다. 이 책은 학생들을 정의의 문제로 이끄는 강의록의 느낌을 그대로 간직하고 있다. 원서의 제목 'Justice: What's the Right Thing to Do?'는 교수인 샌델의 의도를 분명하게 보여준다. 제목대로라면, 이 책이 던지는 질문은 "정의란 무엇인가?(What is Justice?)"가 아니라 까다로운 도덕적 딜레마 속에서 "해야만 할 옳은 일은 무엇인가?(What's the Right Thing to Do?)"다.

두 질문의 차이는 플라톤의 『국가』를 생각하게 한다. 『정의란 무엇인가』는 철저하게 『국가』를 외면하는 데도 말이다. 『국가』에서 폴레마르코스는 소크라테스를 집으로 초대한다. 안부를 물으며 시작된 대화는 마침내 "정의란 무엇인가?"라는 질문에 이른다. 여러 가지 대답이 나왔다. "남에게 빚을 진 것을 갚는 것이 정의로운 것입니다." "각자에게 갚

을 것을 갚는 것이 정의로운 일입니다." "친구들이 잘되도록 해주고, 적
들은 잘못되도록 해주는 것이 바로 정의로운 것입니다." 소피스트였던
트라쉬마코스는 "정의란 더 강한 사람들에게 이득이 되는 것입니다."
라고 주장했다. 하지만 모든 대화자는 소크라테스가 던지는 연속적인
질문들 앞에서 맥을 못 추고 쩔쩔매다 자기 의견을 포기했다.

소크라테스의 논쟁술은 위력적이다. 그의 연속되는 질문에 하나씩 대
답하다 보면 어느새 자신이 처음에 내놓은 주장과는 모순된 결론에 이
르게 된다. 상대가 당황스러워하면 소크라테스는 괜찮다면서 문제에
답하기 위해 처음부터 다시 시작하자며 이렇게 제안한다. 특정 상황 속
에서 정의로운 것처럼 보이는 구체적인 행동이나 판단에 집착하지 마
라! 그런 것들을 정의롭게 해주는 '정의'의 참모습(Idea)을 찾아라! 결국
"해야 할 정의로운 것들은 무엇인가?"라는 질문에 매달리지 말고, 어떤
행위를 옳고 정의로운 것으로 만드는 정의 그 자체, 절대적인 의미의
"정의란 무엇인가?"에 답하라는 말이다. 다시 말해서 샌델 교수가 던지
는 형식의 질문에 집착하지 말고 보다 근원을 노리는 탐구에 전념하라
는 것이다.

만약 구체적인 상황들을 조사하고 그곳에서 정의로운 것처럼 보이는
판단이나 행동을 사례별로 모은다면, 과연 정의의 참모습을 알 수 있을
까? 소크라테스는 『국가』에서 아니라고 딱 잘라 말한다. 그는 유명한
동굴의 비유를 든다. 인간은 동굴 안에 갇혀 사는 죄수와 같다. 우리는
뒤를 돌아볼 수 없다. 뒤에는 사물과 불이 있는데, 사물의 그림자만이
우리 눈앞에 있는 벽면에 비친다. 우리는 사물을 볼 수 없고 벽면 위의
그림자만 볼 수 있다. 이 비유에 따르면, 세상을 살면서 우리가 부딪히

는 모든 도덕적인 상황과 사건은 동굴 벽을 떠도는 그림자에 불과하다. 동굴에 갇혀 꽁꽁 묶인 채로 뒤를 돌아볼 수 없고 오로지 앞만 보는 죄수들의 눈에 비친 벽면의 그림자. 그것은 진상도, 진리도 아니다. 우리가 보는 것은 우리 뒤에서 움직이는 실물의 한갓 그림자며 허상일 뿐이다. 그것은 더 나아가 동굴 밖의 태양 아래 빛나는 진리와 진상의 허깨비에 불과하다. 우리는 동굴 속에서 그림자만 볼 뿐, 그림자의 실체를 볼 수 없다. 묶인 사슬을 끊고 동굴 밖으로 나오는 철학자들만이 그것을 볼 수 있다. 뒤를 향한 조망이 없다면 벽을 보면서 아무리 고민해도 정의가 무엇인지 알 수 없다. 소크라테스에 따르면 샌델 교수가 펼치는 논의는 동굴 벽에 비친 그림자를 다루는 것에 지나지 않는다.

샌델 교수는 이런 소크라테스를 달가워하지 않은 것 같다. 그는 책의 초반부에서 "벽에 비친 그림자에 영향을 받지 않는 철학은 단지 메마른 이상향을 그릴 뿐이다."라고 일갈하며 플라톤과 소크라테스를 완전히 배제한다. 서양 철학사에서 "정의란 무엇인가?"라는 문제를 본격적으로 던진 최초의 책이 플라톤의 『국가』이며, 그 작품 속의 주인공이 소크라테스임에도 불구하고! 대신 샌델 교수는 독자들을 아주 까다로운 도덕적 딜레마 속에 빠뜨려 놓고, 그 가운데서 어떤 일이 '해야만 할 정의로운 일'인지를 생각하라고 요구한다. "물건이 부족한 위기 상황이다. 당신이 가게 주인이라면 값을 올려 부를 것인가, 아니면 제값을 받을 것인가?" "당신이 브레이크가 고장 난 전차 기관사라면 정상 철로 위에 있는 5명을 살리기 위해 전차를 비상철로 위에 있는 한 사람 쪽으로 돌릴 것인가, 아니면 그냥 달려서 5명을 죽게 놔둘 것인가?" "표류하는 구명보트에서 어차피 죽을 사람을 희생시켜 그 사람의 살과 피로 세 사람을 먹여 살릴 것인가, 아니면 모두 죽더라도 그냥 버틸 것인가?" 동굴의 비유를 들어 말하자면 샌델 교수는 우리의 시선을 벽면의 그림자에 고정시킨 셈이다. 그리고 어떤 행동이 옳은가, 정의에 가까운가를 선택하고 이유를 대라고 한다.

그런데 샌델 교수가 택한 이런 탐구 방법은 역설적이게도 『국가』에서 소크라테스가 사용하는 방법과 엇비슷하다. 소크라테스는 대화자들이 제시하는 구체적인 사례들과 그에 관련된 정의의 규정들을 하나하나 논박해나간 후, 대화자들을 새로운 국면으로 이끈다. 그는 구체적인 상황들을 다루던 대화자들의 시선을 그 상황들에 영향을 미치는 원칙들 쪽으로, 즉 구체적인 '현상'들로부터 현상들을 지배하는 근본적인 '참모습(이데아)' 쪽으로 돌린다. 그리고 그 둘 사이를 오가게 하며 그들의 관계를 생각하게 한다. 플라톤은 소크라테스와 대화자가 취하고 있는 변증법적인 대화법이야말로 진정한 철학의 방법이며 철학 하기라고 선언한다.

샌델 교수의 강의도 이와 비슷한 방식으로 진행된다. 그의 말대로 "도덕적 사고가 변증법이라면" "구체적인 상황에 대한 판단과 그 판단에 영향을 미치는 원칙 사이를 왔다 갔다 하는 것이라면" 그의 강의는 변증법적이며, 소크라테스적이고 플라톤적이다. 구체적인 사례들을 통해 정의에 관한 다양한 논의들을 검토하고, 그를 통해 다시 사례들에 대한 올바른 판단을 유도하면서 "정의란 무엇인가?"를 사유하는 데로 인도하기 때문이다. 그러나 샌델 교수는 정의를 개념적으로 명확하게 규정하는 데까지 직접 가지는 않는다. 플라톤의 문제의식을 끝까지 함께하지 않는 것이다. 그래서 『정의란 무엇인가』에는 '정의(正義)'에 대한

'정의(定義)'가 없다. 한마디로 말해 '정의(正義)'가 없는 셈이다. "정의란 무엇인가?"라는 질문에 본격적으로 답하려고 하기보다는 그 답을 얻기 위해 먼저 "정의로운 것들은 무엇인가?"라는 질문을 던지고 학생들에게 답하게 만든 후, 마침내 학생들 스스로 정의에 관한 답을 찾도록 자극하는 데에서 그치기 때문이다. 매력적인 강의 방식임은 틀림없지만, 아쉬운 건 사실이다.

한 가지 더. 샌델 교수는 "해야 할 정의로운 것들은 무엇인가?"라는 질문에 초점을 맞추면서 "정의란 무엇인가?"라는 질문뿐만 아니라 그보다 더 원초적인 질문을 생략했다. "왜 우리는 정의롭게 살아야 하는가?" 플라톤의 『국가』가 던지는 궁극적인 질문이다. 만약 이 질문이 없다면 정의에 관한 모든 논의가 자칫 공허하고 위험해질 수 있다. 여러분은 정의롭게 살기를 원하는가? 그런데 왜? 만약 정의롭게 살아야 할 이유가 없다면, 나 자신이 정의롭게 살고 싶은 마음과 결단이 없다면, '정의'와 '정의로운 것들'이 무엇인지를 알아서 무엇하겠는가?

29

로고스,
사람을 사람답게 하는 것

"사람이면 다 사람이냐? 사람다워야 사람이지." 되먹지 못한 사람들을 만났을 때 흔히 하는 말이다. 그런데 사람답다는 것은 도대체 무슨 뜻일까? '인간 노릇을 제대로 못 한다'라는 말도 있다. 명절인데도 어른들께 제대로 인사 못 드리고 성묘도 못 가고, 먹고사느라 바쁘다 보니 챙겨야 할 경조사나 가족 행사를 소홀히 하게 될 때, 자식·부모·친구·선후배·스승·제자로서 해야 할 역할을 제대로 하지 못할 때 흔히 자조적으로 또는 변명조로 하는 말이다. 우리에게 인간 노릇, 사람다움이라는 말은 대체로 사람들 사이에 맺어진 관계를 전제로 한다. 이 말은 인간관계 속에서 마땅히 해야 할 바를 하는 것에서 의미를 가진다. 인간의 도리란 그렇게 해야 할 일을 하는 사회적인 역할로 규정된다.

하지만 서구에서 인간다움을 규정할 때, 거기에는 우리와는 다른 조금 독특한 측면이 있다. 그것을 합리성, 합리적 정신이라 할 수 있겠다. 그들은 인간이 이성적인 통찰, 논리적인 추론, 합리적인 사고의 힘을 갖출 때 문명과 문화를 누리며 인간답게 살 수 있다고 믿는다. '그것이 부족하면 인간은 야만과 미개의 상태에 머물며 동물과 딱히 구별되지 않는다. 야만적인 상태의 인간은 합리적이고 이성적인 사람들에 의해 계몽되고 통제되어야 한다.' 이러한 서구인들의 합리주의는 근대에 와서 절정에 이르렀고, 계몽과 개화를 핑계로 세계의 다른 지역들을 식민지화하는 오만(hubris)으로 폭발했다. 문명과 문화의 차이에 대한 존중은 거의 없었다. 오로지 서구적 합리주의만이 문명의 값을 매기는 절대적인 척도였다. 그들의 합리주의라는 잣대에 대면 우리가 말하는 사람다움과 인간 노릇은 경우에 따라서는 불합리하거나 비합리적인 것으로 값이 매겨질 수도 있다. 실제로 우리의 삶 속에서 우리 고유의 사람다움, 인간 노릇을 구현하는 실천의 항목들은 비합리·불합리라는 이유로 소탕되어 갔고, 지금도 사라져 가거나 모양을 바꿔가고 있다. 과거에 무서운 위력을 발휘했고, 여전히 위세를 떨치고 있는 서구다운 합리주의 정신과 전통, 그 뿌리에는 무엇이 있는 것일까? 성서에서 그 한 뿌리를 찾을 수 있겠다.

"맨 처음(arkhē)에 말씀(logos)이 있었다. 이 말씀이 신(theos)과 함께 있었고, 이 말씀이 곧 신이다. 그가 맨 처음에 신과 함께 있었다. 모든 것들이 그를 통하여 생겨났다. 생겨난 것이 하나도 그가 없이는 생겨나지 못했다. 그 안에 생명이 있었고, 이 생명이 사람들의 빛이었다." (「요한복음」 1장 1~4절)

이 성경 구절에 따르면, 시간도 운동도 아무것도 없는 맨 처음에는 '말씀'만이 있었다. 그것은 그리스말 '로고스(logos)'로 표현된다. 실제로 로고스란 '말'이라는 뜻이다. 그런데 말이라고 다 같은 말이 아니다. 참말이 있는가 하면 그럴듯해 보이지만 참이 아닌 거짓말도 있고, 아무리 따져 봐도 도무지 말이 안 되는 말도 있다. 로고스는 이치에 맞고 논리적이며, 사실에 비추어 꼭 들어맞는 참말만 가리킨다. 거기에 그치지 않고 참말을 참말이 되게 하는 논리적이고 합리적인 조건을 말뜻 안으로 끌어들이며 이성(理性), 이치(理致), 논리(論理)라는 뜻을 갖게 한다.

태초에 로고스가 있었는데 '신과 함께(pros ton theon)' 있었다고 한다. 여기서 '프로스(pros)'라는 전치사는 '~을 향하여'라는 운동의 방향과 지향성의 뜻과 '~와 함께'라는 동반과 밀착성의 뜻을 가지고 있고, 더 나아가 일치와 부합을 의미한다. 이 모든 의미를 두루 살려보면 로고스란 신을 지향하고, 신과 함께 있으며, 신과 일치하는 것이다. 그래서 로고스는 곧 신이다. 그런데 '로고스를 통해(di' autou)' 모든 것들이 생겨났고, 어떤 것도 '로고스가 없이(chōris autou)' 생겨난 것은 없다고 한다. 여기서 '~을 통해서'라는 뜻의 '디아(dia)'란 벗어날 수 없음을 전제하는 반면, '코리스(chōris)'란 '~없이'라는 결핍과 '~을 벗어나서' '~에서 떨어져'라는 이탈을 뜻한다. 즉 세계는 로고스 없이, 로고스에서 벗어나서는 생겨나지도 못하고 운동하지도 못하며, 오로지 로고스를 통해서만, 로고스와 함께할 때만 그럴 수 있다. 따라서 세계는 이성과 논리, 곧 로고스를 통해 파악할 수 있다. 한마디로 세계는 합리(logos)적이다.

"신(theos)이 말했다. '우리의 모습에 따라(kat' eikona) 닮도록(kath'

homoiōsin) 사람을 만들자. 그리고 그들이 바다의 물고기와 하늘의 새와 가축과 온 땅과 땅에 기는 모든 것을 다스리게 하자.' 그리고 신이 사람을 만들었다. 신의 모습에 따라 사람을 만드니, 그들을 남자와 여자로 만들었다."

「창세기」 1장 26~27절)

로고스를 통해 세계를 만든 신은 인간도 만든다. 성서의 첫 페이지는 신이 특별히 '신의 아이콘에 딱 맞게(kat' eikona theou)' 사람을 신과 닮도록 만들었다고 한다. 신의 모습을 닮는다는 것은 육체적인 형상만을 뜻하는 것은 아닐 것이다. 구약성서 「창세기」에 그려진 인간 창조의 장면을 앞서 인용한 신약성서 「요한복음」과 짝을 맞추어 본다면 인간은 신의 가장 본질적인 속성, 즉 로고스적인 속성을 닮아야 한다. 따라서 사람을 가장 사람답게 하는 것, 그것은 신의 본성인 로고스일 것이다. '논리적인 능력(logikē)'을 온전히 갖춘 이성(logos)적인 생명체, 그것이 바로 성서가 보여주는 인간의 모습이다.

종합하면 이렇다. 신은 로고스며, 로고스를 통해 세계를 만들었다. 따라서 세계는 로고스적이다. 인간은 신의 모습을 따라 만들어졌다. 따라서 인간은 로고스의 능력을 가지고 있다. 이렇게 신과 인간 사이, 신과 세계 사이에는 닮음의 관계가 있으며 그 관계를 매개하는 것이 바로 로고스다. 따라서 인간은 로고스의 능력으로 신을 이해하고 그와 소통할 수 있으며, 신의 소망대로 로고스에 따라 세계를 합리적으로 이해하고 지배하며 다스릴 수 있다.

이와 같은 생각은 비단 기독교의 것만은 아니다. 지독하게 그리스다운 것이기도 하다. "로고스의 능력을 가진(logikon) 생명체(zōion)가 있으니, 그 하나는 신(theos)이고, 다른 하나는 인간이다." 아리스토텔레스의 말이다.(「조각글」 187, 1511a43) 「요한복음」의 내용이 연상되지 않는가? 어쩌면 헬레니즘의 전통(기원전 5~1세기)이 기독교의 성립 과정(서기 1~2세기) 속으로 스며들어 갔을지도 모른다. 아리스토텔레스는 신이 모든 것을 있게 했고, 움직이게 하는 으뜸의 존재라고 했다. '신에 관한 로고스(theologia, theologikē)'가 철학 중에 으뜸이요, '일등(prōtē philosophia)'이라고 말했다. 그에 따르면 신은 단 하나며 정신적인 존재이므로 물질의 지배를 받지 않는다. '로고스적인(logikos)' 존재로서 '비합리적이지(alogos)' 않다. 인간은 '로고스적인 생명체(logikon zōion)', 즉 말을 할 수 있고 논리적이고 합리적으로 생각하는 힘을 가진 존재다. 신도 로고스며, 세계도 로고스를 따라 만들어졌다. 그리고 인간은 로고스를 가진 존재이므로 인간은 로고스의 능력을 잘만 사용한다면 신과 세계를 정확하게 알 수 있다. 로고스를 통해 존재를 그 자체로, 세계를 그 전체로, 인간을 그 본성에 따라 파악하려는 철학(philosophia)이란 바로 그런 전제 위에서 또렷해지고 단단해진다.

　그리스 철학에서 로고스는 원인과 결과, 전제와 결론으로 묶이는 두 항 사이의 관계를 지배한다. 예를 들어 불을 지피면 연기가 난다. 두 항 사이에는 원인과 결과의 관계가 있고, 그 관계를 로고스가 지탱한다. 그 현상 속에 깃든 로고스의 관계를 파악하고 말할 수 있다면, 그는 로고스의 능력이 있는 사람이다. 반대로 그것을 파악하거나 말하지 못한다면, 그는 로고스의 능력이 없거나 사용하지 못하는 미개하고 덜떨어진 사람이다. 만약 불을 지폈고 불이 일었는데도 연기가 나지 않는다면, 그것은 로고스를 벗어난 일이다. 말(logos)이 안(a-) 되는 '불합리한

(alogos)'일이다. 뗀 굴뚝에 연기 안 나라! 그런 일은 세상에 없다. 원인과 결과의 관계는 로고스를 따라 우리 인간 정신에 하나의 엄숙한 질서를 이루며, 로고스를 통해 인식 가능한 것으로 표현된다. 그래서 퓌타고라스를 비롯한 많은 그리스 철학자들은 세계를 '코스모스(kosmos)'라고 불렀는데, 그 뜻이 바로 조화로운 질서다. 질서를 받쳐주는 것이 로고스며, 질서를 주관하는 것이 바로 로고스인 신이다.

헬레니즘 시대를 대표하는 스토아학파의 철학자 제논은 말했다. "세계(kosmos) 전체는 살아 있는 존재며, 영혼을 품고 있으며, 로고스의 능력을 가지고 있다(logikon)."(디오게네스 라에르티오스, 『유명한 철학자들의 삶과 사상』 VII. 139) 왜냐하면 신이 바로 로고스며, 그 신이 세계를 만들었기 때문이다. "만물이 비롯되는 두 가지 근본 요소(arkhē)가 있다. 하나는 만드는 자이며, 다른 것은 수동적인 것이다. 수동적인 것은 아무런 특성이 없는 질료(hulē)이며, 만드는 자는 그 질료 안에 깃드는 로고스로서 바로 신이다."(VII. 134) "신은 하나이며, 정신(nous)이고 또 운명을 짓는 자(heimarmenēn)이며, (모든 것의) 원인(Dia)이다."(VII. 135) "신은 죽지 않는 생명체이며, 로고스를 따르며(logikon), 완전하다. 또는 행복 안에 머무는 지성적인 존재며, 어떠한 결핍도 허용하지 않는다. 세계(kosmos)와 세계 안에 있는 모든 것들을 돌보며 섭리하는 존재다."(VII. 147) 로고스인 신이 아무것도 아닌 질료에 깃들어 만물을 생겨나게 했으므로 세계는 로고스에 따른 질서를 갖출 수밖에 없다. 그래서 세계는 곧 신의 자기 전개인 셈이다.

서구의 합리주의, 즉 로고스주의는 그리스 철학과 기독교라는 굵은 뿌리에서 솟아나 무성한 잎과 꽃과 열매를 피워내며 어마어마하게 자라났다. 중세 유럽의 철학자들은 그리스의 철학과 논리학으로 기독교를 정당화하고 체계화하는 데 온 힘을 쏟았다. 그러므로 기독교가 공식 종교로 군림하고 사회 전반을 지배하는 이데올로기로 위세를 떨치긴 했어도, 서구의 중세를 단순히 종교의 시대라고만 말하기 어렵다. 적어도 중세의 철학자들은 세속적인 정권 및 이데올로기와 거리를 두며, 신의 선물인 이성(logos)을 통해 인간을 향한 신의 뜻과 세계 속에 구현된 신의 섭리를 깨닫기 위해 지성적으로 치열하게 노력했기 때문이다. 그래서 유럽의 과학자들과 철학자들이 중세를 지나 근대로 향하는 문턱에서 신의 이름을 벗겨버렸을 때 그 속에 깃들어 있던 이성이, 로고스가 오롯이 떠올라 새로운 합리주의의 시대를 열 수 있었다. 신의 이름에서 이성의 이름으로, 그렇게 서구의 계몽주의적 근대는 중세 철학에, 더 나아가 고대 그리스의 철학에 맥이 닿아 있었다.

그런데 인간은 과연 이성적인 존재인가? 근대를 지나 현대로 향하는 문턱에서 유럽의 지성인들은 아주 새로운 질문을 던졌다. 프로이트와 같은 정신분석학자들은 인간의 정신 안에 잠재된 거대한 덩치의 비합리적인 무의식을 발견했고, 그 중요성을 새롭게 부각시켰다. 일군의 실존주의 철학자들은 부조리한 인간의 실존적 조건에 대해 새로운 탐구를 시작했다. 근대 이후의 정신을 대표하는 포스트모더니즘 계열의 철학자들은 합리주의 전통 위에 구축된 서구의 질서를 해체하고 다양한 차이를 인정하는 다원주의 질서를 새롭게 구축하자는 목소리를 내고 있다. 바야흐로 세계화의 시대, 우리는 서구사상의 전통적인 흐름과 새로운 흐름을 바라보며 무엇을 준비하고 무슨 말을 해야 할까?

30

진리탐구의 여정,
대화의 변증술

　강대국이 자기 이익을 위해 약소국을 힘으로 친다. 참 못돼 먹었다 싶다. 게임방에서 쓸 돈을 얻어내려고 지나가는 초등학생을 협박해서 돈을 뜯어내는 못된 중학생의 행동과 크게 달라 보이지 않는다. 반성의 기미가 보이지 않는 중학생이 이렇게 저렇게 변명을 늘어놓듯이, 강대국에도 침략의 논리는 있다. 양심의 가책은 없다. 세상에는 그런 놈, 그런 일 투성이다. 세상을 어떻게 볼 것인가? 세상은 합리적으로 굴러가고 있는가? 아니면 비합리적인가? 폭력이 난무하는 욕망의 정글, 이성은 그런 사태에 직면해서 얼마나 제힘을 쓸 수 있을까? 폭력의 합리화와 강자의 논리가 버젓이 통하는 세상이다. 이성은 인간을 인간답게 하는 진정한 본성인가? 아니면 추악한 욕망과 탐욕을 미화하며 그럴듯하게 꾸며주는 화장품, 아니면 장신구에 불과한가? 이성은 욕망을 가장 효율적으로 충족시킬 수 있는 도구로서 작동하는 것은 아닌가?

서구는 세계를 이성으로 보려는 합리주의의 전통을 이어왔다. 그 전통은 로고스라는 말로 대표된다. 기독교에서는 물론이고 그리스 철학 (특히 스토아 철학)에서도 로고스는 세계의 맨 처음(arkhē)에 신(theos)과 함께했던 신 자체이며, 세계를 창조했던 힘이었고, 영원히 존재를 섭리하는 원리다. 아무것도 그에게서 벗어날 수 없다. 벗어난다면 그것은 타락이다. 즉시 개선되거나 계몽되어야 한다. 아니면 사라져버려야 한다. 그래서 로고스에서 벗어나 이성적인 것 바깥에 주름 잡혀 있는 비합리적인 모든 것들은 일그러진 악마로 형상화되기까지 한다. 그때 합리적인 힘이 비합리적인 힘에 가하는 폭력은 정당화되며, 폭력 자체가 아름다운 세계를 만드는 데에 필수적이라고 합리화되기까지 한다.

로고스에서 벗어난 것을 억누르는 로고스의 힘은 얼마나 진정으로 로고스다운 것인가? 로고스만이 있었고, 그것이 신이었으며, 그를 통하지 않고는 어떤 것도 나오지 않는다면 모든 것은 논리에 맞고 신의 섭리에 따른 것이라고 해야 하지 않겠는가? 죄악, 전쟁, 살인과 폭력, 미움과 증오, 질병, 착란…… 이 모든 것이 신이 허락해서 벌어진다고 해야 한다. 모든 일이, 심지어 비합리적이며 비 로고스적인 것들도 모두 로고스의 질서를 따른다고 해야 한다. 세상의 모든 일은 아름다운 조화를 이루는 것들이라고 해야만 한다. 합리주의에 충실하다면 결국 그렇게 믿을 수밖에 없다. 별다른 도리가 있을까? 로고스는 거대한 품으로 세계 전체와 온갖 좋고 나쁜 존재와 현상들을 품어 정당화하며, 인간 이해의 범위를 넘어서는 역설적인 포용성, 아니면 냉혹한 폭력성을 갖는 듯하다.

더 근본적인 문제가 있다. 신이란 완전하여 자족적인 존재인데, 왜 이 세상을 만들었느냐는 물음이다. 완전한 채로 홀로 존재한다는 것은 신에게는 견딜 수 없는 일이었을까? 완전함이란 자기 완결성에 갇혀 있지 않고 반드시 역동하고 넘쳐나 무언가를 창조해 내고야 마는 것일까? 아니면 신은 자기 완결성을 확인하기 위해 불완전한 존재를 필요로 했던 것일까? 자신을 갈망하고 찬양할 존재를 원했던 것일까? 신은 어쩌면 완전한 존재가 아니라 단지 인간을 비롯한 다른 존재보다 좀 더 나은 존재일 뿐, 그래서 자신의 불완전성을 채우기 위해 이 세계를 창조한 것은 아닐까? 너무 완벽하기 때문에 결함을 갖지 못한다는 유일한 결함만은 피할 수 없는 법, 이 단 하나의 결함을 없애기 위해 신은 결함투성이의 불완전한 존재를 자기 바깥으로 전개하며 자기 완결성을 이룩한 것일까? 자기 완결성을 확인하고 자족하기를 원했던 것일까?

그런데 신이 로고스며, 세계의 모든 원인이 로고스에 있다고 하면 창조와 분출은 피할 수 없다. 왜냐고? 로고스란 본질적으로 홀로일 수 없기 때문이다. 아리스토텔레스의 『수사학』 한 구절은 로고스의 본성에 대해 기막힌 정보를 제공한다.

"말(logos)이란 세 가지로 이루어진다. 말하는 자와 말에 담기는 내용, 그리고 말이 향하는 대상이다. 말의 목적은 마지막 것과 관련되어 있다. 듣는 사람 말이다." (『수사학』 1358a37~b2)

이 세 가지 요소 가운데 어느 것 하나라도 없으면 말은 말로서 제구실을 못한다. 특히 말을 들어주는 대상이 없을 때, 말은 과녁을 잃고 하릴없이 허공으로 날아가는 화살과 같다. 신이 로고스라면, 로고스의 속성상 신은 듣는 이를 필요로 한다. 듣는 이가 있어야만 로고스가 자기 완결성을 가질 수 있다는 말이다.

　내가 프랑스로 유학을 갔을 때, 나를 맞아주었던 친구와 선배가 해준 이야기가 있다. 외국에 나오니 말은 잘 통하지 않는데 말은 하고 싶어 죽겠고, 그래서 그랬는지 자기도 모르게 이상한 습관이 생겼다고 했다. 친구는 식당에서 밥을 먹을 때 자신에게 말을 걸었다. "그래, 그 느끼한 소시지가 맛있냐?" "아니. 그냥 먹는 거야." "그래, 먹고 힘내라. 빨리 끝내고 한국에 가야지." 선배도 그랬단다. 도서관에서 공부를 마치고 집으로 돌아오면 컴컴한 방에 불을 켜고 혼자라는 사실을 확인해야 했다. 그를 맞이하는 이는 거울 속의 그였다. 그래서 선배는 거울 속의 그에게 말을 걸었다. "잘 있었냐? 심심했지? 그런데 왠지 핼쑥해 보인다, 너?" "좀 피곤해서. 그래도 야, 너 참 잘 생겼다." "고마워, 그래 너밖에 없다." 듣고 있던 나는 그들이 읊조렸을 혼잣말을 상상하며 소름이 돋는 것을 느꼈다. 말할 수 있는 존재가 말할 수 없고, 말을 나눌 상대가 없다는 것은 여간 고통스러운 일이 아니었나 보다.

　이 일화는 아리스토텔레스의 말이 옳다는 것을 여실히 증명한다. 독백, 혼잣(mono-) 말(logos), 그것은 참된 뜻에서 로고스라 할 수 없다. 사실 모노로고스도 자기가 자신을 타자로 설정하고 그에게 말을 거는 행위일 때 의미를 가질 수 있다. 내가 또 다른 나에게 말을 거는 행위, 그렇다면 혼잣말 역시 듣는 이를 가정하고 있는 셈이다. 그게 아니라면 상상 속에서 다른 사람을 그려놓고 그 허상에게 말을 거는 꼴이다. 결국 모든 로고스는 말하는 자와 듣는 자 사이에(dia) 오고 가는 대화(dialogos)의 꼴을 갖출 때 제값을 가진다. 참된 대화란 로고스를 갖춘 인간을 건

강하게 지켜주는 힘이다. 어쩌면 로고스인 신은 디아로고스의 대상을 얻기 위해 자기를 타자(他者)화시키며 자유롭고 자율적인 존재로 전개한 것일지도 모른다. 로고스에서 디아로고스로 옮겨가는 것, 그것이 바로 신이 세계와 인간을 창조한 참된 뜻일지도 모른다. 로고스인 신도 어쩔 수 없이 대화가 필요했던 것이다.

그러나 대화란 쉬운 일이 아니다. 내 생각을 다른 사람에게 오롯이 전달하기도 쉽지 않고, 다른 사람들의 말의 뜻을 정확하게 이해하기도 어렵다. 언어가 생각과 뜻을 담아내는 데 한계를 가지고 있기 때문이기도 하고, 대화에 임하는 사람들의 자세가 자기중심적으로 닫혀 있기 때문이기도 하다. 대화의 성공은 말하는 사람이 자기 생각을 정확하고 솔직하게 전달하는 것뿐만 아니라 듣는 사람이 상대방의 말에 정성껏 귀를 기울일 때 비로소 간신히 이루어진다. 대화의 기술이 필요하다. 내 생각을 말하고, 다른 사람의 말을 듣고, 서로 따져가며 잘못된 것은 버리고, 잘된 것만 골라낼 수 있어야 한다. 내 생각이 꼭 선택되어야 한다고 고집할 필요가 없다. 대화에서 가장 중요한 것은 옳고 참되며 잘된 것을 찾아내는 일이다. 따라서 옳고 좋다면 누구의 생각이 선택되어도 상관없다는 열린 태도가 필요하다. 자기 생각이 잘못되었다는 것이 분명해졌을 때, 미련 없이 버릴 줄 알아야 한다. 상대방의 말이 옳을 때, 자존심을 버리고 거기에 자기 생각을 맞출 줄도 알아야 한다. 고집스럽게 자기 의견을 굽히지 않는 태도는 바람직하지 않다. 이해와 합의, 양보와 타협, 참된 길을 찾아가려 함께 하는 노력이 없으면 대화(dialogos)는 마비된다. 오로지 두 개의 혼잣말(monologos)만이 같은 장소, 같은 시간에 번갈아가며 시끄럽게 울릴 뿐이다. 잘못된 것, 모순을 버리며 오로지 진리만을 찾아가는 것. 그것이 디아로고스의 기술이며, 대화를 나누는 사람들 사이에서(dia) 말하는(legein) 기술(-ikē)인 '디아렉티케(dialektikē)'다.

진리를 추구하는 철학의 방법으로 대화의 기술을 적극적으로 모색한 사람은 소크라테스였다. 플라톤은 그의 제자로서 그의 방법론을 계승하고 체계화했다. 소크라테스는 자신이 뭔가를 안다고 자부하는 사람들을 만나 진지한 대화를 청했다. 묻고 답하는 가운데 소크라테스는 상대방이 알고 있던 것을 논파했으며(elenkhos), 상대방은 자신이 아는 것은 아무것도 없다고 고백해야만 하는 궁지로 몰렸다. 두 사람은 지금껏 알고 있다고 생각한 것을 버리고 원점에서 진리를 찾아가기 위한 대화를 새롭게 해야만 했다. 플라톤은 소크라테스가 탁월하게 보여주었던 논파의 대화술을 발전시켜 진리를 찾아가는 대화의 기술로 정교하게 다듬었다. 가설(hupothesis)을 세우고 대화를 전개하며 주어진 대상을 개념적으로 추슬러 모은(sunagogē) 다음, 이를 제 모양새(eidos, idea)를 따라 적절하게 나누며(diairesis) 그 본질(ousia)을 밝히는 방법으로 세운 것이다. 이것이 흔히 '변증술'이라고 번역하는 '디아렉티케'다. 그러니 이것은 진리를 향해가는 '대화의 기술'이라 옮겨도 좋을 듯하다.

플라톤은 철학자가 다스리는 이상적인 국가를 그리면서 통치자를 교육하기 위한 프로그램을 제시했다. 산술학과 기하학, 천문학과 화성학을 가르친 후 대화의 변증술, 즉 디아렉티케를 가르쳐야 한다고 말한다.(『국가』 7권) 지하의 어두컴컴한 동굴에 갇혀 벽에 비친 허깨비, 그림자만을 보도록 목을 묶인 인간들을 진리의 밝은 빛으로 이끌어가는 힘, 그것이 감각에 휩싸이지 않고 오로지 이성적인 사색(noēsis)과 논의(logos)

를 통해 대화를 이끌어가는 기술, 곧 변증술이다.

> "따라서 변증술의 방법만이 가정들을 하나하나 버리고, 결론을 탄탄하게 하기 위하여 맨 처음의 원리(arkhē) 자체로 나아간다. 그리고 진정으로 그 어떤 몽매한 구렁텅이에 빠져 묻혀 있는 영혼(psukhē)의 눈을 조금씩 부드럽게 이끌어내어 위쪽으로 인도한다." (533c~d)

그것이 플라톤이 말하는 철학이기도 하다.

> "밤과도 같은 낮에서부터 참된 낮으로 영혼을 돌려 이끄는 것, 진정한 존재로 오르는 길, 그것을 우리는 참된 철학이라 부를 것이다." (521a)

철학은 이른바 고독한 바퀴벌레의 독백이 아니다. 그것은 불완전할 수밖에 없는 인간들이 신으로부터 받은 로고스의 능력을 통해 서로 대화를 나누며 무지와 몽매의 어둠에서 빠져나와 밝고 환한 진리의 빛을 향해 가는 참된 대화의 기술, 구도의 과정 그 자체다.

이와 같은 합리주의 전통은 서구의 거대한 흐름 하나를 이끈다. 헤겔은 근대 막바지에 플라톤의 변증술 개념을 절대정신의 자기 전개 운동 원리라는 '변증법(Dialektik)'의 개념으로 옮겼고, 마르크스는 현대의 문턱에서 인간과 사회의 역사적인 운동의 '유물론적인 변증법(materialistische Dialektik)'으로 바꿔놓았다.

하지만 서구의 합리주의는 독선에 물들어 왜곡되고 있다. 숱한 분야에서 악용되고 있으니 말이다. 보라, 서구 전통 속에 깃들었던 합리적인 이성을 비이성적이고 이기적인 패권의 욕망을 충족시키고 정당화시키는 도구적인 이성으로 악용하는 힘이 서구라는 야누스의 얼굴 한쪽에서 음험한 미소를 번뜩이는 요즘인 것을.

31

말을 엮어 추론하라,
세계를 파악하라

"앞을 내다볼 줄도 알고, 똑똑하며 다채롭고, 날카로운 동물. 기억할 줄도 알고 이성(ratio)과 계획으로 가득 차 있는 동물. 이를 우리는 인간이라 부른다. 가장 높은 신은 바로 이 동물을 돌보이는 조건 속에서 태어나게 했다. 수많은 종류의 생명체와 자연물 가운데서 이성과 생각을 나눠 가진 단 하나의 존재. 다른 모든 것들에는 그런 것이 없다. 인간 안에, 아니 모든 하늘과 땅속에 이성보다도 더 신비로운 것이 어디 있겠는가? 이성이 활짝 피어나 완성될 때, 그것을 지혜(sapientia)라고 부르는 것이 옳다. 그러므로 이성보다 더 훌륭한 것은 없다. 이성이야말로 인간에게도 그리고 신에게도 있는 것이기에, 이성은 인간을 신과 함께 묶어준다." (『법률에 관하여』 1권 22~23행)

이성적인 신이 인간을 이성적인 존재로 태어나게 했으며, 인간은 이성을 통해 신에게로 곧추 솟아올라 간다는 이 말은 로마 공화정 최고의 정치가이며 철학자였던 키케로의 말이다. 그는 인간의 법(ius)과 법률 (lex)이 이성에서 생겨났다고 한다.

키케로(기원전 106~43년)는 고대 그리스의 정신적인 자산, 특히 철학과 수사학을 열심히 익혀 로마에 소개한 인물이다. 그는 그리스말로 되어 있는 수많은 고전과 그 속에 알알이 박혀 빛나고 있는 고급 개념들을 라틴어로 옮겨놓음으로써 빈곤한 라틴어를 풍부하게 살찌운 로마 최고의 지성인으로 꼽힌다. 위의 글에서 그는 다른 동물들에는 없고 인간에게만 있으며, 인간에게 있되 신으로부터 받은 신비로운 것, 그래서 인간과 신을 하나의 동아리로 묶어줄 수 있는 것을 이성(ratio)이라 선포한다. 키케로의 생각은 로마에서는 일찍이 찾아보기 힘든 것으로, 다분히 고대 그리스 철학자들, 특히 스토아학파 철학자들의 생각에서 비롯된 것으로 보인다. 키케로가 말한 '라티오(ratio)'란 그리스말로는 '로고스 (logos)'이기 때문이다. (키케로는 그리스말 로고스를 '생각하는 이성'을 뜻하는 라티오(ratio)와 '생각이 이성에 맞게 표현된 말'을 뜻하는 오라티오(oratio)로 나누었다.)

스토아학파의 사상 속에는 맑디맑은 불로 형상화된 신(theos)이 있다. 그것이 바로 로고스, 즉 이성이다. 이성은 안에서 생각하기와 바깥으로 말하기라는 두 가지 일을 한다. 그래서 말이란 표현된 생각이며, 생각이란 내면에 머무는 말이라 할 수 있겠다. 그런데 로고스인 신이 품은 생각은 세계로 펼쳐져 드러나며, 그래서 있는 모든 것들은 하나도 빠짐없이 로고스적인 존재다. 세상 만물은 로고스가 그어놓은 길을 따라 조화롭게 움직인다. 결국 세계란 신의 생각이 바깥으로 넘쳐서 드러난 언어인 셈이다. 그 가운데 인간은 신을 쏙 빼닮았다. 하여 인간에게는 이성이 넘쳐난다. 이때 흘러나오는 이성의 구체적인 형태가 말이겠다.

말은 혼잣말(monologos)로 텅 비어 울리지 않고 다른 사람과의 나눔 말(dialogos)로 공명(共鳴)할 때 그 뜻을 이루어낸다.

> "말(oratio)의 힘, 그것은 인간 사회를 묶어주고 조절하는 가장 큰 힘이다."
>
> (『법률에 관하여』 1권 27행)

 사람들이 서로 나누는 말은 한갓 말에 그치지 않고 행위로 이어져 무언가를 있게끔 이루어내는 힘을 뿜어내며, 감추어진 세계의 비밀을 드러낸다. 그리스말로 진리를 '아레테이아(alētheia)'라 한다. 이 낱말에는 '감추어져 있던 것(lēthē)'이 '벗겨져(a-)' 환하게 드러난다는 뜻이 깃들어 있다. 이 말과 관련해 철학자 플라톤은 소크라테스의 입을 통해 흥미로운 이야기를 전해 준다.

 처음에 인간의 영혼은 모든 것이 환하게 제 모습을 드러내는 진리의 세계에 살고 있었다. 진리를 보고 접하며 살았기에, 진리를 오롯이 알고 있었다. 그러나 영혼은 그곳을 떠나 육체의 옷을 입고 망각의 레테(Lēthē) 강을 건너면서 진리를 잊고 이 속된 세상을 살아간다. 그렇지만 누구든지 '진리에 대한 간절한 사랑(philosophia)'으로 육체의 속박에서 영혼을 깨끗하게 해방시키려고 한다면, 잊힌 옛 기억을 되살려(anmnēsis) 영혼이 살던 세계의 진리를 밝혀낼 수 있다.(플라톤, 『파이돈』 72e) 그런데 망각의 늪에서 벗어나 진리에 대한 기억을 어떻게 되살려낼 수 있을까? 그것은 감각에 속지 않고 이성에 집중하는 일에서 시작된다. 진리에 대한 기억을 되살려내는 일은 감각의 세계에서 눈을 돌려, 오직 올바른 말(logos)을 주고받는 가운데(dia-) 잘못된 생각을 버리는 참된 대화

(dialogos)를 통해 가능하다. 그래서 우리에게는 진리를 찾아 밝혀내는 대화의 기술, 곧 변증술(dialektikē)이 필요하다. 그것을 열심히 실행하며 철학을 했던 사람이 바로 소크라테스였다.

무언가를 알고 있다고 주장하는 사람을 찾아가 대화를 통해 논파(elenkhos)하는 소크라테스의 대화는 기존의 주장과 논의를 해체하는 파괴력을 가지고 있었다. 이 방법을 이어받은 플라톤은 이 논파의 기술을 좀 더 발전시켜 진리의 세계를 찾아가며 새롭게 구축하는 생산력을 가진 대화 방법, 곧 디아렉티케로 체계화해 나갔다. 그는 참되고 영원한 이데아의 세계와 숨 가쁘게 변화하는 순간적인 현상의 세계를 나누었다. 더불어 현상 세계에 대한 감각에서 얻어낸 한갓 의견(doxa)에서 벗어나 로고스를 통해 참된 지식(epistēmē)에 도달할 수 있는 철학적 방법을 다듬어냈다. 그것이 서로 말(logos)을 주고받는 대화를 통해 진리를 드러내는 변증술(辨證術)이었다.

플라톤의 학원 아카데미아에서 '아카데미아의 정신'이라 불리며 20년간 철학을 공부했던 아리스토텔레스는 스승이 갈고 닦은 길과 이어진 새로운 길(methodos)을 마련했다. 그는 그 탐구의 여정을 『변증론』이라는 책에 담아냈다.

> "이 작품의 목적은 어떤 문제가 우리에게 던져지든지 그것에 관하여 상식(또는 통념. endoxa)으로부터 말을 엮어 추론할(sullogizesthai) 수 있으며, 또 우리 자신이 하나의 주장(logos)을 밀고 나가려고 할 때, 어떤 모순도 일으키지 않고 말하는 방법을 찾아내는 것이다." (100a18~21)

이 글에서 '상식으로부터 출발해 말을 엮어내면서 진리를 찾아가는 추론'이 바로 '대화의 기술과 관련된 추론(dialektikos sullogismos)'이다. 여기서 눈여겨봐야 할 낱말이 바로 '쉴로기스모스(sullogismos)'다. 추론(推論)이라 번역하는 이 낱말은 원래 로고스(logos)들을 함께(sun-; sul-) 엮는다는 뜻을 가지고 있다. 말을 엮어 하나의 추론을 만들어내는 것, 이것은 아리스토텔레스의 정신적 발명품인데, 그는 이것에 대해 매우 큰 자부심을 가지고 있었다. 그는 말끔한 말의 묶음(sullogismos)을 만들어내는 독특한 추론의 방법을 찾아낸 것이다. 낱말과 낱말을 엮으면 하나의 문장이 되고, 문장과 문장을 전제와 결론의 형태로 엮으면 추론이 된다.

> "추론(sullogismos)도 하나의 말(logos)인데, 그 속에서는 어떤 주장들이 이미 전제로 놓여 있고, 그 주어진 주장들과는 다른 어떤 주장이 바로 그 주어진 말들에 의해 반드시 결론으로 따라 나온다." (『분석론 전서』 24b19~21)

주어진 전제에서 받아들이지 않을 수 없는 새로운 결론을 끌어내는 방법으로 말하기, 그것이 바로 아리스토텔레스가 말하는 추론이었다.

예를 들면 이렇다. '국민의 신임을 얻는 사람(B)이 한 국가의 지도자(A)가 되어야 한다.'라는 말과 '법을 준수하는 사람(C)만이 국민의 신임을 얻을 수 있다(B).'라는 말이 주어졌을 때, 이로부터 반드시 다음과 같은 결론이 나온다. '법을 준수하는 사람(C)만이 한 국가의 지도자(A)가 되어야 한다.' 이 추론은 'B면 A다. C면 B다. 따라서 C면 A다.'라는 틀을 가지고 있는데, 이 틀은 논리적으로 언제나 타당하다. 그리고 앞에 주어진 2개의 전제가 참이라고 합의되고 승인되면 결론은 언제나 참일 수밖에 없다. 말과 말을 엮어 반드시 타당하고 언제나 참인 추론의 망을 촘촘히 짜낸다면, 그리고 그것으로 세계를 차곡차곡 기술해 나간다면, 세계의 모습을 오롯이 건져 올릴 수 있지 않을까? 그것이 아리스토텔레스가 품고 있던 철학적 야망이었다. 이 야망은 무궁무진한 세계를 유한한 인간이 유한한 언어로 포착하려는 개념화 작업을 철학의 가장 본질적인 작업으로 이해했던 화이트헤드와 같은 현대 철학자들의 생각에도 반영되어 있다.

위에서 보았듯이 가장 기본적인 추론은 전제와 결론으로 이루어지며, 전제는 대체로 2개로 구성된다. 각 전제는 하나의 문장으로 만들어지는데, 문장은 주어와 술어로 나뉜다. 주어와 술어를 이루는 낱말들은 그 낱말들이 가리키는 대상이나 특징에 따라 실체(ousia)로 구분되거나 몇 개의 범주(範疇, katēgoria) 안으로 나뉘어 모여든다. 거꾸로 말하자면 하나의 주어에 특정한 범주에 속하는 낱말이 술어로 붙어 문장을 만들고, 문장들이 전제와 결론의 형태로 묶여서 추론을 만든다. 이 순서에 따라 아리스토텔레스는 추론의 방법을 체계적으로 정리했다.

그는 우선 낱말들과 개념의 모둠을 체계화한다.(『범주론』) 그리고 낱말들로 엮여 이루어지는 문장을 정리하고,(『명제론』) 2개의 문장을 각각 대전제와 소전제로 두고, 2개의 전제를 이어주는 매개항을 통해 하나의 결론을 이끌어내는 기본적인 추론, 이른바 삼단논법의 타당한 틀을 16개로 압축해서 제시한다.(『분석론 전서』) 그리고 타당한 추론의 틀을 세 가지 분야에 적용한다. 가장 먼저 학문적인 논증에 적용한다. 참된 것으로 인정하지 않을 수 없는 전제를 내세워 그로부터 필연적인 결론을 끌어내어 진리를 드러내(apo-) 보이는(deixis) 학문적인 논증(apodeixsis)에 새로운 추론의 틀이 어떻게 적용되는가를 보여주는 것이다.(『분석론 후서』) 그다음에는 질문과 대답으로 이루어지며, 상식으로부터 출발해 진리에 이르는 대화의 기술(dialektikē)에도 추론의 방법을 적용한다.(『변증론』) 거기에 덧붙여 사람들을 교묘하게 속이는 거짓 추론을 낱낱이 분석하여 그 본색을 폭로한다.(『소피스트적 논박에 관하여』)

아리스토텔레스가 쓴 6권의 책들은 세계를 파악하는 철학적 수단이요 도구라는 뜻에서 나중에 『오르가논』이라는 이름으로 묶인다. 이는 아프로디시아스 출신인 알렉산드로스에 의해 '로기케(logikē)'라고 불리게 되는데 논리학(logic), 곧 말(logos)의 타당성이 성립하는 원리를 다루는 기술(-ikē)이라는 뜻이다.

서구 합리주의 전통의 핵심을 이루는 논리학은 이렇게 탄생했다. 현대 철학자들 가운데 일부는 아리스토텔레스의 논리학이 갖는 한계를 비판하고 새로운 종류의 논리학을 대안으로 마련하려고 했다. 그러나 그들조차도 아리스토텔레스의 의도와 정신의 자장 안에서 움직이고 있다. 서양의 합리주의 전통은 아리스토텔레스의 논리학과 그 정신이 마련한 틀 속에서 무럭무럭 성장한 것이다.

'있는 모든 것'들의
아르케(arkhē)를 찾아서

"진정한 앎(sophia)"이란 "사물의 첫 번째 원인과 원리(arkhē)들에 관해" 아는 것이다.(아리스토텔레스, 『형이상학』981b28~29) 따라서 고대 그리스의 정신사적인 전통 속에서 '진정 앎을 사랑하는 일(philosophia)'을 하던 철학자들은 '있는 모든 것'들의 아르케를 찾아 나섰다고 말할 수 있다. 그런데 철학자들이 찾던 '아르케'란 무엇인가?

그리스 말에서 '아르케'는 시간의 맨 처음을 뜻하며, 공간의 가장 앞자리를 말한다. 예를 들어 종이에 선을 그을 때 연필 끝이 닿는 처음 지점이 아르케다. 그 앞에는 어떤 연필 자국도 없지만, 그 뒤로는 반드시 연필 자국이 이어진다. 그래서 아르케는 맨 앞에 서서 다른 모든 것을 이끄는 힘을 가진다. 처음이므로 맨 앞에 서 있고 그 뒤로 다른 것들이 생겨나 따라다니니, 선봉장이며 대장인 셈이다. 따라서 아르케는 '지휘권' '지도력' '권력' '패권'을 뜻한다. 어떤 모둠을 이끌어가는 권력이 없는 상태를 아르케(arkhē)가 없는(an-) '아나르키아(anarkhia; anarchy)'라고 부르며, 그런 상태의 사회를 지향하는 태도를 '아나키즘(anarchism)' 곧 '무정부주의'라 이른다. 반면, 권력(arkhē)이 한 사람(mono-)의 군주에게 있을 때는 '모나르키아(monarkhia; monarchy)' 곧 '군주정체' 또는 '전제정치'라고 부른다. '적은 수의(olig-)' 일부 엘리트들에게 '권력(-arkhia)'이 제한되어 있을 때는 과두정(寡頭政), 즉 '올리가르키아(oligarkhia, oligarchy)'라고 한다. 물론 철학자들이 '있는 모든 것들의 아르케'를 열렬히 추구하려 했다고 해서 그들이 세속적인 권력을 추구했던 것은 물론 아니다. 그들은 만물을 이끌어가는 으뜸 원리, 만물의 아르케를 찾아 나섰다.

종이 한 장이 있다. 반으로 자르자. 남은 반쪽을 다시 반으로 자르자. 자르고, 또 잘라보자. 그렇게 계속 자르면 마지막에는 어떻게 될까? 무엇이 남을까? 그리스 최초의 철학자들은 세상에 있는 모든 것들을 사유의 칼날로 쪼개고 쪼개, 그 결과가 어떻게 되는지 알고 싶어 했다. 존재하는 모든 것들이 비롯되는 최초의 시작점, '아르케'는 과연 무엇일까? 이것이 바로 그들이 풀고자 했던 문제였다. 종이를 자르다 보면 더는 자를 수 없는 가장 작은 조각이 남을 것이다. 그렇게 되면 자르는 일은 끝나게 될까? 아니면 결국 아무것도 남지 않게 될까? 그것도 아니라면 자르는 일을 끝도 없이 계속할 수 있으며, 끝끝내 아무것도 없는 일은 없어 무엇인가가 계속 남고, 쪼개고 쪼개도 또 남는 것일까? 끝없이, 영원히, 계속해서 자르는 '무한분할(無限分割)'은 가능한가? 생각만 해도 아찔하다. 제발 어디선가 멈추어주었으면 싶다. 뭔가 결판이 났으면. 그래야 속이 시원할 텐데. 그래서 분할 작업에 마침표를 찍어야 한다면 두 가지 가능성이 남는다.

첫째, 자르다 보면 어느 순간 정말 끝내줄 정도로 작디작은 조각이 남으며 그놈을 자르는 순간, 아무것도 남지 않고 사라져버릴 가능성이 있다. 마치 마술사의 손에서 동전이 감쪽같이 사라지듯 말이다. 하지만 이 가능성은 왠지 허탈하고 비논리적인 것 같다. 자르는 것은 끝이 났지만 남는 것이 아무것도 없다면 처음에 있던 종이는 허무(虛無)로 이루어진 신기루였단 말인가? 쪼개고 쪼개서 남은 것들을 모두 추려 다시 붙이면 처음에 있던 것이 나와야 하는데 남는 것이라곤 아무것도 없는 허무니, 허무를 추려 모아본들 본래의 종이로 복원될 턱이 없다.

둘째, 쪼개고 쪼개서 더는 쪼개지지(tomos) 않는(a-) 조각에 이르는 가능성이다. 분할은 어느 지점에서 멈추고, 그 지점에 더는 쪼개지지 않는 '아토모스(atomos ; atom)'가 단단하게 서 있는 것이다. 그것이 바로 '있는 것들'이 비롯되는 기본 요소, 즉 '아르케'다. 흔히 최초의 철학자라 불리는 탈레스는 그것을 '물'이라고 보았다. 종이를 쪼개면 마지막에 더는 쪼갤 수 없는 아르케가 나타나는데, 그것은 종이의 조각이 아니라 물방울이란다. 그 물방울 조각들을 추려 단단하게 꼭꼭 눌러 뭉치면 원래의 종이로 복원된다. 싱싱한 나무도, 단단한 돌도, 하늘거리는 꽃도, 풍요로운 땅도 다 물 조각들의 독특한 결합, 신비로운 변신의 결과다. 타오르는 모닥불도 물 조각들의 이글거리는 솟구침이다. 탈레스는 사유의 힘을 가지고 눈에 보이는 현상 너머로 그 현상을 있게끔 낳아준 최초의 근본 요소, 아르케를 꿰뚫어 보려 했다.

보이는 것은 보이는 대로만이 아니다. 그것을 있게 한 보이지 않는 형이상학(metaphysica)적인 요소, 만물을 질서 있게 꾸려나가는 강력한 리더십의 원리가 있다. 그것이 바로 '있는 모든 것'의 아르케다. 있는 것들의 시작점이며, 있는 것들을 이끌어 가는 원리다. 아낙시메네스가 공기라고 한 것도, 퓌타고라스가 수(數)라고 한 것도, 헤라클레이토스가 불이라고 한 것도 다 만물의 아르케에 대한 그들만의 철학적 통찰의 결과였다. 원자론자 데모크리토스는 이름 그대로 마지막에 쪼갤(tomos) 수 없는(a-) 것을 원자(原子), 즉 '아토모스'라고 불렀다. 그것이 무엇이 됐든, 철학자들은 모두 시간의 흐름과 현상의 변화무쌍함 너머로 모든 것을 낳고 움직이게 하는 영원하며 불변하고 근본적인 아르케를 찾으려 했다. 그것은 시간을 넘어서 있으며, 생겨난 것도 소멸하는 것도 아니다. 그래서 그들에게 우주는 시간적으로는 시작도 끝도 없는 무한한 지속의 세계로 그려진다.

내가 있다. 나를 낳아준 분은 나의 어머니와 아버지다. 그분들을 낳아준 분은 그분들의 어머니와 아버지다. 그렇게 계속 올라가고 또 올라간다면 어떻게 될까? 끝없이 계속 올라갈 수 있을까? 아니면 어떤 지점에서 멈추게 될까? 만약 어느 지점에서 멈춘다면 그것은 '태초(太初)', 곧 시간적 아르케다. 시간의 흐름 속에서 생겨나며 없어지는 '있는 모든 것'들이 시작되는 지점, 그것이 태초다. 그리스 시인 헤시오도스는 이렇게 노래했다. "태초(아르케)로부터, 있는 모든 것들 가운데 처음 태어난 것. 맨 먼저 카오스가 태어났고, 그 뒤를 이어서 넓디넓은 가슴의 가이아가 태어났다."(『신통기』 115~117행) 그리고 땅의 여신 가이아가 만물을 낳는다. 그렇다면 가이아와 카오스가 태어나기 전인 태초 이전에는 무엇이 있었을까? 당연히 아무것도 없다. 만약 무엇인가가 '태초' 앞에 있다면 태초는 진정한 태초가 아니며, 앞서 있던 것이 진정한 태초일 것이다. "아르케란 그것 자체가 반드시 다른 것 뒤에 오지 않아야 하며

(=그 앞에 아무것도 없어야 하며), 본성상 그것 다음에 다른 것이 있거나 생겨야"(아리스토텔레스, 『시학』 1450b28~29) 하기 때문이다.

아르케 이전에 아무것도 없었다면, 아르케는 아무것도 없는 절대 공허에서 생겨난 것일까? 그건 아니다. "아르케는 생겨나지 않기" 때문이다. '생겨나는 것'은 '아무것도 없는 것'에서 생길 수 없고, '있는 무엇'인가로부터 생겨나야 한다. 어떤 것이 생겨나 있으며, 자기와는 다른 모체(母體)를 가지고 있다면 그것은 아르케가 아니다. 그러므로 "생겨나 있는 모든 것들은 피할 수 없이 아르케에서 생겨나지만, 아르케는 다른 무엇인가로부터 생겨나지 않아야 한다."(플라톤, 『파이드로스』 245c~e) 따라서 아르케는 '생겨나는 것'이 아니라 그냥 '있는 것'이다. 시간에 얽매이지 않고, 시간을 넘어서 있는 것이다.

시간의 아르케는 성서 속에서도 만날 수 있다. "태초(아르케)에 말씀이 있었다. 그 말씀은 신과 함께 있었다. 그 말씀은 신이었다……모든 것이 그로 말미암아 창조되었으니, 그가 없이 창조된 것은 하나도 없다."(「요한복음」 1장 1~3절) "태초(아르케)에 신이 천지를 창조하셨다."(「창세기」 1장 1절) 성서 속에서는 시간을 거슬러 올라가 아르케에 도달할 때, 창조주인 신과 말씀을 만난다. 이런 질문을 할 수 있을까? "말씀이신 신은 태초에 천지를 창조하기 전에는 무엇을 하고 계셨을까?" "천지가 창조되던 태초 이전의 무궁한 시간 동안 창조주는 심심하게 홀로 있었을까?" 그러나 이 질문은 엉터리다. 왜냐하면 아르케(태초) '이전에는' 절대로 무엇이 있을 수 없기 때문이다. 시간은 태초로부터 비로소 시작되며, 최초로 만물이 비롯되기 때문이다. 그리고 그 '이전'은 말할 수도, 생각할 수도 없다. 아르케 '이전'이란 없으며, "없는 것을 사유하는 것

은 있을 수 없기 때문이다."(파르메니데스, 「조각글」 6)

그리스 신화나 기독교의 세계관은 우주의 태초인 아르케를 놓고 들어간다. '시간이 비롯되지만, 시간을 넘어서 있는 아르케'로부터 '시간 안에서 태어나고 자라고 사라지는 것들'을 설명한다. 무한한 소급은 없다. 그리고 무한한 진행도 없다. 우주는 시작과 끝을 가진다. "끝(teleutē)이란 본성상 그것 자체가 아르케와 정반대로, 다른 것 다음에 있어야 하며, 그것 다음에 다른 어떤 것도 없어야 한다."(『시학』 1450b30~31) 그 뒤에 무언가가 있다면 '끝'이 아니란 말이다. 여기서 '끝'은 모든 것이 끝장나는 파멸이 아니다. '끝 뒤에는 아무것도 없다'라는 말은 모든 것들이 허무로 사라진다는 말이 아니다. 그것은 '있는 모든 것들'이 신과 더불어 마침내 시간을 초월하여 존재성을 완결하는 절대적인 지점을 뜻한다. "신은 '있는 것'들의 아르케와 끝과 그 가운데를 모두 가지고 있기"(플라톤, 『법률』 715e8) 때문이다.

물론 시간의 흐름 속에 있는 모든 피조물은 시간의 흐름을 따라 허무로 쓰러지고 만다. "하지만 소망은 있습니다. 그것은 피조물도 시간 속에서의 썩어짐의 굴레에서 해방되어 신의 자녀가 누리는 영광스러운 자유에 참여하리라는 소망입니다."(「로마서」 8장 20~21절) 그 소망은 시간을 넘어섬을 전제한다. 허무를 넘어 완전한 존재성을 얻게 된다는 소망 시간 속의 파멸에서 자유를 향한 희망 말이다. 서구 사유의 근본적인 구조는 '있는 모든 것들'의 질료적인 아르케, 그리고 시간의 흐름 속에서 시원(아르케)에 대한 열망으로 어느 정도는 이미 결정된 것이 아닐까?

33

있음과 없음

여행을 떠나볼까 한다. 존재론을 위한 신비로운 여행이다. 암말들이 '나'를 마차에 싣고 여신의 길로 데려간다. 태양신의 소녀들이 마차를 인도한다. 밤의 집을 떠나 빛을 향해 가는 길이다. 길에는 밤과 낮의 길들을 나누는 문이 있으며, 문을 열 수 있는 열쇠는 정의의 여신이 가지고 있다. 소녀들은 부드러운 말로 솜씨 좋게 그녀를 설득하고, 그녀는 '나'에게 문을 열어준다. '나'는 마침내 여신을 만난다. 그녀는 '나'의 손을 잡으며 말한다.

> "불사(不死)의 마부들과 동행했군. 잘 왔다. 이 길은 인간들의 발자국으로부터 떨어져 있는 길이다. 이제 그대는 배워야만 한다. 설득력 있는 진리의 흔들리지 않는 마음을. 그리고 사람들의 의견들을." (파르메니데스, 「조각글」 1)

여기서 '나'는 고대 그리스의 철학자 파르메니데스(기원전 6~5세기)다. 하지만 '나'는 글을 쓰고 있는 나일 수도 있고, 글을 읽고 있는 여러분일 수도 있다. 그리스 최초의 철학자들이 '있는 모든 것들'의 근본 요소인 아르케(arkhē)를 찾으려고 했다면, 파르메니데스는 있는 모든 것들의 '있음' 자체를 찾는 여행에 우리를 끌어들인다. 우리가 여신에게서 배우는 것은 무엇인가?

여행의 끝에서 만난 여신은 '나'에게 말한다.

> "자, 이제부터 내가 말할 테니, 이야기를 듣고 잘 간직하라. 탐구의 길들 가운데 어떤 길들을 생각할 수 있는지를. 그 하나의 길은 '있다'라는, '있지 않음은 있지 않다'라는 길인데, 진리를 따르는 설득의 길이다. 또 하나의 길은 '있지 않다'라는, '있지 않음일 수밖에는 없다'라는 길인데, 전혀 배움을 주지 않는 길이다." (「조각글」 2)

그녀의 메시지는 매우 간단하다. "있는 것은 있고, 없는 것은 없다." 이 말은 더 따져볼 것도 없이 진리다. 아리스토텔레스는 말한다. "있는 것을 있지 않다고, 있지 않은 것을 있다고 말하면 거짓(pseudos)이다. 하지만 있는 것을 있다고 하고, 있지 않은 것을 있지 않다고 말하면 진리(alēthes)다."(『형이상학』 1011b26~27) 하지만 이건 뭐 진리라는 거창한 이름을 붙일 것도 없이 너무 뻔한 말이 아닌가! 있는 것을 없다고 딱 잡아떼거나 없는 것을 있다고 뻔뻔스럽게 우기면 그것은 거짓말이며, 사람들 사이에 문제를 일으키기 마련이다.

그런데 파르메니데스가 전하는 이야기의 결론은 우리의 기대를 훨씬 넘어선다. 그 결론은 우리가 모든 것을 오로지 정신(nous)을 통해 말(logos)로써 철저히 따져보고, 감각에 절대 속지 않을 경우에만 가능하다. "있는 것은 있고, 없는 것은 없다."라는 말에서 일단 있는 것은 생겨나지도 소멸하지도 않는다는 결론이 나온다. 왜냐하면 무언가가 생겨난다는 것은 '없었던 것'이 있게 되는 일이고, 소멸한다는 것은 있던 것이 '없게' 되는 일인데, 없는 것은 없으므로 없었거나 없게 되는 일은 있을 수 없기 때문이다. 그래서 있는 것은 없다가 생겨날 수도, 있다가 없어질 수도 없다. 있는 것은 오로지 있을 뿐 없음에 의해 조금이라도 손상되어서는 안 된다. 그렇지 않고 없음에 조금이라도 물들면 진정으로 있는 것일 수 없기 때문이다.

또한 있는 것은 운동도 할 수 없다. 꼼짝도 하지 못한다. 운동이란 한 곳에 있던 것이 그곳을 떠나 그곳에 더는 '없고' 전에는 '없던' 곳으로 가 있는 일을 말하는데, '없음'을 말할 수도 생각할 수도 없으므로 도저히 운동을 설명할 수가 없다. 변할 수도 없다. 변한다는 것은 무엇인가에 있던 것이 '없어지고', '없던' 것이 생길 때만 가능하다. 단풍잎에 초록빛이 없어지고 붉은빛이 생기면 우리는 잎의 빛깔이 변했다고 말한다. 그러나 있던 것이 없어지고, 없던 것이 있게 될 수는 없다. 그래서 있는 것은 변하지도 않고, 움직이지도 않으며, 생성과 소멸도 하지 않고 오로지 꽉 찬 하나로만 존재한다. 있는 것이 하나가 아니려면 하나와 하나 사이에 '빈 공간'이 있어야 한다. 그런데 빈 공간 속에는 무엇이 있는가? 아무것도 없다. 아무것도 없다면, 그냥 없는 것이 아닌가? 따라서 빈 공간은 있을 수 없다. 그곳에는 존재성이 가득 차 있다.

그런데 왜 우리에게는 하나가 아니라 여럿이 보이며, 없던 것이 생겨나고 있던 것이 사라져 없어지는 것으로 보이는가? 우리 앞에 드러나는 이 모든 현상은 무엇이란 말인가? 여신은 말한다. 그것은 우리가 이성과 논리로 생각하지 않고 감각으로 판단하기 때문에, 감각적으로 속기 때문에 나타나는 현상일 뿐이라고. 있는 것처럼 보이는 현상 너머에는 정신과 논리로만 파악할 수 있는 진리의 세계가 진짜로 있는데, 그 세계에는 단 하나의 존재가 생성과 소멸을 떠나고 변화와 운동을 떠나 존재할 뿐이라고. 그러면 우리는 어디에 있다는 말인가? 지금 여기에 있다. 얼마 전에는 없었던 우리며, 얼마 후면 없어질 우리다. 없음과 없음 사이에 갇혀 있는 있음이 우리 존재다. 그런데 여신이여, 우리는 있으니 없었던 적도 없고, 없어지지도 않는다는 말인가? 당신의 말대로라면 우리의 존재는 불변하며 하나로 영원하다는 말인가?

파르메니데스와 함께하는 존재론 여행의 끝에는 숨이 꽉 막히는 존재의 완전무결한 세계가 있다. 다양하고 변화무쌍한 현상은 모두 속임수로 버려진다. 유일무이하고 부동불변(不動不變)한 영원한 존재만이 있는 세계. 살아서 숨 쉬고 움직이며 커가고 늙어가는 나 자신도 하나의 신기루가 되어버리는 세계. 하지만 우리가 보고 있는 이것 모두를 어떻게 가상이라고, 거짓된 현상이라고 여기란 말인가? 어떻게 우리가 보고 듣고 느끼고 맛보는 이 세계를 떠나 오로지 이성만으로 모든 것을 판단하라는 말인가? 답답한 노릇이다. 여기에 맞서 존재와 인식의 숨통을 트이게 하려고 레우키포스와 데모크리토스를 대표로 하는 원자론자들이 빈 공간(kenon)을 인정하며 나선다. 물론 그들도 파르메니데스의 기본 명제를 존중한다. "있는 것은 있다." 그런데 그 있음의 세계에 아무것도 없는 것(to mē on), 즉 빈 공간을 없는 것이라고 버리지 말고 '있는 것'의 하나로 인정하자고 한다. 그들의 주장은 모순되는 개념을 엮어놓은 기발한 문장으로 표현된다. '있는 것은 있다. 그러나 있지 않은 것도 있는 것 못지않게 있다.'(아리스토텔레스, 『자연학』 187a1) 그들은 '있는 것'을 '꽉 찬 것'이며 더는 '쪼갤 수 없는 원자(atomos)'라고 놓고, '없는 것'을 '텅 비어 있는 공간'이라고 놓고 들어간다.(『형이상학』 985b5) 공간이 생기니 하나 이상의 존재, 즉 여러 개의 원자가 있을 수 있게 되고, 그 원자들이 공간을 떠돌아다닐 수 있게 되었다. 그놈들이 서로 뭉쳐지거나 흩어지면서 생성하거나 소멸하고, 다양하게 변화하며 운동하는 현상이 가능하게 된다. 현상은 이제 허상이 아닌 진상이며, 신기루가 아닌 실재 세계로 되살아난다. 이른바 '현상의 구제'가 이루어진다.

파르메니데스의 존재론에 대한 반발은 상대주의와 회의주의로도 나타난다. 유명한 소피스트 프로타고라스는 말한다.

> "있는 것들에 대해 있다고 하고, 있지 않은 것들에 대해 있지 않다고 하는 것에 관한 한, 인간(또는 개인)은 모든 것들의 척도(metron)다."
>
> (디오게네스 라에르티오스, 『유명한 철학자들의 삶과 사상』 IX.51)

그는 '있는 것은 있고, 없는 것은 없다'라는 문장에 그와 같은 판단은 절대적인 것이 아니라 그런 판단을 내리는 인간 또는 개인에 달린 것이라는 제한을 붙였다. 우리가 보기에 있는 것이 실제로는 없는 것일 수도 있고, 없는 것이 있는 것일 수도 있다. 우리는 사과 속에 빨강이 들어 있다고 보지만, 사과에 진짜 빨강이 있는지 없는지 어떻게 장담할 수 있는가? 우리의 눈과 전혀 다른 구조와 감수성을 가지고 있는 잠자리의 눈에는 사과가 다른 색깔로 비칠 수 있지 않을까? 그렇다면 인간과 잠자리 가운데 누가 진짜 사과의 색깔을 제대로 파악한 것이라 할 수 있을까? 우리가 본 사과의 색깔은 우리에게 나타난 색깔일 뿐, 그 자체가 정말 그런 색깔인지는 알 수 없다. 프로타고라스의 생각은 '있다 없다'의 진리에 관해 상대주의적인 태도를 보일 수밖에 없는 인간의 조건과 한계를 잘 보여준다.

한편 또 다른 소피스트 고르기아스는 이렇게 말한다.

> "아무것도 있지 않다. 있다고 해도 알 수가 없다. 뭔가 있으며, 그것을 안다고 해도 다른 사람에게 전할 수가 없다." (『있지 않은 것에 관하여』 979a12)

그는 파르메니데스의 문장 가운데 '있는 것은 있다'마저 부정한다. 불변하며, 유일하고, 생성·소멸하지 않는 영원한 존재, 그런 것이 있다고? 웃기지 마, 그런 것은 없어! 설령 그런 존재가 있다고 하더라도 인간이 어떻게 그것을 알 수 있겠는가? 좋다. 설령 알게 되었다고 치자. 그러나 그것을 다른 사람들에게 고스란히 말로써 전할 수 있을까? 전한다 해도 전하는 내용을 듣는 사람이 조금의 오해 없이 그대로 받아들일 수 있을까? 그가 받아들인 것이 내가 전달하려는 내용과 일치한다고 무엇으로 확인하고 보장할 수 있다는 말인가? 고르기아스는 절대적인 존재와 진리에 대한 깊은 의심, 인간 인식에 대한 깊은 불신, 참된 의사소통에 대한 절망감으로 결국 회의주의에 빠지게 된다.

'있다'와 '없다'에 대한 그리스 사람들의 철저한 반성과 논쟁. 이것은 유구한 역사를 통해 지속되면서 서구 사유에 존재론과 형이상학의 깊은 전통과 토대를 마련해 주었다. 있음과 없음에 관한 반성. 이것은 단순히 추상적인 이야기만은 아니다. 예전에는 없었으나 지금은 있는, 그리고 지금은 있지만 언젠가는 없어질 우리의 존재 자체에 관한 절절한 이야기다. 도대체 있다는 것이 무엇이며, 우리의 있음은 무엇이란 말인가?

34

이데아,
영원한 존재의 꿈

　여러분은 사과를 먹어본 적이 있는가? '그럼, 당연하지.' 여러분의 대
답일 것이다. 사과, 거 뭐 비싼 것도 아니고 희귀한 과일도 아닌데 그거
먹어본 적이 없으려고. 그런데 내 질문은 그리 간단하지 않다. 여러분
앞에 사과가 여러 개 있다고 하자. 여러분이 그것들 가운데 하나를 집
어 들어 먹는다. 여러분은 지금 무엇을 먹고 있는가? 사과를 먹고 있다
고 대답할 것이다. 그런데 정확하게 말한다면 여러분이 먹은 것은 '사
과'가 아니다. '사과'라고 불리는 것들 가운데 하나, 즉 그때 거기에 있
는 어떤 개체(個體)일 뿐이다. 그것은 이 세상에 단 하나뿐인 고유한 것
이다. 그것이 옆에 있던 다른 것들과 모양과 색깔, 감촉과 맛이 엇비슷
해서 그것들과 함께 묶여 '사과'라는 공통의 이름으로 불리고 있기는 하
지만, 그것들과는 전혀 다른 것이다. 마치 어린 왕자에게 장미라는 이
름으로 불리는 숱한 장미들이 그에게 특별한 의미를 갖지 못하는 반면,

그의 장미는 한갓 장미가 아닌 것과 마찬가지다. 어린 왕자의 장미는 전 우주 속에서 유일하고 고유한 존재로서, 어린 왕자에게 각별한 의미가 있다. 그것은 '장미'가 아니라 '장미'라 불리는 '그녀'다.

철학적인 논의 속에서 이것을 흔히 '개별자(個別者)'라고 한다. 이 말은 라틴어 '인디비두알리스(individualis)'라는 말을 옮긴 것인데, 더는 '안(in-) 쪼개지는(dividualis) 놈'이라는 뜻이다. 쪼개버리면 그 순간, 그것의 고유한 존재성은 파괴되고 정체성은 사라진다. 이놈은 시간과 공간 안에서 다른 어떤 놈도 범할 수 없는 고유한 자리를 굳세게 차지하고 있으므로 전 우주 속에서 '그때 거기'를 차지하는 단 한 놈이다. 여러분이 사과를 먹었다고 할 때, 여러분은 '사과'라고 불리는 어떤 고유하고 유일한 개별자 하나를 골라 산산조각내어 이 우주 속에서 사라지게 한 것이다. 그것에 붙은 이름 '사과'는 사라진 그것과는 별개의 '것'이다.

그런데 흥미로운 것은 그렇게 고유한 개체들이 수없이 많이 있어도 그것들은 모두 단 하나의 모둠으로 묶이며, 단 하나의 이름으로 불릴 수 있다는 사실이다. 이때 그 이름과 그 이름으로 묶이는 모둠을 흔히 '보편자(普遍者)'라고 한다. 이것은 라틴어 '우니베르살리스(universalis)'를 번역한 말인데, 수많은 낱개의 개별자들에 대해 '하나(uni-)의 이름을 붙인 모둠 안에 담긴다(versalis)'라는 뜻이다. 보편자는 개별자와는 달리 시간과 공간에 구속되지 않는 힘, 즉 초월(超越; transcendo)과 추상(抽象; abstraho)의 힘을 가진다. 그리고 모든 개별자들을 '한데 묶어(con-)' '지키고 통제하는 힘(ceptio)'을 가진다. 그래서 그것을 보편적인 '개념(conceptio)'이라 부른다. 개념은 단 하나이면서 수많은 개별자들의 이름 노릇을 할 수 있다. 다양하지만 엇비슷한 개체들이나 한 단위의 사건들을 공통의 이름으로 묶어 규정할 때, 우리는 대상을 '개념화'한다고 말하곤 한다.

빨갛게 윤기가 흐르는 잘 익은 사과 하나를 골라내 보자. 그것은 '사과'라고 불리기에 조금도 손색이 없어 보이는 하나의 '개별자'다. 그런데 그것은 정말 사과로서 흠이 하나도 없는 사과일까? 잘 살펴보면 어딘가에 상처가 있을지 모른다. 색이 좀 옅은 부분이 있을 수도 있고, 조금 짓물러버린 곳도 있을 수 있다. '사과'라고 불릴 조건을 충분히 갖추고 있을지는 모르겠지만 결코 완벽하다고 할 수는 없다. 그리고 그것은 시간의 흐름 속에 있기 때문에 어쩔 수 없이 조금씩 변하고 상할 것이다. 상한 사과가 되고, 그다음에는 썩은 사과가 되었다가 마침내 더 이상은 사과라고 할 수 없는 완전 부패의 상태에 이르게 될 것이다. 사과에서 사과가 아닌 것이 된다. 시간은 그놈에게서 사과'성(性)'을 빼앗아 간다. 반대로 시간을 거슬러 올라가면 그것은 아직 덜 익은 사과였으며, 그전에는 과일의 모습을 간신히 갖춘 과육의 알갱이였으며, 또 그전에는 꽃과 씨방이었을 것이다. 사과가 아닌 것에서 사과가 된다. 시간은 그렇게 그놈에게 사과'성'을 보탠 것이다.

그렇다면 연속적인 시간의 파노라마 속에서 그놈은 과연 어느 순간에, 어떤 상태에서 진정 사과였을까? 우리가 또렷하게 느낄 수 없었다 하더라도 그것은 한순간도 고정되지 않고 지속하되 파동하며, 끊임없이 변화하고 있었다. 사과가 아닌 것에서 사과인 것으로, 덜 사과인 것에서 더 사과인 것으로, 그리고 사과인 것에서 점점 더 사과가 아닌 것으로. 재미있는 것은 그런 끊임없는 변화의 술렁임 속에서 한순간도 제대로 완벽한 사과였던 적이 없는 그것을 우리는 아무런 문제도 느끼지 않고 '사과'라고 부른다는 사실이다. 무르익어 탱탱하고 윤기가 흐르는 놈만이 아니라 설익어도 대충 사과라고 부르며, 상해도 그냥저냥 사과라 한다. 참 신기한 일이지 않은가? 완벽하게 사과도 아닌 것을 사과라 부르니 말이다. 우리의 정신은 그렇게 불완전한 사과 안에서 완전한 사과성을 느끼고 파악하니 말이다.

불완전한 '수많은 사과'를 보고, 또 다양한 변화의 스펙트럼을 거치며 지속되는 하나의 사과를 보고 '사과'라고 부를 수 있는 것을 보면, 어쩌면 우리는 어렴풋이나마 사과의 완전한 모습을 알고 있는지도 모른다. 우리가 설령 말로써 그 모습을 온전하게 표현하지 못한다 하더라도, 어떤 것을 '사과'라고 부를 수 있는지 판가름할 기준을 갖고 있다는 말이다. 그 기준이 있기에 어떤 것을 보는 순간 '저것은 사과다' 또는 '저것은 사과가 아니다' '저것은 아직 덜 익은 사과다' 또는 '잘 익은 사과다' '저 사과는 맛이 갔다' 따위의 판단을 내릴 수 있는 것 아니겠는가.

그러므로 우리는 숱한 개별자들을 판단할 수 있는 하나의 보편적인 기준을 가지고 있다고 말해야 한다. 우리가 알고 있을 법한 그 기준을 '대표' 사과라 하자. 그것은 사과의 조건을 완벽하게 만족시키는 사과의 '이상', 사과의 '참모습'이라 할 것이다. 아무런 흠을 가지지 않기에 '완벽' 사과라고, 시간에 따라 변화하지 않고 영원히 그대로의 모습을 간직하기에 불변 부동의 '절대' 사과라 할 것이다. 구체적인 시공간에 구속받지 않고, 그를 넘어서 있기에 물질적인 특징과 시공간적인 연장성을 전혀 갖지 않는 그것, 그것을 사과의 순수한 '형상(形相)', 사과의 '참모습'이라 할 것이다.

반면 눈에 보이는 하나의 사과라 불리는 것에는 구체적이고 물질적인 무엇인가가 덧입혀져 있다. 덧입혀진 그것 때문에, 사과의 형상은 시간과 공간 속에서 우리가 보고 느낄 수 있도록 재현(再現)된다. 그리고 덧입혀진 그것 때문에, 우리의 사과는 끝끝내 사과의 원형을 완성하지 못한다. 그러나 눈을 감고 사과의 모습을 떠올려보라. 그 모습에서 구체적이고 우연으로 덧입혀진 물질적인 요소들을 모두 떼어내고 지워보라. 그리고 그것의 본질적인 모습만, 순수한 형상만 오롯이 떠올려보라. 모든 사과를 '사과'라 부를 수 있게 하는 하나의 형상을 수많은 개별자로부터 추상시켜 보라. 그리고 그것을 시간과 공간의 울타리 너머로 초월시켜 보라. 그때 여러분은 사과의 모범적인 원형(paradeigma)의 세계, 소크라테스와 플라톤이 그리던 이데아(Idea), 형상, 곧 '참모습'의 세계를 만나게 될 것이다.

추상(abstractum)이라 함은 개별자들'에서(abs-)' 물질적인 요소를 '떼어냄(tractum)'을, 또는 물질적인 존재'로부터(abs-)' 순수한 형상을 '뽑아냄(tractum)'을 뜻한다. 초월(transcensum)이라 함은 그렇게 떼어낸 순수한 형상을 시간과 공간의 지평 '너머로(trans)', 전혀 새로운 존재의 지평으로 '올려보냄(scando; -scendo)'을 뜻한다. 그렇게 추상하고 초월하면 순수한 형상, 참모습, 즉 이데아를 만난다. 이데아란 원래 '본다(idein)'라는 동사에서 만들어진 말이니 볼 수 있는 모습(idea, eidos)을 뜻한다. 그런데 그것은 눈이라는 감각기관으로는 오히려 볼 수 없다. 눈에는 '보이지 않는 것(aides)', 눈이 아닌 영혼으로만 볼 수 있는 것(idea), 그것이 바로 이데아다. 이것은 물질로부터 떨어져 추상화되어 있고 시간과 공간을 초월해 있으므로 언제나 그대로다. 그것은 없다가 있고, 있다가 없어지는 그런 것이 아니다. 진정한 있음, 파르메니데스가 그려낸 것과 같은 흔들리지 않는 완전한 존재, 바로 그것이다.

기원전 399년, 그리스 아테네의 감옥에서는 희한한 토론이 벌어졌다. 법정에서 자신의 무죄를 주장하던 한 철학자가 사형 선고를 받았는데, 당시 아테네의 실력자였던 그의 제자들과 친구들은 탈옥 작전을 짜놓고 사형 집행 전에 그를 빼돌리려고 했다. 토론은 탈옥을 권유하는 친구들과 탈옥을 거부하는 철학자 사이에서 격렬해졌다. 그 철학자는 바로 소크라테스였다. 사형 선고는 부당하다고 힘주어 주장하던 그가(『소크라테스의 변론』) 친구들 앞에서는 오히려 사형 선고를 존중하는 태도를 보이며(『크리톤』) 자신이 죽어야 할 이유를 힘차게 주장한 것이다.(『파이돈』)

소크라테스는 평생 죽음을 기다리며 준비해 왔노라고 말했다. 그에게 철학이란 죽음을 준비하고 연습하는 것이었다. 살아 있다는 것, 그것은 순수한 영혼에 몸이라는 물질이 덧입혀져 시간과 공간의 틀 안에 구속되는 것을 의미했다. 시간과 공간의 구속을 피할 수 없는 몸은 영혼을 가두는 감옥인 셈이다. 그러므로 죽음은 영혼이 몸을 벗어나 홀로 떨어져 나가는 것이다. 시간과 공간을 벗어나는 것이다. 어디로? 바로 영원한 보편자들의 세계, 곧 이데아의 세계로. 우리가 사는 이곳은 시간과 공간으로 짜여 있으며 생성과 소멸, 변화와 운동의 일렁임이 끊이지 않기 때문에 완전한 존재라고는 있을 수 없는 세계다. 순수한 형상이 버틸 수 없는 불안정한 세계다. 무엇 하나 제대로 '있다' 할 것이 없다. 없다가도 있고, 있다가도 없어지는 세계. 이렇다가도 저렇게 되고, 저렇다가도 이렇게 되는 세계. 여기 있다가도 저기로 가 있고, 저기 있다가도 이리로 와 있는 세계. 소크라테스는 그 세계를 벗어나려고 철학을 했다고 한다. 철학이란 몸을 입고 살아 있는 동안 영혼을 몸의 간섭으로부터 철저히 떼어내 오로지 순수한 이성의 힘을 모으는 것이다. 그것은 영혼이 몸의 감옥에서 해방되는 죽음과 무척 닮았다. 그래서 철학은 죽음의 연습이다. 죽음이란 몸으로부터 해방된 영혼이 이데아의 세계에 올라가는 것이듯, 철학이란 몸을 입고 살아있는 동안 감각적인 몸의 간섭에서 벗어나 순수한 이성으로 이데아를 열망하며 똑바로 바라보는 것이다. 영원한 존재의 세계 이데아, 그것은 죽어서 이 세상을 떠나도 영원히 존재하기를 갈망하는, 열렬한 존재의 꿈이 아니겠는가?

"잘 가." 여우가 말했다. 자신을 길들인 어린 왕자와 이별의 순간에 여우는 비밀을 털어놓았다. "내 비밀은 이거야. 아주 간단해. 잘 보려면 마음으로 봐야만 해. 본질은 눈으로는 볼 수가 없거든."

여우의 말은 플라톤의 철학에 잇닿아 있다. '본질'은 '엣상시엘(essentiel)'을 번역한 것인데, 이 단어는 '있음' 또는 '임'을 뜻하는 라틴어 동사 '엣세(esse, 영어의 be 동사)'에서 온 것이다. 있다가 없어지고 없다가 있게 되는 것이 아닌 것, 이랬다저랬다 하는 것이 아니라 항상 그것'인 것'을 'essentiel'이라고 한다. 그것은 플라톤의 이데아와 다를 바 없다. 그러니 그것은 눈에는 보이지 않고 마음으로만 잘 볼 수 있는 것이다. 여우의 비밀은 곧 서양 철학, 특히 플라톤 철학의 핵심이었다.

35

철학이란
무엇인가?

"당신은 누구요?" 레온이 퓌타고라스(기원전 약 580~490?년)에게 물었다. 그가 대답했다. "나는 진정 앎을 사랑하는 사람입니다." 진정 앎을 사랑하는 자라고? 의아해하는 그에게 퓌타고라스는 이렇게 덧붙였다.

> "인생은 축제와 같은 것이지요. 이곳으로 사람들이 모여듭니다. 어떤 이는 승리를 얻기 위해 경기를 하러 오고, 어떤 이는 돈을 벌기 위해 장사를 하러 옵니다. 하지만 가장 뛰어난 이는 축제를 보기 위해 오는 관람객이지요. 이와 마찬가지로 인생에서도 노예근성을 타고난 이들은 화려한 명성과 물질적 풍요를 좇아가지만, 진정 앎을 사랑하는 사람들은 진리를 추구한답니다." (디오게네스 라에르티오스, 『유명한 철학자들의 삶과 사상』 VIII.8)

진정 앎을 사랑하는 자(philosophos)라……. 도대체 그는 무엇을 하는 사람인가? 그가 '필로소포스'니 그가 하는 일은 '필로소피아(philosophia)'일 텐데, 말의 뿌리를 따지자면 '앎(sophia)'을 '사랑하는(philo-)' 일이다. 아에티오스에 따르면, 이 말을 처음으로 사용한 사람이 퓌타고라스라고 한다.(『학설모음집』I. 3. 8) 그는 자신의 삶을 나타내기 위해 이 말을 사용한 것이다. 그는 기존에 통용되던 모든 가치를 접어두고 아주 독특하고 새로운 것을 지향했는데, 이를 표현할 말이 마땅히 없었다. 그러니 새로 말을 만들어낼 수밖에. 그는 전쟁터에서 승리와 영광을 얻기 위해 필사적으로 싸우는 영웅이 되려고 하지 않았다. 수많은 관중이 구름처럼 모여든 각종 경연대회에 참가해 자신의 기량을 한껏 뽐내는 것조차 그의 관심이 아니었다. 재산을 축적해 화려하게 삶을 누리는 것도, 권력의 정상에 서서 자기 뜻대로 무리와 모둠을 주무르는 맛도 그가 열망하던 바가 아니었다. 그는 오로지 진정으로 알고자 했을 뿐이다. 그것이 그가 간절히 잇닿고 싶어 했던 가장 높은 가치였다.

> "곧 죽게 되었다고 화를 내는 사람을 본다면, 이는 그가 '진정 앎을 사랑하는 자(philosophos)'가 아니라, '제 몸이나 사랑하는 사람(philosomatos)'이라는 사실의 충분한 증거가 되지 않겠는가? 그 사람은 아마도 '재물을 사랑하는 사람(philochrematos)'이며 '명예를 사랑하는 사람(philotimos)'이지 않겠는가?"(플라톤, 『파이돈』 68b~c)

죽음을 앞둔 소크라테스가 한 말이다. 그는 전쟁의 영웅도 아니었으며, 권력의 정상에 선 자도 아니었으며, 대부호도 아니었다. 그는 책 한 권도 쓰지 않았고, 무슨 돈벌이를 고정적으로 했다는 기록도 없다. 천하의 백수, 소크라테스! 그는 오로지 진정 앎을 사랑하는 자로서 살았을 뿐이다. 지혜로운 사람이라고 자처하는 이가 있다면 찾아가 배우려 했고 길거리, 시장, 술자리, 그 어디에서든 그는 끊임없이 묻고 답하며 진리를 추구했다. 왜, 어떻게 살아야 하는지, 진정 옳은 것은 무엇이고 아름답고 정의로운 것은 무엇인지……. 그는 묻고 또 물으며 그 답을 찾아 항해하던 한 척의 새로운 돛단배, 새로운 유형의 삶을 살아가던 인간이었다.

"인간은 본성적으로 알고자 열망한다."(아리스토텔레스, 『형이상학』, 980a22)

인간의 여러 본성 가운데 이 지적인 본성에 충실하고, 이 열망을 채우기 위해 자기를 모두 던지는 사람을 진정 앎을 사랑하는 사람이라 하겠다.

"지금이나 처음이나 사람들이 진정 앎을 사랑하기 시작하는 것은 놀라움 때문이다. 처음에는 비교적 손쉬운 어려움에 놀라지만, 곧이어 조금씩 나아가면서 좀 더 큰 문제들에 어려움을 느끼고 의문을 제기한다.……어려움에 부딪혀 놀라면 자기가 무지하다고 생각한다.……따라서 무지에서 벗어나기 위해서 진정 앎을 사모하며 열망하기 시작한다(ephilosophesan). 분명한 것은 그들은 알기 위해 지식을 추구하는 것이지, 어떤 쓸모를 위해서 그런 것이 아니라는 사실이다."(982b11~21)

어떤 대상을 맞닥뜨리고 놀라는 까닭은 그것이 도통 모르는 것이기 때문이다. 모르는 것을 못 견디면 열렬히 알고자 한다. 진정 앎을 사랑한다는 것은 알고 싶어 환장하는 것이다. 궁금증을 견디지 못하고 온갖 질문을 던지고, 그 질문의 답을 얻기 위해 모든 것을 아낌없이 치르는 것이다. 마침내 알게 되었을 때, 기쁨은 절정에 이른다. 떼돈을 버는 것도, 최고의 명예와 영광을 얻는 것도, 권력을 손아귀에 쥐는 것도 아닌데 그렇게 좋을까? 아무것도 필요 없고, 아무것도 눈에 들어오지 않는다. 부력의 원리를 발견하고 알몸으로 거리로 뛰쳐나오며 "헤우레카!(heureka: 알아냈어!)"라고 외쳤다는 아르키메데스(기원전 287~212년)처럼 오로지 앎을 위해 순수한 열정을 간직하고, 알았을 때 가장 큰 기쁨을 얻는 것. 그것이 진정 앎을 사랑하는 것이다. 우리가 흔히 '철학(哲學)'으로 번역하는 '필로소피아'는 원래 이런 뜻이었던 것 같다.

그런데 진정 안다는 것은 무엇이며, 무엇을 안다는 것일까? 아리스토텔레스는 이 개념을 잘 다져두었다.(980a27~982a2) 그는 인간의 앎을 네 단계로 나누었다. 최초의 단계는 '감각(aisthēsis)'이다. 눈과 귀, 피부와 코, 혀로 대상과 처음 만나 느끼며 알게 되는 것. 그것은 가장 원초적이고 즉각적이며 가장 생생하다. 하지만 감각은 금방 희미해지며, 마침내 하얗게 지워진다. 감각 다음은 '기억(mnēmē)'이다. 감각의 내용을 지속시키며 간직하는 힘이 필요하므로 감각보다는 더 높은 단계의 지적 활동이라고 할 수 있다. 기억이란 감각 내용이 지워지지 않고 남아 있는 잔상과 여파, 메아리이기에 개별적인 대상에 대한 감각의 지속 결과다. 그래서 감각된 적 없는 다른 대상이 나타났을 경우 기억 자체는 대상을 파악하고 이해하는 데 아무런 힘을 발휘하지 못한다. 기억의 한계를 넘어 새로운 대상에 적용할 줄 아는 지적 능력이 필요한데, 그것이 바로

'경험(empeiria)'이다. 경험이란 따로따로인 기억들을 묶어 하나의 울타리(peira) 안에(em-) 넣어두는 데서 성립한다. 그래서 느꼈던 대상이나 꼭 그것이 아닌 것에 대해서도 기억을 활용해서 똑같거나 비슷하거나 다르다는 판단을 내릴 수 있게 해주기 때문에 경험적인 지식은 매우 유용하다. 그러나 이것은 진정 앎을 사랑하는 사람들이 추구하는 지식은 아니다. 거기에서 한 걸음 더 나아가야 한다.

어느 봄날, 따뜻한 봄볕을 받으며 후배와 뜨거운 커피를 마시다 문득 궁금증이 일었다. "뜨거운 것에 뎄을 땐 어떻게 하는 게 좋을까?" 갑자기 던진 질문에 그는 조금의 망설임도 없이 말했다. "쇠똥이 최고야." 뭐, 쇠똥? 그 대답에 놀란 나에게 그는 자기 경험 하나를 이야기했다. 어린 시절 어느 날, 그는 지나가는 달구지를 발견하고 달려가서 뒤에 매달렸다. 달카당대며 가는 달구지에 아슬아슬 매달려 가는 재미가 쏠쏠했는데, 그 달구지가 펄펄 끓는 쇠죽을 싣고 있었다는 게 문제였다. 얼마를 가다가 소달구지는 큰 돌에 걸려 덜커덩했고, 쇠죽을 담은 가마솥이 오뚝이처럼 기울며 졸지에 한 대접 분량의 쇠죽을 공중으로 날려보냈다. 그것은 후배의 머리로 쏟아졌고, 가엾게도 그는 그 뜨거운 서슬에 "악!" 소리를 지르며 기절했다. 여러분은 그 후배가 현재 대머리는 아닐까 상상할지도 모르겠다. 하지만 다행히도 그는 멀쩡하다. 경험이 풍부하고 지혜로운 이모님 덕분이란다. 그의 이모는 쇠똥 한 무더기를 구해와 쇠죽에 덴 그의 머리에 두껍게 발랐다. 그는 큼직한 쇠똥 모자를 쓰고 한 이틀 푹 잤고, 거짓말처럼 나았단다.

한바탕 무용담을 늘어놓은 후배는 확신을 하고 덧붙였다. 지금 내가 커피를 마시다 잘못하여 손을 덴다면, 쇠똥이 최고라고! 데었을 때 쇠똥을 발라 낫지 않으면 제 손에 장을 지지란다. 좋다, 접수. 뜨거운 것에 데었을 때는 거침없이 쇠똥! 그의 경험담으로 나의 민간요법 지식은 하나 늘었다. 도시에 사는 나로서는 일상 속에서 당장 써먹긴 어렵겠지만 말이다.

하지만 이런 종류의 지식은 진정 앎을 사랑한다는 고대 그리스 철학자들이 추구하던 것은 아니다. 무엇이 부족한 것일까? 내가 후배에게 왜 쇠똥이, 쇠똥의 어떤 요소가 화기(火氣)를 가라앉히는지 아느냐고 물었을 때 그는 대답했다. "그건 모르지." 이유를 모르는 그의 지식은, 그의 지혜로운 이모의 지식도 마찬가지로 경험적인 지식에 머무를 수밖에 없다. 그들은 모두 "왜?"라는 질문 앞에서 맥없이 침묵해야 하기 때문이다. 만약 그 원인을 설명할 수 있다면 그들의 지식은 진정 올바른 앎이며, 의학적인 전문 지식으로 올라갈 것이다.

소크라테스, 플라톤, 그리고 아리스토텔레스와 같은 그리스 철학자들이 추구하는 '진정한 앎(sophia)'이란 그와 같은 것이었다. 그것은 "사물의 첫 번째 원인(aitia)과 원리(arkhē)들에 관해" 아는 것이었다.(981b28~29) 대상이 무엇이든 그것의 근본적인 원인과 요소, 원리를 찾아가는 치열한 앎의 추구, 앎에 대한 간절한 애정과 목마름, 그것이 바로 우리가 '철학'이라 번역하는 '필로소피아'다. 서양 사상의 뿌리에 단단히 버티고 있는 그리스 철학은 서구의 굳센 힘이며, 디오뉘소스를 누르고 이성의 힘을 찬란하게 피워낸 아폴론의 위험한(?) 꽃이었다.

36

다시,
'철학이란 무엇인가?'

"소크라테스, 이소크라테스를 뭐라고 부를까요?" 파이드로스가 물었다. 소크라테스가 대답했다. "이소크라테스의 생각 속에는 본성적으로 어떤 철학(tis philosophia)이 깃들어 있어." 플라톤이 쓴 『파이드로스』에 나오는 대화 내용이다.(278e~279a) 소크라테스는 군소리할 것도 없이 서양의 위대한 철학자다. 그런 그가 인정했으니, 이소크라테스라는 사람도 철학자의 반열에 서야 마땅하다. 하지만 서양 철학사를 다룬 책들 속에서 이소크라테스의 이름을 찾기란 쉽지 않다. 여러분에게도 낯선 이름일 듯하다. 이소크라테스 스스로가 일생을 철학에 바쳤다고 역설했는데도 서양의 철학사가들은 그를 철학자로 취급하지 않았다. 그 이유는 뭘까? 도대체 철학이 뭐기에 이소크라테스는 철학자가 아니란 말인가?

1955년 하이데거는 '철학이란 무엇인가?'라는 제목으로 강연을 했다. 그는 '철학'으로 새겨진 낱말 '필로소피아(philosophia)'가 고대 그리스에서 태어났기 때문에 이 낱말이 그 당시에 어떤 의미로 통했는지를 알아야 한다고 했다. 그런데 철학이라는 낱말의 쓰임새는 '철학이란 무엇인가?'라는 질문의 꼴 자체가 잘 보여준다고 한다. '정의란 무엇인가?' '아름다움이란 무엇인가?'라는 식으로 묻고 답을 찾는 것이 바로 철학이었기 때문이란다. 이 질문이 찾는 '무엇'이란 정의(正義)가 정의일 수 있고, 아름다움이 아름다움일 수 있는 원인과 변하지 않는 본질을 가리킨다. 하이데거는 이와 같은 질문을 던진 철학적 탐구의 창시자로 소크라테스를 꼽았다.

소크라테스는 평생 이 '무엇'을 갈망하던 사람이었다. 보라. 우리가 사는 세상에는 수많은 것들이 끊임없는 변화의 흐름 속에서 어느 한순간, 예를 들면 아름다움 혹은 정의로움을 가진다. 하지만 꽃은 시들면서 아름다움을 잃고, 올곧았던 청년은 세속적인 욕망에 휩싸여 정의로움을 버린다. 소크라테스는 꽃이 아름답게 빛나고, 한 청년이 정의롭게 불타오르던 찰나를 포착해 그 한때를 빛나고 불타오르게 했던 아름다움과 정의로움의 참모습을 오롯이 알고자 열렬하게 갈망했다. 그 참모습이 바로 이 세상에 있는 수많은 아름다운 것들을 아름답게 하는 원초적인 힘이며, 정의로운 것들을 정의롭게 하는 까닭이었다. 소크라테스는 그것이 알고 싶었다. 정의로움과 아름다움의 한결같은 참모습, 플라톤은 이것을 '이데아(idea)'라고 불렀다. 그리고 이데아에 대한 참된 앎(gnōsis)과 올바른 지식(epistēmē)이 진정한 지혜(sophia)며, 그 지혜를 사랑하는(philo) 일이 '철학(philosophia)'이라고 했다.

반면 때와 장소를 따라 있기도 하고 없기도 하면서 변하는 현상들을 아는 것은 진정한 앎이 아니라 소문이나 한낱 '의견(doxa)'일 뿐이라고 했다. 현상 속에 나타나는 정의로운 것들과 아름다운 것들에는 정의로움과 아름다움이 잠시 머물다 떠나갈 뿐이므로, 정의로움과 아름다움의 참모습을 알아야만 지혜를 사랑하는 '철학자(philosophos)'가 될 수 있다. 반면 그것들에 관해서 한낱 의견 따위를 내거나 그런 것에 휘둘리는 사람들, 그리고 다른 사람들을 혹하게 하는 의견을 열렬히 추구하는 사람은 '호사가(philodoxos)'에 불과할 뿐이다.(『국가』 475e~480a)

그런데 과연 그런가? 다시 묻는다. 철학이란 무엇인가? 이번에는 '~인가?'에 주목하자. 아, 현재시제다. 만약 이 현재가 과거와 미래 사이에 끼어 있는 현재라면 이 질문은 철학의 과거 모습이나 미래 모습이 아니라 지금 여기에 있는 우리에게 철학이 무엇이냐고 묻는 것이다. 곰곰이 따져보면 이 질문에는 시간의 흐름에 따라 철학이 변한다는 생각이 깔려 있다. 세상에 있는 모든 것이 변한다는 헤라클레이토스의 '만물유전(萬物流轉)'의 전제, 더 나아가 변화의 철학과 생성의 존재론의 낌새를 읽을 수도 있다.

그게 아니라면 이 질문의 현재형은 시제를 초월한다. 과거에도 그랬고, 지금도 그렇고, 미래에도 그럴 것이라면 그것은 현재형으로밖에는 표현될 수 없다. 이런 현재형은 과거와 미래의 틈새에 끼어 있는 찰나가 아니다. 그것은 과거와 미래의 금을 지우고, 흘러가는 모든 순간에 현재성을 부여한다. 따라서 이 질문은 시간의 흐름 전체를 넘어서는 연속성, 영원불변하는 초월성을 노린다. 흐르는 시간 속에서 철학은 이런저런 모습을 띠고 나타나는 것처럼 보이지만, 그 변화의 겉모습 너머에는 철학을 철학이게 하는 그 '무엇', 철학의 진짜 모습(idea)이 변하지 않고 영원히 있다는 말이다. 그래서 '철학이란 무엇인가?'라는 질문에는 '있는 것은 있고, 없는 것은 없으며, 있다가 없어지고 없다가 있게 되는 일은 불가능하다'는 파르메니데스의 전제와 플라톤의 본질주의적 형이상학과 존재의 철학이 깃들어 있다.

그런데 '철학이란 무엇인가?'에 답하려면 '철학이란 무엇이었는가?'라고 질문을 바꾸는 것이 더 좋을 것 같다. 철학을 철학이게 하는 영원 불변하는 본질과 참모습이 있다면 먼저 과거의 모습을 제대로 드러내어 현재의 상태를 정당화할 수 있고, 반대로 철학이 역사적 배경과 사회적 맥락, 개인적인 사정에 따라 변한다면 철학이 무엇이었는지를 밝힘으로써 철학의 변화와 다양성을 포착할 수 있기 때문이다.

그래서 '철학이 무엇이었는가?'라는 질문을 던지는 순간, 우리는 그 말이 태어났던 고대 그리스로 새롭게 거슬러 올라간다. 거기에는 하이데거가 말한 대로 소크라테스는 물론, 플라톤과 아리스토텔레스가 모둠 지어 있다. 그들에게 철학이 지향하는 지혜란 변화무쌍한 현상을 넘어 영원히 변하지 않는 본질, 한결같은 참모습에 대한 지식이었다.

그러나 우리가 고대 그리스의 풍경을 좀 더 넓은 눈으로 둘러볼 때, 이와 같은 의미로 철학을 이해하는 것은 소크라테스-플라톤-아리스토텔레스 라인이 견지하던 하나의 의견이었을 뿐임을 알게 된다. 특히 지혜를 무엇으로 보느냐에 따라 철학은 전혀 다른 의미를 가질 수 있다. 변하지 않는 본질 따위는 없고, 그것의 참모습에 대한 지식은 공허한 망상일 뿐이며, 많은 사람에게 통하며 합의될 수 있는 의견이야말로 우리에게 진정 의미 있는 것이라면, 소크라테스의 철학은 허황한 것이 되지 않을까? 실제로 이런 의혹을 품던 사람들이 있었다. 그들에게 귀를 기울이면 소크라테스 라인의 생각과는 아주 다른 목소리가 들린다. 그 중 하나가 바로 이소크라테스의 목소리다.

> "지혜와 철학에 관하여 말씀드리자면, 다른 사람들이 철학이라고 말하는 것은 있을 수 없습니다. 우리가 무엇을 행해야만 하며, 무엇을 말해야만 하는지를 알려주는 그런 지식(epistēmē) 따위도 인간의 본성상 가질 수가 없습니다. 제 생각은 이렇습니다. 지혜로운 사람(sophos)이란 시의적절한 의견(doxa)들을 통해서 많은 경우에 더 좋은 결과에 이를 수 있는 사람이며, 그와 같은 분별력을 민첩하게 취하는 능력을 얻으려고 노력하는 사람이 바로 철학자입니다." (『안티도시스』 270~271행)

이소크라테스는 마치 소크라테스를 겨냥하는 것 같다. (그리고 그 '소크라테스'의 가면 뒤에서 자신의 목소리를 내는 플라톤을 겨냥하는 것 같다!) 그는 우리 인간은 소크라테스가 철학을 통해 추구하던 지식에 도달할 수 없다고 선언하며 과감하게 던져버렸다. 영원불변하는 보편적인 '지식(epistēmē)'은 급변하는 우리 삶의 구체적인 현실에 대해 쓸모가 없다는 뜻이겠다. 반면 그는 소크라테스가 참되지 않다고 폄하하던 '의견(doxa)'을 오히려 우리의 실제적인 삶에 유용하며 가치 있는 것으로 끌어올렸다. 추상적이고 관념적인 지식에 대한 집착을 거부하고 생생한 삶의 지혜를 추구하는 태도라고나 할까? 그는 참된 지혜란 영원불변하는 본질을 아는 보편적인 지식에 있는 것이 아니라 변화무쌍하며 다양한 가치관이 어우러진 삶 속에서 좋은 의견을 시의(kairos)적절하게 구성할 수 있는 분별력에 있다고 주장했다. 실천적 지혜와 현명함, 즉 프로네시스(phrōnesis)

가 그가 추구하던 것이었다. 그리고 그것을 추구하는 것이 참된 철학, 곧 지혜에 대한 진정한 사랑이라고 했다. 나아가 자신의 의견을 다른 사람들에게 설득력 있게 전달하며 원활한 소통과 합의를 끌어낼 줄 아는 사람을 '수사적 인간(rhetorikos)'이라고 했다. 이소크라테스에게는 바로 이런 사람이 진정한 의미의 철학자였다.

그리고 그런 사람을 길러내는 일 자체가 또한 철학이었다. 앎을 갈망하고 추구하며 향유하는 데에서 그치지 않고 새로운 세대와 함께 생각을 나누는 교육(paideia)을 통해 철학의 의미를 찾았던 그였다. 사람들은 소크라테스-플라톤-아리스토텔레스의 라인으로 구축된 서구 철학사의 전통을 거스르는 일이 불편하거나 불필요하다고 느끼면서 이소크라테스에게 철학-필로소피아(philosophia)라는 이름을 주는 것을 꺼리고 있다. 하지만 나는 지혜로운 의견을 설득력 있게 말하는 힘을 키우려고 했던 그도 역시 인간의 지혜를 우리의 삶의 현장의 차원에서 가꾸며 치열하게 탐구했던 또 다른 의미의 철학자라고 부르고 싶다.

37

노여움이
달콤한 까닭은?

"부디 불화는 신들에게서도, 인간들에게서도 사라져 없어지기를! 그리고 노여움도! 그것은 사려 깊은 사람조차도 거칠게 만들고, 그것은 또 뚝뚝 떨어져 내리는 꿀보다도 훨씬 더 달콤하기에 사람들의 가슴속에서 커져갑니다. 모락모락 피어오르는 연기처럼." (『일리아스』 18권 107~110행)

트로이아 전쟁의 영웅 아킬레우스가 파트로클로스의 전사 소식을 듣고 가슴을 찢으며 했던 회한의 말이다. '친구는 또 다른 나(amicus est alter ego).' 파트로클로스는 그에게 목숨보다도 소중한 친구였다. 아킬레우스는 그리스 연합사령관인 아가멤논이 자신을 모욕하자 불화와 노여움으로 인해 전투에서 빠지겠다고 선언했으며, 아가멤논과 그리스 연합군이 트로이아군에게 패배해 뼈아픈 고통을 당하라고 저주했다. 그가 빠지자 전투의 판세는 급격히 기울었고, 그리스인들은 죽어갔다. 아킬레우스는 회심의 미소를 짓고 있었을까? 하지만 그가 앙심을 품고 고집을 부린 결과는 황당하고 참담했다. 가장 소중한 친구를 잃었기 때문이다. 아킬레우스는 자책감에 시달렸고 통탄했다.

그런데 이상하다. 노여움이 왜 달콤하다고 했을까? 분노에 휩싸이면 고통스럽고 불쾌하지 않은가? 이에 대해 철학자 아리스토텔레스는『수사학』에서 흥미로운 해석을 내놓았다. 그의 정의에 따르면 노여움은 나나 내 사람이 누군가에게 명백하게 무시를 당했을 때, 그것도 적절한 이유도 없이 무례한 폭력처럼 당했을 때 생긴다. 하지만 그의 규정은 거기서 끝나지 않는다. 노여움이 끓어오르기 위해서는 부당하게 당한 만큼 꼭 갚아주겠다는 앙갚음의 욕망이 함께 있어야 한다. 보복의 욕구가 없다면 노여움도 없다는 말이다. 복수심은 마음의 평온함을 깨뜨리고 고통을 일으키기에, 노여움은 고통을 수반하는 욕구라고 정의된다.(II.2, 1378a30~32) 그런데 어째서 노여움이 "똑똑 떨어져 내리는 꿀보다도 훨씬 더 달콤하다"는 말인가?

아리스토텔레스는 말을 잇는다. "모든 역정(逆情)은 보복하고 말리라는 희망에서 생겨나는데, 거기에는 모종의 기쁨이 따라온다."(1378b1~2) 욕망은 결핍을 뜻하며, 결핍은 고통을 일으킨다. 하지만 결핍과 욕망이 채워지면 고통은 사라지고 환희가 찾아온다. 그뿐만이 아니다. 사람은 지금 당장 결핍이 채워지지 않더라도 언젠가 그 욕망이 충족될 것이라고 상상하는 순간에도 충분히 쾌감을 느낄 수 있다.

"열망하는 것들을 이루게 되리라고 생각하는 것은 달콤한 일이다. 어떤 누구도 자기 자신에게 불가능한 것처럼 보이는 것들을 열망하지 않는 법인데,

역정을 내는 사람은 자신에게 가능한 일을 열망하기 때문이다."

(1378b2~4)

무시당해 고통받는 사람이 모두 노여워하는 것은 아니다. 노여움은 보복이 가능할 것이라는 믿음으로 상대에 대한 응징을 상상할 때 비로소 생기며, 앙갚음에 대한 열망이 강렬해지고 확신이 설 때 고통을 넘어 달콤해진다. 아킬레우스는 아가멤논에게 무시당했을 때 고통스러웠지만, 반드시 갚아 주고 말리라는 다짐과 희망을 통해 쾌감을 가질 수 있었으리라. 그것이 아리스토텔레스의 설명이었다.

만약 부적절하게 무시를 당하고도 도저히 앙갚음할 수 없다고 생각한다면 좌절과 한탄과 억울함과 자괴감은 있을지언정 진정한 분노는 없다. 불가능한 복수를 잠시 꿈꿀 수는 있겠지만 불가능을 인식하는 순간, 잠깐의 위안은 끝나고 노여움은 곧 절망과 좌절로 인해 울분으로 잦아들 뿐, 분노로 폭발하지는 못한다.

"실제로 있게 된다면 마음에 즐거움을 일으키는 모든 것들은 그것을 희망하거나 기억하는 사람들에게도 쾌감을 준다. 이런 까닭에 역정을 내는 것은 쾌감을 준다. 마치 호메로스가 분기(憤氣)에 관하여 다음과 같이 시를 지었던 것처럼. '그것(노여움)은 뚝뚝 떨어져 내리는 꿀보다도 훨씬 더 달콤하기에……' 왜냐하면 어떤 사람도 앙갚음할 수 없을 것 같은 사람에 대해서는 역정을 내지 않으며, 자신들보다 능력이 훨씬 뛰어난 사람들에 대해서도 역정을 내지 않거나, 내더라도 훨씬 덜 내기 때문이다. 대부분의 욕망 속에는 어떤 쾌감이 따라온다. 왜냐하면 욕망이 채워졌던 일을 기억하거나 채워질 것이라고 희망을 품는 사람은 어떤 쾌감을 즐기기 때문이다.”

(I,11, 1370b9~17)

아리스토텔레스는 분노를 비롯해 여러 가지 감정(pathos)을 규정했다. 하지만 감정의 규정에서 끝나지 않고 다른 사람들의 감정을 조절하고 설득할 방법도 제시했다. 그에게 ‘수사학(rhētorikē)’이란 일종의 설득 심리학이기도 했다. 그것은 이치에 맞는 말을 통해 사람들의 이성(logos)과 품성(ēthos)과 감성(pathos)을 자기 생각에 대해 호의적으로 움직이게 하는 ‘연설가(rhētōr)의 기술(-ikē: tekhnē)’이었다. 그 핵심에는 인간을 다른 생명체와 구별해주는 조건인 ‘이성과 말(logos)’이 있었다. 아리스토텔레스는 말을 통해 인간의 논리적 판단(logos)을 바꾸고 상대의 품성(ēthos)에 변화를 일으킬 수 있을 뿐만 아니라 인간의 감정까지도 원하는 방식으로 조작할 수 있다고 확신했다.

예를 들어 연설가는 말을 통해 어떻게 대중의 분노를 누그러뜨릴 수 있을까? 먼저 그는 대중들이 ‘그’나 ‘그들’에게 부당하게 무시당한 것이 아니라고 느끼게 해야 한다. 대중은 ‘무시당한 것’이 아니라고 판단하면 노여움을 가라앉힐 것이다. 만약 무시를 당한 것이 사실이라고 할지라도 그 무시가 ‘부당한 것’이 아니라고 판단하면, 대중은 분노하는 대신 침착하게 자신을 돌아볼 것이다. 최악의 경우 대중을 무시한 상대가 대중으로서는 앙갚음할 수 없을 만큼 강력한 존재임을 깨닫게 되면, 대중은 억울하지만 참을 것이다. 연설가가 만약 대중을 무시한 상대가 보복할 가치가 없는 대상임을 일깨워준다면, 대중의 분노는 자연스럽게 상대에 대한 애처로움이나 동정 또는 ‘역(逆) 무시’로 바뀔 것이다. 이와 같은 감정의 조절을 위해 연설가는 자신의 주장이 옳다는 것을 '입증 (pistis)'해야 한다. '피스티스(pistis)'라는 낱말은 아리스토텔레스의 수사학에서 매우 중요하다. 그것은 대중이 확신하게끔 만들어주는 '믿을 만한 증거'를 통해 전개되는 연설가의 '입증'을 가리키는 말이다. 연설가의 입증이 성공하면 연설가는 대중의 분노를 풀 수 있다.

반대로 분노해야 할 것에 대해 분노하지 않고 침묵하고 있는 대중을 분노하게 하려면 어떻게 해야 하나? 연설가는 먼저 대중이 부당하게 무시를 당했다는 판단을 합리적으로 내릴 수 있도록 입증해야 한다. 연설가의 입증을 받아들이고 이성적인 판단을 내리면 대중의 마음에는 분노의 감정이 끓기 시작한다. 하지만 그것만으로는 충분하지 않다. 연설가는 대중에게 또 다른 확신을 심어주어야만 한다. 대중을 무시한 '그 사람' 또는 '그 집단'에 대한 응징이 충분히 가능하며 정당하다는 판단을 내릴 수 있도록 해야 한다. 지금 응징하지 않으면 계속 무시를 당할수 있다는 비관적인 미래상도 그려줘야 한다. 나아가 실현 가능한 복수의 방법을 적절히 제시한다면 대중을 실천의 현장으로 끌어들일 수 있다. 더불어 무시하고 무시당하는 관계가 사적인 원한과 불편한 관계가아니라 사회의 구조적 모순에서 비롯된 것이라는 판단으로 이끌어간다면, 그래서 아직 사적인 원한 관계에 의해 피해를 보지 않은 개인도 언젠가는 사회의 구조적 모순으로 희생될 수 있는 미래를 상상할 수 있게된다면 '사원(私怨)'은 '공분(公憤)'으로 수준을 달리하게 된다. 그리하여사적 보복이 아니라 공적인 응징의 차원에서 사회적 모순을 척결하는 역사적 변혁을 꿈꿀 때, 분노는 똑똑 떨어지는 꿀보다도 훨씬 더 달콤한 꿈으로 피어날 것이다. 아름다운 미래를 상상하는 희망이 될 것이다.

문제는 정당한 입증이다. 거짓 정보로 대중의 판단을 교란하는 연설가들을 경계하면서 아리스토텔레스가 정립하려고 했던 수사학은 오늘날 우리들의 영혼도 일깨운다.

"연설의 수사학은 쓸모가 있다. 진리와 정의는 거짓과 불의보다 본성상 더 강력하기 때문이다. 따라서 만약 판정이 적절하게 이루어지지 않는다면, 거짓과 불의는 반드시 정의와 진리를 압도하고 말 것이다. 그런 일은 비난받아 마땅하다." (I.1, 1355a21~24)

38

자제력이 없는 자여, 현명하라

작은 동네 나사렛에 살던 예수는 마침내 예루살렘으로 올라갔다. 그러나 그곳 성전에 들어갔을 때, 예수는 분노를 터뜨리고 말았다. 만인이 기도하는 성전이 신의 이름을 팔아서 돈벌이하는 시장터로 전락했기 때문이었다. 그곳은 폭정과 질병, 가난으로 고통받는 사람들을 위한 영혼의 안식처가 아니었다. 그들의 아픔을 악용해 돈을 빨아먹는 '강도의 소굴'로 변질되어 있었다. 그 소굴을 주름잡는 강도는 종교 지도자였던 서기관과 바리새인들이었다.

그들은 허울 좋은 말로 신의 율법을 전하면서 십일조와 예물을 강조했지만 사회를 위한 정의와 약한 자들을 향한 연민, 신에 대한 신실한 믿음은 내던져 버렸다. 입으로는 종교적 덕목을 외쳤지만 그들은 실천하지 않았다. 예수는 그들을 질타했다.

"천벌을 받아 마땅한 서기관들과 바리새인들이여, 위선자들이여! 그대들은 잔과 대접의 겉은 깨끗이 닦지만, 그 속에는 탐욕과 방탕이 가득 차 있구나." (「마태복음」 23장 25절)

성전 뜰에서 물건을 사고팔며 돈을 바꿔주고, 제사 예물로 쓰일 비둘기를 파는 사람들의 배후에는 경건한 척하는 종교 지도자들의 탐욕이 이글거리고 있었다. 예수는 그것을 직시했다. 참된 신앙(pistis)이란 겉으로 드러나는 말과 행동이 속에 깃들어 있는 신실한 마음과 경건한 품성을 오롯이 드러내는 투명함으로 입증하는 것이 아니던가? 하지만 서기관들과 바리새인들은 그런 투명함이 없는 위선자들이었다.

종교 지도자들의 마음속에는 탐욕과 더불어 방탕함이 있었다. 이것은 '아크라시아(akrasia)'를 옮긴 말인데, 방탕함은 물론 방탕함의 원인인 '자제력이 없음'을 가리키는 말이다. 원래 이 말은 '힘'을 뜻하는 '크라토스(kratos)'에서 나왔다. 이 말에다 '박탈'을 뜻하는 접두사 '아(a-)'가 붙어서 '아크라시아'가 되면 누군가를 통제하고 지배할 수 있는 '힘이 없음'을 가리키는 한편 '자제력 없음'을 뜻하기도 한다. 이 마지막 뜻이 예수의 비난과 연결된다. 이 개념은 예수의 비난에서 볼 수 있듯이 방탕함에서 그치지 않고 '위선'과도 직결될 수 있는 의미망을 가지고 있다.

고대 그리스 고전기에 '아크라시아'는 당시 철학자들에게 매우 중요한 문제였다. 그런데 소크라테스는 도무지 아크라시아를 인정할 수가 없었다. '누구든지 좋은 것인 줄 알면 행한다. 행하지 않는 이유는 그것이 좋은 줄 모르기 때문이다. 좋은 줄 알면서 어떻게 행하지 않겠는가? 만약 어떤 사람이 알면서도 행하지 않는다면, 그것은 그가 특별히 의지가 약하거나 자제력이 없어서가 아니라 그가 제대로 알지 못하기 때문이다. 그는 알면서도 행하지 않은 것이 아니라 몰랐기 때문에 행하지 않은 것이다.' 소크라테스는 이런 맥락에서 아크라시아를 이해했고, 그것이 비논리적이라며 거부했다.

예를 들어 골초가 담배를 끊으면 건강에 좋다는 것을 알면서도 금연을 실천하지 않는다면 그것은 몰라서가 아니라 자제력이 없어서일 것이다. 우리 곁에서 흔히 목격하는 이런 상태가 바로 아크라시아인데, 소크라테스는 그런 일은 불가능하다고 생각했다.

> "자기가 현재 하고 있는 일보다 다른 것이 더 좋으며 또 실현 가능하다는 사실을 알고 있거나 생각한다면, 어떤 사람도 (현재 하는) 그 일을 계속하지는 않을 거야." (플라톤, 『프로타고라스』 358b)

소크라테스에 따르면 골초가 담배를 끊지 못하는 것은 의지력이 약하거나 자제력이 없기 때문이, 즉 아크라시아 때문이 아니다. 흡연이 건강에 나쁘다는 사실을 제대로 알지 못하기 때문이다. 만약 그가 참된 지혜(sophia)를 갖추면 그는 틀림없이 금연을 실천할 수 있다. 그렇다면 모든 윤리적인 문제는 의지나 자제력의 문제가 아니라 참된 지혜와 지식의 문제다.

이와 같은 윤리적 주지주의 입장을 아리스토텔레스는 『니코마코스 윤리학』에서 잘 요약해준다. 그에 따르면 소크라테스는 그 누구도 최선의 것으로 생각하면서 그것에 어긋나는 행동을 할 수는 없다고 보았다. 만약 최선의 것을 실행하지 않는다면 그것은 좋은 줄 알면서도 자제력이 없기(=아크라시아) 때문이 아니라 그것이 최선임을 제대로 알지 못하기 때문이다.

아리스토텔레스는 소크라테스의 주장에 대해 의문을 제기한다. 사람들은 정말 좋은 줄 몰라서 실천하지 못하는 것일까? 알면서도 실천하지 못하는 경우는 정말 없을까? 담배를 끊지 못하는 사람에게 담배의 해독성을 정확하게 알려주어 올바른 지식을 갖게 한다면, 그는 정말로 담배를 끊을 수 있을까? 신자들이 바친 헌금과 예물을 자기 주머닛돈이라도 되는 듯 쓰는 종교 지도자는 신의 뜻이 무엇이며, 어떤 자세로 교회나 사찰의 재정을 운영해야 하는지 정확한 정보와 지식이 없어서 탐욕스러운 행동을 그치지 못하는 것일까? 정의 실현을 외치는 정치가들이 정말로 올바른 일이 무엇이고 국민에게 좋은 것이 무엇인지를 몰라서 숱한 부정과 비리를 저지르는 것일까?

그럴지도 모르겠다. 소크라테스의 생각대로 그들 모두가 제대로 알기만 한다면, 제대로 할지도 모른다. 그들이 제대로 하지 못하는 이유는 스스로는 안다고 착각하지만 사실은 아무것도 제대로 알지 못하기 때문일지도 모른다. 하지만 정말 그럴까? 그런데 또 제대로 안다는 것은 무슨 뜻일까?

아리스토텔레스의 『니코마코스 윤리학』은 이런 문제들을 풀려는 지난한 노력의 결과다. 그는 우선 소크라테스가 거부한 아크라시아를 받아들였다. 상식에 잘 맞는 선택이었다. 많은 경우에 사람들은 알면서도 못한다고 느끼니까. 안다고 해서 딱히 잘 행동할 것 같지도 않다. 특히 많이 배우고 학력 좋고 똑똑한 사람들이 훨씬 더 유능하게 불의를 저지르면서도 아무런 벌도 받지 않고 거뜬한 것을 보면서, 사람은 인격이 중요한데 많이 배워도 정말 소용없구나 하는 허탈감과 공분(公憤)을 공유하고 있었기 때문이다. 아리스토텔레스는 이와 같은 상식에 기초를 둔 윤리학을 구상했다.

그는 먼저 올바른 행동을 하기 위해서는 알아야 한다는 주장을 완전히 버리지는 않았다. 하지만 그 앎은 학문적인 인식(epistēmē)과 기술적인 지식(tekhnē)과는 다른 특별한 것, 실천을 위한 지혜, 즉 현명함(phronēsis)과 관련되어 있다고 생각했다. 그가 구분한 앎의 여러 종류 가운데 현명함이란 특정한 상황에서 자신에게 무엇이 좋고 나쁘며, 무엇이 유익하고 해로운가를 판단하는 앎과 올바른 의견을 형성할 줄 아는 탁월성과 관련이 있다. 이것이 없다면 누구나 아크라시아에 빠질 수 있다. 아크라시아에 빠진 "자제력이 없는 사람(akrates)은 자기가 하는 행동이 나쁘다는 것을 알면서도 감정(pathos) 때문에 그것을 하는 반면, 자제할 줄 아는 사람(enkratēs)은 자기가 품은 욕구가 나쁘다는 것을 알면 이성에 의해 그것에 따라 행동하지 않는다." 문제는 바로 실천적 지혜와 현명함, 즉 프로네시스다.

프로네시스가 없으면 아크라시아는 고개를 쳐들고 위선의 행태를 드러낸다. 정의와 사랑, 믿음이 인간에게 좋은 것임을 알면서도 그것을 실천하지 못하던 예루살렘의 종교 지도자들처럼 말이다. 하지만 이것은 우리의 이야기이기도 하다. 예수가 이 시대에 다시 나타난다면, 그는 우리를 향해 무엇이라고 할까? 아크라시아가 만연한 시대, 우리에게 절실하게 필요한 것은 프로네시스가 아닌가?

39

죽음의
순간에서

서양인들은 봄이 시작될 무렵에 '기름진 화요일(Mardi Gras, Fat Tuesday)'
이라는 축제를 벌인다. 식구들이나 친구들끼리 모여 기름진 고기와 술
을 실컷 즐기는 만찬을 벌이는 것이다. 사람들은 그에 앞서 각 동네와
도시의 중심지에 모여 춤과 음악으로 축제 분위기를 한껏 띄운다. 서양
인들에게 이날은 '고기를 먹지 않기로 결심하는 날(dies ad carnes levandas)'
이다. 앞으로 40일간 고기를 먹지 않기 위해 그들은 마지막으로 실컷
고기를 먹어두는 날을 정하고 축제를 벌인다. 이른바 '카니발(carnival)',
이것은 '고기여, 안녕(carne vale)'에서 온 말임이 틀림없다.

왜 서양인들은 40일간 고기를 먹지 않으려 하는가? 그로부터 40일
째 되는 날, 예수가 부활했기 때문이다. 부활은 죽음을 전제로 하며, 죽
음은 삶이 절단 나는 고통을 전제한다. 예수의 부활을 희망으로 맞이하
려면 예수의 고통과 죽음의 의미에 철저히 동참해야만 한다. 그러기 위

해 서양인들은 초기 기독교회의 전통에 따라 '40일간의 금욕적 생활'을 '사순절(四旬節)'로 형식화했다(4세기). 굳이 40일인 이유는 예수가 광야에서 홀로 약 40일간을 단식하며 육체적 욕구와 사탄을 이겨낸 사건을 기념하기 위해서란다.

이 기간에 기독교인들은 예수의 단식과 십자가 처형의 고통을 기념하며 그의 삶과 가르침에 따라 살기를 결심하기 위해 일정한 단식을 하거나 최소한 '기름진 고기'를 삼갔다. 육체적인 욕구를 절제하고 영혼과 정신을 맑고 깨끗하게 하려는 노력이겠다. 힘겨운 사순절이 지나고 부활절이 되면 사람들은 다시 축제의 이름으로 모여 즐겁게 식사한다. 예수가 죽음을 이기고 부활한 사건을 믿음으로써 사람들은 영원한 삶에 대한 희망을 품을 수 있기 때문이다. 이때는 그동안 절제했던 고기가 주요리로 제공되며, 아껴두었던 고급술이 곁들여진다.

현대의 거의 모든 서양인은 '기름진 화요일'에 고기와 술을 실컷 즐기고, 춤추고 노래하며 축제를 즐긴다. 그러나 축제는 축제일 뿐, 다시 일상으로 돌아가면 경건도 금욕도 없다. 그러다가 부활절이 되면 다시 축제 분위기에 들떠 아주 '잘' 먹는다. 그 사이에 있어야만 할 '사순절'은 없고 '기름진 화요일'과 '즐거운 부활절'만 있는 그들에게 예수가 40일간 육체적인 욕구를 이겨내며, 영혼을 투명하고 단단하게 만들어갔던 자기 투쟁의 치열함(「마태복음」 4장 1~2절)은 믿지 못할 전설이 되어 버렸다. 빵 만들기를 거부했고, 잠깐의 배고픔을 해소하기 위한 욕망에 굴복하지 않았고, 한갓 육체의 안정을 위해 사탄과 타협하지 않았으며, 세속적인 권력을 통한 정의의 실현을 궁극적인 것으로 여기지 않았던 예수(3~11절)는 비현실적인 신화가 되어 버렸다. 육체와 세속의 논리가 정신의 가치를 이긴 것일까?

십자가 죽음을 앞두고 예수는 피와 눈물이 흐르는 기도를 올린다. 할 수만 있다면 그 고통을 피하고 싶다고.(26장 39절) 죽음을 앞두고, 그것도 부당한 이유로 더러운 손에 죽어야 한다는 사실에 고통스러워 하는 예수의 모습은 인간적인, 너무나도 인간적인 것이었다. 그러나 예수는 '아버지의 뜻'을 피하지 않겠노라 한다.(26장 42절) 인간 조건을 깊게 안고, 인간적인 한계를 이겨낸 것이다. 그는 영혼의 가치를 향하여 '제대로' 죽음을 맞이한 것이다.

죽음을 앞두고 두려워하며 고통스러워하는 것은 자연스러운 일이다. 그런데 고대 그리스에는 죽음을 앞두고 밝은 희망을 피력한 사람이 있었다. 독배를 들며 죽음을 진심으로 기꺼워하던 사람. 시간과 공간에 따라 여러 가지 모양으로 변하며, 보는 사람의 기분과 시각에 따라 상이하게 느끼고 다양하게 해석되는 세상 만물의 진정한 정체와 변하지 않는 본질(ousia)이 과연 무엇인지를 추구하는 데 평생을 바친 소크라테스가 바로 그다. '진리와 앎(sophia)을 사랑하는(philein)' '철학자(philosophos)'였던 그의 진정성은 질시와 경계, 오해의 대상이 되었고 급기야 그는 사형 선고를 받게 된다. 그런데 참 이상하다. 그는 더없이 평화롭게 죽음을 맞이하니 말이다. 사형 집행을 눈앞에 둔 시간에 그는 제자들과 친구들에게 그 이유를 밝힌다. "영혼이 언제 진리에 닿을 수 있겠는가? 영혼이 육체와 함께 있으면서 뭔가를 탐구하려고 할 때, 영혼은 분명 육체에 속게 되지." 영혼이 육체의 간섭에서 벗어나 순수한 추론을 할 때, 존재는 진정한 자기 정체를 영혼에 드러낸다. 영혼이 추론을 통해 존재의 본질에 도달하려면 육체를 통한 모든 감각과 고통,

즐거움으로부터 방해를 받아서는 안 된다.

> "그러니까 지혜를 사랑하는 사람(=philosophos, 철학자)의 영혼은 육체를 최
> 대한 무시하며, 육체에서 벗어나 그 자체로만 있으려고 하지 않겠는가?"
>
> (플라톤, 『파이돈』 65c~d)

　육체의 감각과 욕망, 쾌락과 고통에서 벗어나 오롯이 영혼만이 깨끗
하게 존재할 때, 비로소 진리에 이를 수 있다. 따라서 '철학'이란 육체
의 영향에서 영혼을 해방하는 '정화(katharsis)' 작업으로 정의할 수 있다.
그런데 영혼이 육체로부터 떨어진다는 것, 그것은 바로 죽음이 아닌
가! 그렇다면 철학이란 죽음으로 가는 길이자 죽음의 연습이며, 죽음은
철학의 궁극적인 목적지인가? 영혼이 육체로부터 최대한 떨어져 있기
를 바라는 철학자는 열렬히 죽음을 기다리는 것인가? 정확하게 말하자
면 철학이란 '제대로' 죽기 위한 노력이다. 영혼에서 육체의 흔적을 지
우며, 영혼을 순수하고 투명하게 하는 일이다. 영혼은 그런 죽음의 연
습을 통해서만 육체의 무게를 떨쳐버리고 가벼이 참된 존재의 '이데아
(Idea) 세계'로 갈 수 있다. 철학을 통해 영혼을 순수하게 만들지 않으면
죽음의 순간에 영혼이 육체에서 분리되어도 육체의 흔적이 고스란히
영혼에 묻어 있기에, 영혼은 그 무게로 인해 더럽혀져 순수한 이데아의
세계로 올라갈 수 없다. 일생을 철학에 바쳤기에 영혼의 순수함을 자신
하는 소크라테스에게 죽음은 진리의 세계로 가는 '상쾌한 상승의 절차'
였던 것이다. 일부러 죽기를 원하지는 않지만 죽음을 두려워하지 않았
으며, 최후의 순간에 죽음을 기꺼이 받아들일 줄 알았던 소크라테스의

용기는 이러한 철학적 신념에서 나온 것이었다.

육체적 감각과 욕망으로부터 영혼을 정결하게 지켜냈던 예수나, 육체의 미망으로부터 영혼을 투명하게 정화하려 했던 소크라테스에게는 공통의 인간관이 깔려 있다. 인간이란 육체와 그에 깃들어 있는 영혼으로 구성되어 있다는 생각. 아니, 육체는 감옥처럼 영혼을 가두고 있다는 생각. 죽음을 통해 육체와 영혼은 분리된다는 생각. 죽음 이후에도 육체를 떠난 영혼은 사라지지 않고 고스란히 어딘가에 남는다는 생각. 그렇다면 이와 같은 인간관에서 무엇이 진정한 '나'인가? 육체인가, 영혼인가? 물론 예수의 육체적인 탄생과 부활, 그리고 승천을 바탕으로 한 기독교의 인간관에서 육체는 '나'에게서 완전히 배제되지는 않는다. 하지만 진정한 '나', '나'의 본질적인 고갱이는 영혼임이 분명하다. 죽어도 영혼은 흩어지지 않는 반면 육체는 해체된다고 믿었던 소크라테스에게는 말할 것도 없이 영혼이 진정한 '나'였다. 영혼에게 육체란 갈아입을 수 있는 옷 같은 것, 또는 영혼을 이 세계 안에 옭아매는 족쇄에 불과하다.

그런데 호메로스의 『일리아스』는 전혀 다른 인간관을 제공한다. 시인은 아킬레우스의 분노가 "영웅들의 수많은 굳센 프쉬케(psukhē)들을 하데스에게 내던져 보냈으며, 그들 자신은 모든 개들과 새들의 먹이로 만들고 있었다"(1권 3~5행)고 노래한다. 개와 새의 먹이가 되는 것, 그것은 바로 육체다. 그 육체가 '그들 자신'이라 한다. 그렇다면 육체에 깃든 '프쉬케'는 '그들 자신'과는 별개인 그 무엇이다. 여기서 '프쉬케'란 소크라테스와 예수가 '나'라고 여기던 '영혼'에 해당하는 그리스어다. 호메로스는 '프쉬케'를 '나'로 보지 않고 '나'의 모습을 흔적으로 간직한 '허상(eidōlon)'이라 여겼으며,(23권 72행) 오히려 육체를 '나'로 보았다. 그의 인간관과 소크라테스와 예수의 인간관 사이에는 근본적인 차이와 대립이 발견된다. 죽으면 '이빨의 울타리'를 빠져나가며(9권 408~409행) 연기처럼 사라지는(23권 100~101행) 프쉬케, 이는 마치 고무보트에서 빠져나가는 바람과 같은 것이다. 실제로 프쉬케는 입김을 내뱉는 소리를 흉내 낸 의성어에 뿌리를 두고 있다. 그래서 프쉬케는 육체에서 바람처럼 빠져나가는 '목숨'을 뜻한다. 그것이 '나'를 살아있게 만들어주기는 하지만 '나'는 아니다. 목숨이 육체에 깃들어 있을 때 진정 살아있는 것이며, 살아있을 때만이 진정 '나'인 곳, 죽으면 빠져나가는 '프쉬케'가 아니라 오히려 쓰러져 남는 육체가 '나 자신'인 곳, 그곳이 바로 호메로스의 세계였다.

심각한 물음이 제기된다. 도대체 옛 그리스의 정신사에는 어떤 일이 벌어졌기에 프쉬케가 '영혼'으로 여겨지며 진정한 '나'를 이루는 자아 정체성의 결정적 요인으로 여겨지게 된 것인가? 『일리아스』의 인간관이 퇴색하고 소크라테스의 인간관, 나아가 기독교의 인간관이 득세하게 된 것일까? 또다시 정신적인 가치보다는 물질적인 풍요가 더 존중되는 요즘, 흥미로운 문제가 아닐 수 없다.

죽으면
어디로 가나?

성경에는 예수가 죽은 지 3일째 되는 날, 다시 살아났다고 적혀 있다. 이를 굳게 믿었던 예수의 제자들은 이렇게 고백했다. "예수께서는…… 십자가에 못 박혀 죽으시고 장사 되었으며, 음부로 내려가셨다가 사흘 만에 죽은 자 가운데서 다시 살아나셨으며, 하늘에 오르사 전능하신 하나님 아버지 우편에 앉아 계시다가, 그곳으로부터 산 자와 죽은 자를 심판하러 오실 것입니다." 750년에 공인된 「사도신경」에는 뜻밖의 구절이 있다. 예수가 죽은 뒤, 곧바로 하늘로 올라가지 않고 사자(死者)들의 세계, 즉 '음부(陰府)로 내려갔다(descendit ad inferos)'는 것이다. 왜 예수는 죽은 자들의 세계로 내려갔을까? 예수의 제자 베드로는 이렇게 기록했다.

"그리스도께서는…… 몸으로는 죽으셨으나, 영으로는 살아계셨으니, 그가 또한 영으로 가서 옥(獄)에 있는 영들에게 복음을 선포하셨다."

(「베드로전서」 3장 18~19절)

예수는 죽은 자들의 영(pneuma) 또는 혼(psukhē)에게도 구원의 소식을 전하기 위해, 죽은 자들의 영혼을 영원한 삶의 세계로 건져 올리기 위해 저승의 세계로 내려갔다는 것이다. 이것은 바로 '아래로 내려가기', 즉 '카타바시스(katabasis)'다.

그리스와 로마인들은 일찍부터 사람이 죽으면 내려가야 하는 죽음의 세계를 상상했다. 죽어야 갈 수 있다는 곳, 예수조차도 죽은 뒤에 내려갔다는 그곳. 그러니 살아 있는 사람이 산 채로 그곳에 내려갈 수는 없는 법이다. 그것이 엄연한 원칙인데, 그 원칙을 깬 여러 영웅의 이야기가 그리스와 로마의 신화를 채운다.

제우스의 아들 헤라클레스는 머리가 셋 달린 무서운 개, 저승 세계의 문지기를 맡은 개 케르베로스를 데리러 하데스의 세계로 내려갔다. 포세이돈의 아들 테세우스도 하데스의 부인 페르세포네를 빼내 오기 위해 하데스의 세계로 겁 없이 내려갔다. 가장 비극적인 경우는 전설의 시인 오르페우스였다. 그는 사랑하는 아내 에우리디케가 죽자, 하데스를 찾아가 죽은 아내를 돌려달라고 애절하게 노래했다. 로마의 시인 베르길리우스는 아이네아스의 카타바시스를 노래했다. 트로이아 전쟁의 패배 이후 새로운 트로이아를 건설하기 위해 모험을 떠난 아이네아스가 저승 세계를 찾아가 로마 건국의 사명을 확인한다는 내용이었다.

그리고 또 하나. 트로이아 전쟁의 영웅 오뒷세우스의 카타바시스 이야기가 있다. 그는 전쟁이 끝나고 집으로 곧장 돌아가지 못하고 이리저

리 헤매다가 집으로 돌아갈 방법을 알아내기 위해 하데스의 세계로 모험을 감행했다. 이 모험을 노래한 시인은 서구 문학사의 첫 페이지를 장식하는 호메로스였다.

그는 이렇게 노래한다. 트로이아 전쟁의 영웅 아킬레우스의 파괴적인 분노는 "수없이 많은 영웅의 굳센 혼백(psukhē)들을 하데스에게로 내던져 보냈으며, 그 자신들을 개들과 온갖 새들에게 먹잇감으로 만들고 있었으니……."(『일리아스』 1권 3~5행) 신이 되지 않는 한 인간은 누구나 죽으며, 죽으면 모든 혼백은 바람 빠지듯이 몸을 빠져나와 하데스의 세계로 간다는 것이다. 예외는 없다. 어두컴컴한 지하의 세계로, 하늘 아래 땅 위와 태양이 빛나는 밝은 곳에서는 보이지 않는 곳으로 간다. '하데스'라는 말 자체가 '보이지 않는 자(또는 곳)'라는 뜻이다.

그런데 호메로스가 그리는 혼백은 기독교에서 말하는 영이나 혼과는 전혀 다르다. 그것은 생명의 맥 빠진 여운, 존재의 희멀건 한 그림자다. 힘과 활기가 없는 허깨비이며, 살아 있던 사람의 죽은 환영이고, 스산한 유령이다. 곧 흩어져버릴 것만 같은 연기 같은 혼백들이 우울하게 널려 있는 곳, 을씨년스러운 그곳이 바로 죽은 자들의 세계, 하데스의 세계다.

그곳에 도착한 오뒷세우스는 죽은 어머니의 혼백을 만난다. 애통하고 동시에 반가운 마음에 어머니를 붙잡아 안아보려고 했지만, 도무지 잡을 수가 없었다. 그가 잡으려고 한 것은 어머니가 아니라 그녀의 혼백, 그녀의 그림자였기 때문이다. 어머니의 혼백은 이렇게 말한다.

"오 이런, 내 아들아……바로 이것이 인간이라면 누구든 죽게 될 때 겪을 당연한 일이란다. 힘줄은 더는 살과 뼈를 갖지 못하니까 타오르는 불의 강력한 힘이 그것들을 다 태워버리니까, 일단 생기가 상앗빛 뼈를 떠난 후에는 빠져 날아가는 혼백은 마치 꿈처럼 정처 없이 날아다니는 것이란다."

(『오뒷세이아』 11권 216~222행)

죽으면 인간에게 남는 것은 존재의 빈껍데기, 진짜의 허상인 꿈과 같은, 허물처럼 남는 창백한 유령의 모습뿐이라는 절규다.

오뒷세우스는 트로이아 전쟁의 최고의 영웅이었던 아킬레우스의 혼백도 만난다. 아킬레우스의 혼백은 하데스의 세계에서도 강력한 통치자의 풍모와 위풍을 보였다. 하지만 그건 그에게 아무 의미도 없었다. "아무런 느낌도 생각도 없는 죽은 이들과 다 타버린 사람들의 유령들만이 사는 이곳"(475~6행)에서

"온통 파괴되어 버린 모든 죽은 자들을 다스리는 것보다 차라리 살아서 농사꾼으로 다른 사람 밑에서 품을 팔고 싶소. 살림살이도 많지 않은 가난한 사람에 빌붙어 살아도 좋소." (489~491행)

어떻게 영웅이 이런 말을 할 수 있을까? 불멸하는 명성을 얻기 위해 이 땅 위에서의 삶을 아낌없이 던졌던 아킬레우스가 아니었던가! 개똥밭에 굴러도 저승보다는 이승이 낫다는 것이다. 살아만 있다면 아무래도 좋다는 절실함이 또렷하다. 삶에 대한 예찬으로 이보다 더한 것은 없겠다. 죽을 수밖에 없는 인간들에게 삶은, 삶의 한 순간순간은 얼마나 값진 것인가! 죽은 아킬레우스는 사무치게 아픈 고백을 했다.

기원전 399년 어느 날, 그리스의 철학자 소크라테스는 제자들과 함께 생의 마지막 순간을 보내고 있었다. 장소는 감옥이었다. 그는 사형선고를 받아 곧 사약을 마셔야 했다. 제자들은 스승을 구하기 위해 미리 손을 써놓고, 탈출 계획을 실천하려고 했다. 그런데 소크라테스는 도망가지 않고 죽겠단다. 무슨 까닭에? 지금까지 자신의 삶은 결국 잘 죽기 위한 것이었기에, 그가 평생을 바쳐 갈고닦았던 철학이란 죽음의 연습이었기에 그는 진심으로 죽고 싶단다. 죽음은 그에게 끝이 아니라 영원한 삶과 자유의 시작이란다. 소크라테스는 제자들을 설득하기 위해 그들의 생각 속에 깊이 각인되어 있던 호메로스의 인간관을 지워야 했다. 아니, 호메로스가 그린 혼백에 생기를 불어넣어 불멸하는 실체로, 인간의 정체성을 결정짓는 영혼으로 새롭게 그려야 했다.

인간의 영혼은 호메로스가 말한 것처럼 그림자에 지나지 않는 유령이 아니다. 그것은 흩어지거나 닳지 않는다. 그것이 진짜 나다. 이 세상에 산다는 것은 육체라는 감옥 안에 갇힌 영혼의 수감생활이다. 몸에서 벗어나 영혼이 자유롭게 되는 것, 그것이 바로 죽음이다. 철학이란 육체의 감각과 욕망에서 영혼을 분리시키려는 수련이므로, 영혼은 철학을 통해서만 정갈하게 된다. 이 세상에서 죽은 후, 깨끗한 영혼만이 육체의 모든 흔적을 씻고 영원한 진리의 세계로 갈 수 있다. 더러운 영혼은 무거워서 그곳으로 올라가지 못하고 다른 육체를 입고 다시 이 땅에 태어난다. 플라톤은 스승 소크라테스의 의연한 최후를 『파이돈』이라는 작품 속에 담았다. 깜깜한 동굴 같은 곳에서 환한 바깥 세계로 올라가기 직전의 모습이라고 할까?

소크라테스에게는 이 세상에 태어나 살게 되는 것 자체가 영혼의 카타바시스였다. 영혼은 원래 저 높은 이데아의 세계, 존재하는 모든 것들의 참모습이 가득한 세계에 있었기 때문이다. 그는 죽음을 통해 이 땅의 속박에서 벗어나 '지극히 높은 곳으로 올라가기', 즉 아나바시스(anabasis)를 꿈꿨다. 호메로스와 소크라테스 사이, 그리스적 사유와 기독교의 신앙 사이. 서구인들은 우리가 사는 이 땅을 가운데에 두고 그려진 아나바시스(상승)와 카타바시스(하강) 사이에서 인간은 죽은 뒤에 어떻게 되는가를 오랫동안 사유했다. 죽음으로 모든 것이 끝나는 게 아니라 존재의 여운이 끝내 남는 것이라는 생각이었다. 그러나 그 생각만이 전부는 아니었다. 죽음으로 인간의 모든 것이 완전히 끝난다는 사유 역시 꾸준하게 그 맥을 이어오고 있으니까. 혼백? 영혼? 그런 것은 없다는 생각이다. 이러한 생각을 하는 사람은 호메로스의 희미한 혼백을 아예 지워버리고 플라톤과 같은 철학자들과 대립각을 날카롭게 세웠다.

41

죽음의 두려움을
철학으로 극복하다

"머지않아 너는 어느 곳에도 존재하지 않게 될 것이다. 네가 지금 보고 있는 것들 중에 그 어느 것도, 지금 살아 있는 사람들 중에 그 누구도 그렇게 되지 않는 존재는 없다." (『명상록』 XII.21)

그렇다. 사람은 다 죽고, 죽으면 없어진다. 그것이 살아 있는 모든 것들의 숙명이다.

"죽음이 엄습해 올 때, 몸과 영혼에 어떤 일이 일어날지 헤아려보라. 인생이 짧음을, 너의 앞에 있던 과거와 너의 뒤에 올 미래의 시간이 거대한 심연임을, 만물을 이루는 물질이 연약함을 생각하라." (XII.7)

로마의 스토아 철학자 마르쿠스 아우렐리우스(121~180년)의 말이다.

그런데 그가 철학적 담론을 펼치는 현장은 강의실이나 조용한 서재가 아니었다. 그곳은 그가 13년을 목숨을 걸고 보냈던 게르마니아 전선이었다.

그가 161년에 로마 황제에 즉위했을 때, 로마의 사정은 좋지 않았다. 기아와 홍수가 이탈리아 반도를 덮쳤고, 아시아에서는 지진이 일어났다. 북쪽의 브리타니아에서는 반란의 군대가 일어났고, 동쪽의 파르티아 제국은 로마를 노리고 있었다. 한편 발트 해 연안의 고트족에게 밀린 게르마니아 속주의 부족들과 다뉴브 강 북쪽에 있던 마르코만니족과 콰디족은 남쪽으로 밀려와 로마의 국경을 위협했다. 마르쿠스 아우렐리우스는 그곳으로 직접 가야 했다.

바로 그곳에서 그는 『명상록』을 썼다. 이 책은 출판을 위한 저술이나 편지가 아닌 오히려 은밀한 기록, 지극히 개인적인 일기 또는 비망록에 가깝다. 그는 전쟁터 한가운데서 자신을 향해 글을 썼다. 그래서 이 책에는 원래 『자신에게 보내는 글(ta eis heauton)』이라는 제목이 붙어 있다. 후대 사람에 의해 붙여진 것이지만, 이 글의 성격을 잘 보여준다. 그는 언제 죽을지 모르는 전쟁터에서 엄습하는 죽음의 두려움을 이겨내기 위해, 두려움에 시달리는 자기 자신을 다독이기 위해 이 글을 썼다.

사람은 언젠간 죽는다. 이 사실은 누구나 다 알고 있다. 평화로운 일상 속에서도 사람들은 아무렇지도 않게 이런 말을 한다. 그러나 거기에는 절실함이 없다. 삶과 죽음이 매 순간 교차하는 전쟁터에서 그 사실은 단순한 상식으로 지껄여질 수 없다. 그것은 절절한 느낌이며 아찔한 진실이다. 누구나 죽음에 노출되어 있기 때문이다. 나는 적을 죽여야 한다. 독기를 품은 눈빛으로 나에게 돌진해오는 강인한 생명체의 목숨을 끊어야 한다. 그러지 못하면 적이 나를 죽인다. 죽음의 비릿한 공포가 생생하게 스멀거리는 곳. 마르쿠스 아우렐리우스는 바로 그곳에 있었다. 밖에서는 적들과 치열한 전투를 벌이지만, 안에서는 죽음의 공포와 삶의 허망함과 싸워야 했다. 전쟁터는 더는 "남자의 명예를 드높여 주는" 곳이 아니었다.

옛날 옛적 『일리아스』가 그리는 영웅들은 불멸의 명성을 얻으려고 전쟁터에서 용감하게 목숨을 던졌다. 최고의 전사 아킬레우스는 이렇게 말했다.

> "어머니께서도 말씀하셨소, 은빛 발을 가지신 여신 테티스께서, 나를 두가지 서로 다른 사망의 전령이 죽음의 끝으로 데려갈 것이라고. 만일 이곳에 남아 머물면서 트로이아인들의 도시를 둘러싸고 싸우면 귀향의 길은 내게 사라지겠지만, 내 명성은 불멸할 것이라고. 그러나 만일 내가 나의 사랑하는 조국의 땅으로, 내 집으로 돌아가게 된다면, 고귀한 명성은 내게 사라지겠지만, 내 수명은 오랫동안 길고 길게 지속될 것이며, 죽음의 끝은 나를 일찍 찾아오지는 않을 것이라고." (『일리아스』 9권 409~416행)

아킬레우스의 선택은 목숨을 값으로 치르고 불멸의 명성을 얻는 길이었다. 인생은 짧다. 그러나 명성은 영원하리. 그는 그렇게 믿고 영원함을 갈망했다. 트로이아의 전사 사르페돈도 전쟁터로 나가며 이렇게 외쳤다.

> "이것 보게 친구, 만일 우리 둘이 이 전쟁을 피하여 영원무궁토록 늙지도 않

고 또 죽지도 않을 수만 있다면, 나 자신이 맨 앞에 서서 싸우지는 않을 것일세. 남자의 명예를 드높여주는 싸움터로 자넬 보내지도 않을 것일세. 하지만 지금 죽음의 운명들이 떡하니 버티고 우뚝 서 있네, 수도 없이, 그것들을 인간들은 피할 수도 면할 수도 없으니 나가세! 누군가에게 명성을 주든, 누군가가 우리에게 줄 것인즉!" (12권 322~328행)

적을 죽이지 않으면 내가 죽을 수밖에 없는 전쟁이 일상이었고, 결국 일상조차도 무한 경쟁의 전쟁터가 되어버린 삶을 살아야 했던 그들에게 강력한 전사는 존경과 선망의 대상이었다. 옳기에 강한 것이 아니라 강하기에 옳다는 힘의 윤리학이 통하고, 강한 것이 미화되고 아름다운 것으로 숭앙 되면서 폭력의 미학도 정당화되던 시대였다. 아킬레우스는 그런 시대정신 속에서 최고의 영웅이었고, 그를 노래한 호메로스의 『일리아스』는 불멸의 걸작으로 읽혀왔다. 위대한 정복자였던 알렉산드로스 대왕도 자기 시대의 아킬레우스가 되길 원했고, 실제로 그는 '알렉산드로스 아킬레우스'라고 불리기도 했다. 그는 한때 아킬레우스의 무덤에 서서 이렇게 한탄했다고 한다. "정복한 땅으로 본다면 내가 당신보다 훨씬 위대한데, 내 곁에는 당신처럼 나를 노래해 줄 호메로스가 없구려!"

존재하는 모든 것은 지속하려는 강렬한 욕구가 있다. 그래서 죽을 수밖에 없는 인간은 영원히 존재하며 죽지 않는 신을 상상하고 갈구한다. 존재의 탄력을 계속 유지하기 위해, 필멸의 존재는 불멸의 명성을 갈망한 것이다. 불멸의 명성으로 신을 닮고자 했다. 하지만 그것이 무슨 소용인가? 호메로스의 『일리아스』 다음 작품인 『오뒷세이아』는 아킬레우스의 회한을 보여준다. 지하세계로 내려간 오뒷세우스는 전쟁터에서 죽어 그곳에 있던 아킬레우스와 다음과 같은 이야기를 나눈다. 여기에서 아킬레우스의 대답은 충격적이다.

"아킬레우스여, 예전의 어떤 전사도 그대보다 행복하지 못했고, 앞으로도 그럴 것이오. 살아생전 그대를 신처럼 존경했으니까, 우리 아르고스인들은. 그리고 그대는 지금 죽은 자들을 강력하게 통치하고 있으니까 이곳에 있으면서. 그러니까 그대는 죽었다고 애통해 하지 마시오, 아킬레우스여."
"나에게 죽음에 관해 위로하려 하지 마오, 영광스런 오뒷세우스여. 땅 위에 살 수만 있다면 난 다른 사람의 머슴으로 품을 팔아도 좋소, 농토도 없고 살림살이도 많지 않은 가난한 사람 밑이라도 좋소. 쓰러져 소멸하여 죽은 모든 자들 위에 군림하는 것보다 그게 더 좋소." (『오뒷세이아』 11권 482~491행)

개똥밭에 굴러도 이승이 좋다는 말이 있다. 짧아도 좋으니 삶은 삶 자체로 아름답고 소중하다는 말이다. 영원히 펼쳐진 시간 속에 찰나로 살 수밖에 없기에 우리의 삶은 오히려 영원한 것보다도 더 짜릿하고 찬란할지도 모른다. 삶에 대해 이것보다도 더 절실한 예찬이 있을까?

마르쿠스 아우렐리우스는 인생의 찰나성과 찰나적 인생들의 연속 선상 속에서 근근이 기억되는 명성의 허망함을 통찰하고 담담하게 털어놓는다.

"각자는 현재를, 이 짧은 순간만을 살고 있음을 명심하라. 나머지는 이미 살아버린 과거이거나 아직 불확실한 미래일 뿐이다. 그러니 각자가 사는 시간도 작고, 각자가 살고 있는 땅 구석도 작다. 가장 길다는 사후의 명성도 작기는 마찬가지다. 그것도 곧 죽고 말 사람들에 의해, 그리고 오래전에 죽은 사람은 고사하고 자기 자신도 제대로 알지 못하는 사람들에 의해 전해져오고 있을 뿐이다.”(『명상록』III.10)

이것은 마르쿠스 아우렐리우스가 다른 누구를 향해 하는 말이 아니었다. 죽음의 두려움을 극복하고 다른 사람들을 다독이며 위로하려고 하는 말이 아니었다. 이것은 분명 전사들을 죽음으로 몰아넣는 전쟁터에서 두려워 떨고 있는 자신을 향해 하는 말이었다.

“죽음은 태어남과도 같은 것, 자연의 신비로다. 어떤 요소들이 결합되어 태어남이 있다면, 그 요소들과 똑같은 것들로 해체되는 것이 죽음일 뿐. 그것에 대해 곤혹스러워할 건 없다.”(IV.5)
오히려 죽음을 명심하지 않는 삶은 지독하게 수치스러우니. 그는 자기를 향해 다짐한다. “너는 수만 년을 살 것처럼 행동하지 마라. 피할 수 없는 운명이 네 곁에 있다. 살아 있는 동안, 할 수 있는 동안 선한 자가 되라.”(IV.17)

마르쿠스 아우렐리우스는 로마의 전성기인 ‘팍스 로마나’를 이끌었던 5현제 가운데 하나였다. 그는 플라톤이 『국가』에서 말했던 철인 왕의 모습을 띠고 있다. 그는 검소한 삶을 살면서 철학으로 영혼을 돌보았으며, 무서운 죽음 앞에서 자신을 단단하게 다지며 선한 마음으로 로마 제국을 이끌었다. 그의 모습이 무한경쟁의 전쟁터 같은 우리의 삶 속에서 그립고, 그립다.

거대한 서사의
탄생

도마(Thomas)는 예수가 다시 살아났음을 믿을 수가 없었다. 예수가 십자가에 못 박혀 온몸이 축 늘어진 채 죽는 것을 두 눈으로 똑똑히 보았기 때문이다. 다른 제자들이 부활한 그를 보았다고 했지만 그 무슨 헛구역질 같은 괴담이란 말인가. 도마는 직접 봐야 믿겠다고 했다. 아, 그래? 예수는 그에게 나타났다. "네 손가락을 내밀어 내 손을 보고, 네 손을 내밀어 내 옆구리에 넣어보라. 하여 믿지 않는 자 되지 말고, 믿는 자 되어라." 도마는 대답했다. "나의 주, 나의 신이시여!"(「요한복음」20장 27~28절) 그 후 도마는 어떤 삶을 살았을까? 정경(正經)으로 공인된 성서 안에서는 그의 행적을 찾을 수가 없다.

반면 3세기께 편찬된 것으로 추정되는 「도마행전」에는 도마가 인도로 갔다고 한다. 목수였던 도마는 인도에 가서 군다포로스 왕의 궁전을 짓는 일을 맡았는데, 불쌍한 사람들을 위해 건축비용을 모두 다 썼다.

왕이 궁전을 다 지었느냐고 묻자, 도마는 대답했다. "다 지었습니다. 하지만 지금은 볼 수 없습니다. 이 땅의 삶을 떠난 후에만 볼 수 있습니다. 저는 폐하의 궁전을 하늘나라에 지었으니까요." (이 문서는 정경에 포함되지 못했다. 도마가 예수의 쌍둥이 형제라고 하니 그럴 만도 하다.)

한편 1945년에 발견된 '나그함마디 문서'에는 「도마복음」이 포함되어 있다. 그런데 이 책에 나타난 예수의 가르침은 사뭇 다르다. 인간 세계를 초월해 존재하는 신에 대한 믿음보다는 인간 안에 빛으로 깃든 신에 대한 깨달음을 강조한다. 그 깨달음만이 옛사람에서 벗어나 새사람으로 거듭나 죽음을 이겨내고 영원한 삶으로 가는 길이다. 왠지 반야(般若)를 통한 참나 찾기, 성불(成佛)과 해탈의 메시지와 엇비슷하다. 그래서일까? 이 책도 역시 정경 속에 포함되지 못한 채 잊혀 있다.

11세기의 기독교 성인 열전 『바를람과 요아사프』도 도마가 인도로 갔다고 한다. 그는 예수의 가르침을 땅끝까지 전하기 위해 인도를 택했다. 인도에 도착한 도마는 각종 우상을 숭배하는 이교도의 풍속을 척결하고 인도를 기독교 복음의 땅으로 만들었다. 그런데 아베나르 왕은 기독교를 탄압하고 우상숭배의 종교 전통을 다시 세웠다. 아베나르에게는 아들이 하나 있었다. 그의 이름이 바로 요아사프다. 아베나르는 왕자가 기독교에 물들까 봐 왕궁 안에만 머물게 하고 부족함 없이 살도록 했다. 하지만 요아사프 왕자는 풍요로움 속에서도 영혼의 허기를 느꼈다. 그는 자신을 가두고 있는 담장 너머가 궁금했다. 그런 왕자에게 아버지는 말했다. "아들아, 나는 네가 마음에 역겨움을 일으키며 기쁨을 가로막는 그 어떤 것도 보지 않기를 원한다. 난 언제나 네가 안락하고 기뻐하며 살 수 있도록 모든 노력을 다한단다." 왕자가 대답했다. "하지만 아바마마, 이곳에서는 제가 기쁘게 살 수 없습니다. 갇혀 살아가는 제겐 먹을 것과 마실 것도 쓰디씁니다. 성문 밖에 있는 것들이 보고 싶습니다. 제가 고통 속에서 살아가는 것을 원치 않으신다면, 바깥으로 나가도록 허락해 주십시오." 왕은 안타까웠지만 왕자의 외유를 허락했다. 마침내 요아사프는 성문 바깥으로 나갈 수 있었다.

성문을 나선 첫날, 요아사프는 팔다리가 잘린 나병 환자와 장님을 보았다. 예쁘고 잘생긴 사람만 보고 자란 왕자의 눈에 일그러진 그들의 모습은 충격적이었다. 수행원은 말했다. "저것은 인간이 겪어야만 하는 고통입니다. 몸을 이루고 있는 요소들이 망가지고 몹쓸 액이 고이면 저런 고통을 겪게 되지요." 며칠 후 그는 다시 성문을 나섰고, 남루한 노인이 비틀거리는 것을 보았다. 수행원은 말했다. "이 사람은 아주 오랜 시간을 살아낸 사람입니다. 그의 사지에서 힘이 조금씩 빠져나가기에 비참한 고통에 이른 것입니다." 왕자는 물었다. "그러면 그의 끝은 무엇인가?" 수행원은 다시 대답했다. "죽음입니다. 80세에서 100세가 되면 사람들은 저런 노령에 이르게 되며, 이어 죽게 됩니다. 다른 길은 없습니다. 죽음이란 사람들이 타고난 자연스러운 본성이며 피할 수가 없습니다. 어느 순간 죽음은 사람들을 찾아옵니다. 그 누구도 그 매정한 방문을 피할 수가 없습니다."

사람은 태어나 자라다가 이내 병들고 늙어 마침내 죽어야만 했고, 낙엽처럼 하릴없이 흩날리는 존재였다. 요아사프 왕자는 지금껏 한 번도 볼 수 없었던 삶의 진실에 홀연히 마주 섰다. "나도 언젠가는 죽음이 휘어잡겠지? 내가 죽으면 산산이 흩어져 더는 이 땅에 있지 않겠지? 아니라면 또 다른 삶과 또 다른 세계가 있는가?" 요아사프 왕자는 구원을 향한 깊고 독한 허기를 느꼈다. 마치 샤카 족의 왕자로 태어나 곱게 자라다가 사문유관(四門遊觀), 즉 4개의 성문 바깥으로 나가 생로병사라는 인생의 참모습을 보았던 고타마 싯다르타처럼. 미칠 것만 같은 구원의 갈증을 풀기 위해 출가하여 마침내 성자(muni), 즉 깨닫는 자 붓다(Buddha)가 된 샤카무니처럼. 인도의 왕자 요아사프도 종교적이고 실존적인 결단의 순간에 마주 섰다.

그러나 요아사프는 집을 나가는 대신 집으로 찾아온 기독교 수도사 바를람을 만났다. 그에게서 기독교의 가르침을 듣고 뜨거워진 요아사프는 왕자의 지위와 황제의 논리를 버리고 바깥으로 나가 구도자로서 나머지 삶을 살았다. 이렇게 인도의 '부처설화'는 기독교적인 교리를 입고 기독교 성인 열전 『바를람과 요아사프』로 거듭났다. 인도에서 서쪽으로 간 부처가 기독교의 성인 요아사프가 된 셈이다. 이름만 봐도 그 흔적이 보인다. 산스크리트어인 붓다(Buddha)는 다른 말로 보디삿뜨바(Bodhisattva, 보살)인데, 이것이 그리스어로 와서 요아사프(=요셉)로 바뀐 것이다.

한편 이 성인 열전의 27장에 삽입된 기독교 변증론은 문헌학적으로 흥미롭다. 그것은 애초에 서기 2세기께 아테네에서 활동하던 아리스티데스의 글이었다. 스토아 철학자였던 그는 기독교를 비판적으로 검토하다가 결국 기독교 철학자가 되었다. 그는 로마 황제가 기독교를 탄압하자 그 앞에 섰다.

"고명하시며 관대하신 카이사르 티투스 하드리아누스 안토니누스 황제 폐하께 아테네의 철학자 마르키아누스 아리스티데스가 올립니다. 우리는 복음의 거룩한 기록에서 신의 아들이 현존하심과 그 영광을 알 수 있습니다. 신의 아들은 성령 안에서 하늘로부터 순결한 처녀를 통해 인간의 씨앗으로 더럽혀짐 없이 육체를 취하여 이 땅의 사람들에게 나타났습니다."

(『기독교 변론』 중에서)

그는 기독교가 유일한 진리임을 변론하고 그리스, 로마, 이집트 등 두루 퍼져 있는 온갖 다신론적인 신화가 잡스러운 거짓말이라고 외쳤다. 최초의 '기독교 변론'으로 평가되는 이 글이 부처설화를 기독교 성인 열전으로 각색하는 과정에서 짜깁기처럼 끼어들어 간 것이다. 그러나 어디 이것뿐이랴? 역사상 수많은 이야기가 예수를 둘러싸고 만들어져 전해졌고, 끊임없이 확대되고 재생산되었다.

해마다 겨울이면 아기 예수의 탄생을 축하하기 위해 온 세계가 들뜬다. 12월 24일이 되면 분위기는 절정에 이른다. 왜 사람들은 예수의 탄생에 열광할까? 예수의 탄생이란 예수를 둘러싼 거대한 서사의 탄생이다. 엄청난 영향력으로 역사에 깊은 주름을 만들어 온 서사의 출발이다. 어떤 이는 이 서사를 진실로 받아들여 진지하게 살며 삶의 의미를 찾는다. 어떤 이는 친구나 연인, 가족과 즐거운 하루를 보내기 위한 이벤트 아이템으로 활용한다. 어떤 이는 이 서사를 설파하며 막대한 돈과 권력을 쥐고 대중을 교란하며, 어떤 이는 자신의 추악한 삶을 덮는 포장지로 삼아 두르고 서사 바깥의 사람들을 악마로 정죄하며 잔혹하게 죽이는 섬뜩한 칼로 부린다. '서사적 존재(homo narrans)'로 살아가는 우리에게 예수를 둘러싼 거대한 서사의 탄생은 어떤 의미인가?

책을 끝내며

제가 이야기하고자 하는 것이 모두 끝났습니다. 잠깐, 이 책을 마감하기 전에 몇 마디 덧붙이겠습니다. 여기에 실린 글들은 제가 예전에 두 일간지에 발표했던 것을 손질해 재구성한 것입니다. 전체 42편의 글 가운데 25편은 지난 2010년 3월 13일부터 2012년 1월 21일까지 2년 동안 《한겨레》에 '고전 오디세이'라는 제목으로 연재하면서 발표한 글입니다. 여기에 2007년 1월 6일부터 12월 22일까지 1년 동안 《경향신문》에 발표했던 24편의 글 가운데 17편을 골라 함께 엮었습니다.

전체 글의 순서는 대체로 제가 다룬 책의 저자들이 살던 시대의 순서를 따랐습니다. 서양 문학의 첫 페이지를 장식하는 호메로스의 『일리아스』를 시작으로 문학 장르의 역사를 따라 서사시, 서정시, 비극을 차례로 다루었습니다. 비극을 다룬 후에 비극과 서사시를 다룬 아리스토텔레스의 『시학』을 분석한 글을 넣었고, 그다음에는 현재 사라진 것으로 추정되는 『시학』 제2권에 관한 이야기를 하면서 아리스토파네스의 희극에 관한 글을 넣었습니다. 그다음에는 플라톤을 중심으로 두고 그 전

후로 한 그리스 철학 이야기를 배치했습니다. 플라톤을 이야기하면서 그와 경쟁 관계에 있던 이소크라테스에 관한 글을 한 편 덧붙였고, 두 사람으로부터 영향을 받은 아리스토텔레스의 철학에 관한 글 몇 편을 넣었습니다. 마지막 부분에는 죽음에 관한 그리스 로마인들의 신화적 상상력과 철학적 통찰을 보여주는 글을 놓았고, 예수의 서사에 관한 글로 마감했습니다.

이제 진짜 책이 끝났습니다. 책이 끝나면서, 이 책이 그리는 세계도 문을 닫습니다. 끝까지 읽어주셔서 감사합니다.

2016년 1월 8일
김헌

인문학의 뿌리를 읽다

초판 1쇄 | 발행 2016년 2월 1일
초판 8쇄 | 발행 2023년 9월 12일

지은이 | 김헌

펴낸곳 | 도서출판 이와우
주소 | 경기도 파주시 운정역길 99-18
전화 | 031) 901-9616
이메일 | editorwoo@hotmail.com
홈페이지 | www.ewawoo.com
디자인 | 디자인 붐

출판등록 | 2013년 7월 8일 제2013-000115호

ISBN 978-89-98933-11-1 (03100)

이 저서는 2007년 정부(교육과학기술부)의 재원으로 한국연구재단의 지원을 받아
수행된 연구임. (NRF-2007-361-AL0016)